UN RECURSO DE RECUPERACIÓN DE
UNA VIDA CON PROPÓSITO®

John Baker

PRÓLOGO POR RICK WARREN

Celebremos la Recuperación®

Un programa de recuperación basado en los
ocho principios de las bienaventuranzas

Guía del Líder

ALCOHOLISMO – DIVORCIO – ABUSO SEXUAL – CODEPENDENCIA – VIOLENCIA DOMÉSTICA
ADICCIÓN A LAS DROGAS – ADICCIÓN SEXUAL – ADICCIÓN A LA COMIDA – ADICCIÓN AL JUEGO

John Baker es el fundador de Celebremos la Recuperación®, un ministerio nacido en el corazón de la Iglesia de Saddleback. En los veinte años anteriores, más de 11.500 individuos han pasado por este programa de recuperación Cristo-céntrico en Saddleback. El programa Celebremos la Recuperación está siendo usado ahora en más de 20.000 iglesias a lo largo de la nación. En 1993, John y el pastor Rick Warren escribieron el currículo de Celebremos la Recuperación, el que ha sido publicado y traducido a 23 idiomas.

John comenzó sirviendo en la Iglesia de Saddleback como pastor novato en 1991. En 1992, le solicitaron unirse al equipo de la iglesia como director de grupos pequeños y Celebremos la Recuperación. En 1995, sus responsabilidades incrementaron mientras se convertía en pastor de membresía. En esta posición, las responsabilidades de John incluían consejería pastoral, cuidado pastoral, Celebremos la Recuperación, grupos de apoyo, grupos pequeños y familia, solteros y ministerios de recreación. En 1996, él supervisó el desarrollo del nuevo ministerio de consejería en Saddleback.

En junio de 1997, John se convirtió en el pastor de ministerios, responsable del reclutamiento, entrenamiento y desarrollo de los miembros de la iglesia que servirían en uno de los más de 156 diferentes ministerios de Saddleback.

En 2001, Rick Warren le pidió a John que se convirtiera en el pastor de Celebremos la Recuperación. Este ministerio es a la medida de John, su pasión y su llamado. Adicionalmente, él es parte del equipo Con Propósito. John es un orador conocido a nivel nacional y entrenador para ayudar iglesias a iniciar el ministerio de Celebremos la Recuperación. Estos ministerios, en miles de iglesias, alcanzan no solo a sus congregaciones sino también a sus comunidades ayudando a aquellos que están lidiando con heridas, hábitos y frustraciones.

John y su esposa, Cheryl, han estado casados por más de cuarenta años y han servido juntos en Celebremos la Recuperación desde 1991. Tienen dos hijos adultos, Laura y Johnny. Laura y su esposo, Brian, tienen gemelos. Johnny y su esposa, Jeni, tienen tres hijos.

UN RECURSO DE RECUPERACIÓN DE
UNA VIDA CON PROPÓSITO®

John Baker

PRÓLOGO POR RICK WARREN

Celebremos la Recuperación®

Un programa de recuperación basado en los
ocho principios de las bienaventuranzas

Guía del Líder

ALCOHOLISMO – DIVORCIO – ABUSO SEXUAL – CODEPENDENCIA – VIOLENCIA DOMÉSTICA
ADICCIÓN A LAS DROGAS – ADICCIÓN SEXUAL – ADICCIÓN A LA COMIDA – ADICCIÓN AL JUEGO

NOTA DEL AUTOR:
Debido a que he escogido una variedad de citas y frases sobresalientes de un gran número de reuniones de recuperación, cintas y seminarios, no he sido capaz de proveer todas las fuentes para el material que se muestra aquí. Si advierte que he citado su material, por favor hágamelo saber y estaré muy complacido de darle a usted el crédito.

La misión de Editorial Vida es ser la compañía líder en satisfacer las necesidades de las personas, con recursos cuyo contenido glorifique al Señor Jesucristo y promueva principios bíblicos.

GUÍA DEL LÍDER
Edición en español publicada por
Editorial Vida – 2003, 2014
Miami, Florida

© 2003, 2014 por Editorial Vida

Este título también está disponible en formato electrónico.

Originally published in the USA under the title:
Celebrate Recovery. Leaders´s Guide. Revised Edition.
Copyright © 1998, 2005, 2012 by John Baker
Published by permission of Zondervan, Grand Rapids, Michigan 49530. All rights reserved.

Reservados todos los derechos. A menos que se indique lo contrario, el texto bíblico se tomó de la Santa Biblia, Nueva Versión Internacional® NVI® © 1999 por Bíblica, Inc.® Usada con permiso.

Citas bíblicas marcadas «DHH» son de la Biblia Dios Habla Hoy, 3era. Edición®, © 1996 por ©1999 por la Sociedad Bíblica Internacional. Usadas con permiso.

Citas bíblicas marcadas «LBAD» se tomaron de La Biblia Al Día. ©1979 © 2006 por la Sociedad Bíblica Internacional, Inc.™ Usadas con permiso. Todos los derechos reservados mundialmente.

Citas bíblicas marcadas «TLA» son de La Traducción en Lenguaje Actual © 2000 por Sociedades Bíblicas Unidas. Usadas con permiso.

Citas bíblicas marcadas «NTV» son de La Nueva Traducción Viviente © 2010 por Tyndale House Foundation. Usadas con permiso.

Citas bíblicas marcadas «LBLA» son de La Biblia de las Américas®, © 1986, 1995, 1997 por The Lockman Foundation. Usadas con permiso.

Citas bíblicas marcadas «NBLH» son de la Nueva Biblia Latinoamericana de Hoy® © Copyright 2005 por The Lockman Foundation, La Habra, California 90631, Sociedad no comercial. Derechos Reservados. http://www.nblh.org. Texto derivado de La Biblia de las Américas © 1986, 1995, 1997 por The Lockman Foundation.

Citas bíblicas marcadas «PDT» son de la Biblia Palabra de Dios para todos © 2005, 2008, 2012 Centro Mundial de Traducción de La Biblia © 2005, 2008, 2012 World Bible Translation Center. Usadas con permiso.

Esta publicación no podrá ser reproducida, grabada o transmitida de manera completa o parcial, en ningún formato o a través de ninguna forma electrónica, fotocopia u otro medio, excepto como citas breves, sin el consentimiento previo de la editorial.

Editora en Jefe: *Graciela Lelli*
Diseño interior: *Mauricio Díaz*

ISBN: 978-0-8297-6665-3
CATEGORÍA: Ministerio cristiano / Consejería y recuperación

IMPRESO EN ESTADOS UNIDOS DE AMÉRICA
PRINTED IN UNITED STATES OF AMERICA

14 15 16 17 18 DP 6 5 4 3 2 1

Dedico este libro a mi Señor y Salvador, Jesucristo.
A mi esposa, Cheryl, y mis hijos Laura y Johnny,
por amarme sin condiciones.

A los pastores Rick Warren y Glen Kreun,
por confiar y creer en mí.

Al personal de la Iglesia de Saddleback, por su gran apoyo.

¡Y a los miles de hombres y mujeres valientes que han celebrado su recuperación conmigo a lo largo de estos veinte años!

CONTENIDO

Camino a la Recuperación / 9
Doce pasos y sus comparaciones bíblicas / 10
Prólogo por Rick Warren / 12
De mi corazón al suyo / 15
Comenzando / 23

Primera parte

Principio 1: Reconozco que no soy Dios. Admito que no tengo poder para controlar mi tendencia a hacer lo malo y que mi vida es inmanejable. / 67

"Dichosos los pobres en espíritu, porque el reino de los cielos les pertenece."

Lección 1: Negación / 69
Lección 2: Sin poder / 76

Segunda parte

Principio 2: En una forma sincera creo que Dios existe, que le intereso y que Él tiene el poder para ayudarme en mi recuperación. / 89

"Dichosos los que lloran, porque serán consolados."

Lección 3: Esperanza / 91
Lección 4: Cordura / 95

Tercera parte

Principio 3: Conscientemente decido comprometer toda mi vida y voluntad al cuidado y control de Cristo. / 105

"Dichosos los humildes, porque recibirán la tierra como herencia."

Lección 5: Cambio / 107
Lección 6: Acción / 112

Cuarta parte

Principio 4: Una apertura para un autoexamen y confesión de mis faltas a Dios y a alguien en quien confío. / 121

"Dichosos los de corazón limpio, porque ellos verán a Dios."

Lección 7: Mentor / 123
Lección 8: Moral / 129
Lección 9: Inventario / 133

Lección 10: Inventario espiritual Parte 1 / 136
Lección 11: Inventario espiritual Parte 2 / 141
Lección 12: Confesar / 145
Lección 13: Admitir / 149

Quinta parte

Principio 5: Para que Dios pueda hacer los cambios en mi vida, me someto voluntariamente a Él y con humildad le pido que remueva mis defectos de carácter. / 159

"Dichosos los que tienen hambre y sed de justicia, porque serán saciados."

Lección 14: Listo / 161
Lección 15: Victoria / 165

Sexta parte

Principio 6: Evalúo todas mis relaciones. Ofrezco perdón a aquellos que me han hecho daño y enmiendo los daños que he ocasionado a otros, excepto si cuando al hacerlo les dañara a ellos o a otros. / 177

"Dichosos los compasivos, porque serán tratados con compasión." "Dichosos los que trabajan por la paz, porque serán llamados hijos de Dios."

Lección 16: Enmiendas / 179
Lección 17: Perdón / 184
Lección 18: Gracia / 188

Séptima parte

Principio 7: Reservo un tiempo diario con Dios para una autoevaluación, lectura de la Biblia y oración con el fin de conocer a Dios y Su voluntad para mi vida y obtener el poder para seguirla. / 197

Lección 19: Encrucijada / 199
Lección 20: Inventario diario / 203
Lección 21: Recaída / 207
Lección 22: Gratitud / 212

Octava parte

Principio 8: Al rendir mi vida a Dios para ser usada puedo llevar estas Buenas Nuevas a otros, tanto con mi ejemplo como con mis palabras. / 221

"Dichosos los perseguidos por causa de la justicia, porque el reino de los cielos les pertenece."

Lección 23: Dar / 223
Lección 24: Sí / 227
Lección 25: Las siete razones por las cuales nos estancamos / 237
Pensamientos finales / 241
Apéndices / 243

Camino a la recuperación

Ocho principios basados en las Bienaventuranzas
Por el pastor Rick Warren

1. **R**econozco que no soy Dios. Admito que no tengo poder para controlar mi tendencia a hacer lo malo y que mi vida es inmanejable.

    "Dichosos los pobres en espíritu, porque el reino de los cielos les pertenece." (Mateo 5:3)

2. **E**n una forma sincera creo que Dios existe, que le intereso y que Él tiene el poder para ayudarme en mi recuperación.

    "Dichosos los que lloran, porque serán consolados." (Mateo 5:4)

3. **C**onscientemente decido comprometer toda mi vida y voluntad al cuidado y control de Cristo.

    "Dichosos los humildes, porque recibirán la tierra como herencia." (Mateo 5:5)

4. **U**na apertura para un autoexamen y confesión de mis faltas a Dios y a alguien en quien confío.

    "Dichosos los de corazón limpio, porque ellos verán a Dios." (Mateo 5:8)

5. **P**ara que Dios pueda hacer los cambios en mi vida, me someto voluntariamente a Él y con humildad le pido que remueva mis defectos de carácter.

    "Dichosos los que tienen hambre y sed de justicia, porque serán saciados." (Mateo 5:6)

6. **E**valúo todas mis relaciones. Ofrezco perdón a aquellos que me han hecho daño y enmiendo los daños que he ocasionado a otros, excepto si cuando al hacerlo les dañara a ellos o a otros.

    "Dichosos los compasivos, porque serán tratados con compasión." (Mateo 5:7)

    "Dichosos los que trabajan por la paz, porque serán llamados hijos de Dios." (Mateo 5:9)

7. **R**eservo un tiempo diario con Dios para una autoevaluación, lectura de la Biblia y oración con el fin de conocer a Dios y Su voluntad para mi vida y obtener el poder para seguirla.

8. **A**l rendir mi vida a Dios para ser usada puedo llevar estas Buenas Nuevas a otros, tanto con mi ejemplo como con mis palabras.

    "Dichosos los perseguidos por causa de la justicia, porque el reino de los cielos les pertenece." (Mateo 5:10)

Doce pasos y sus comparaciones bíblicas[1]

1. Admitimos que no teníamos poder sobre nuestras adicciones y comportamientos compulsivos y que nuestras vidas habían llegado a ser inmanejables.

   "Yo sé que en mí, es decir, en mi naturaleza pecaminosa, nada bueno habita. Aunque deseo hacer lo bueno, no soy capaz de hacerlo." (Romanos 7:18)

2. Llegamos a creer que un poder más grande que nosotros puede restaurarnos a la cordura.

   "Pues es Dios quien produce en ustedes tanto el querer como el hacer para que se cumpla su buena voluntad." (Filipenses 2:13)

3. Tomamos la decisión de entregar nuestras vidas y nuestra voluntad al cuidado de Dios.

   "Por lo tanto, hermanos, tomando en cuenta la misericordia de Dios, les ruego que cada uno de ustedes, en adoración espiritual, ofrezca su cuerpo como sacrificio vivo, santo y agradable a Dios." (Romanos 12:1)

4. Hacemos un minucioso y audaz inventario moral de nosotros mismos.

   "Hagamos un examen de conciencia y volvamos al camino del SEÑOR." (Lamentaciones 3:40)

5. Admitimos ante Dios, a nosotros mismos y ante otro ser humano, la naturaleza exacta de nuestros pecados.

   "Por eso, confiésense unos a otros sus pecados, y oren unos por otros para que sean sanados." (Santiago 5:16)

6. Estamos completamente listos para que Dios remueva todos nuestros defectos de carácter.

   "Humíllense delante del Señor, y él los exaltará." (Santiago 4:10)

7. Humildemente le pedimos a Dios que remueva todas nuestras deficiencias.

   "Si confesamos nuestros pecados, Dios, que es fiel y justo, nos los perdonará y nos limpiará de toda maldad." (1 Juan 1:9)

8. Hacemos una lista de todas las personas a quienes hemos lastimado y llegamos a estar dispuestos a enmendar todo lo que les hicimos.

   "Traten a los demás tal y como quieren que ellos los traten a ustedes." (Lucas 6:31)

9. Hacemos enmiendas directas a esas personas siempre que sea posible, excepto si cuando al hacerlo pueda lastimarlas o lastimar a otras.

   "Por lo tanto si estás presentando tu ofrenda en el altar y allí recuerdas que tu hermano tiene algo contra ti, deja tu ofrenda allí delante del altar. Ve primero y reconcíliate con tu hermano; luego vuelve y presenta tu ofrenda." (Mateo 5:23–24)

10. Continuamos haciendo el inventario personal y cuando nos equivocamos lo admitimos inmediatamente.

    "Por lo tanto, si alguien piensa que está firme, tenga cuidado de no caer." (1 Corintios 10:12)

11. Buscamos a través de la oración y la meditación mejorar nuestra relación con Dios, orando sólo para conocer Su voluntad para nosotros y poder para llevarla a cabo.

    "Que habite en ustedes la palabra de Cristo con toda su riqueza." (Colosenses 3:16)

12. Después de haber tenido una experiencia personal como resultado de estos pasos, intentamos llevar este mensaje a otros y practicar estos principios en todas nuestras áreas.

    "Hermanos, si alguien es sorprendido en pecado, ustedes que son espirituales deben restaurarlo con una actitud humilde. Pero cuídese cada uno, porque también puede ser tentado." (Gálatas 6:1)

---

1. A través de este material, notará muchas referencias a los doce pasos Cristo-céntricos. Nuestra oración es que Celebremos la Recuperación cree un puente para los millones de personas familiarizadas con los 12 pasos seculares (reconozco el uso de algunos materiales de los 12 pasos sugeridos de Alcohólicos Anónimos) y al hacer esto, presentarles al único y verdadero Poder Superior, Jesucristo. Una vez han comenzado esa relación, invitando a Cristo en sus corazones como Señor y Salvador, ¡la verdadera sanidad y recuperación comienzan!

PRÓLOGO POR RICK WARREN

La Biblia claramente declara que "todos hemos pecado". Es mi naturaleza pecar, así como lo es también la de usted. Todos somos tentados. Por causa del pecado todos nos hemos dañado a nosotros mismos y hemos dañado a otra gente, así como también otros nos han dañado a nosotros. Esto significa que cada uno necesita arrepentimiento y recuperación de tal forma que vivamos nuestras vidas como Dios lo ha deseado.

Sin duda ha escuchado la expresión "el tiempo sana todas las heridas". Desdichadamente, no es verdad. Como pastor, frecuentemente hablo con gente que desde hace 30 o 40 años llevan heridas consigo. La verdad es que el tiempo muy a menudo hace que las cosas empeoren. Las heridas que se dejan sin atender supuran y esparcen la infección alrededor de todo su cuerpo. El tiempo sólo extiende el dolor si no se trata el problema.

Lo que necesitamos es un programa bíblico y equilibrado para ayudar a la gente a vencer sus heridas, hábitos y frustraciones. "Celebremos la Recuperación" es ese programa. Basado en las palabras reales de Jesús, más que en teoría sicológica, el programa de recuperación que contiene esta serie es único; es más efectivo para ayudar a la gente a cambiar que cualquier otro que haya oído o visto. Durante muchos años he sido testigo de cómo el Espíritu Santo ha usado este programa para literalmente transformar miles de vidas en la Iglesia de Saddleback y ha ayudado a mucha gente a crecer hacia una completa madurez cristiana.

La mayoría de la gente está familiarizada con el clásico programa *12 Pasos de Alcohólicos Anónimos* y otros grupos. Aunque indudablemente muchas vidas han recibido ayuda a través de los 12 Pasos, siempre me he sentido incómodo con la ambigüedad del programa acerca de la naturaleza de Dios, el poder salvador de Jesucristo y el ministerio del Espíritu Santo. Así que inicié un estudio intenso de las Escrituras para descubrir lo que Dios tenía que decir acerca de la "recuperación". Para mi asombro, encontré los principios de recuperación —en su orden lógico— que Cristo dio en su más famoso mensaje, el Sermón del Monte.

Mi estudio se convirtió en una serie de mensajes de diez semanas llamado "El Camino a la Recuperación". Durante esa serie mi pastor asociado, John Baker, desarrolló las guías de los participantes, lo cual llegó a ser el corazón de nuestro programa de "Celebremos la Recuperación". Creo que este programa no se compara con ningún otro programa que usted haya visto. Hay siete aspectos que lo hacen único.

1. *"Celebremos la Recuperación" está basado en la Palabra de Dios, la Biblia.*

Cuando Jesús enseñó el Sermón del Monte, comenzó declarando ocho formas de ser feliz. Hoy les llamamos las Bienaventuranzas. Desde un punto de vista convencional, la mayoría de esas declaraciones no tienen sentido. Suenan como contradicciones. Pero luego de entender completamente lo que Jesús está diciendo, usted se da cuenta que estos ocho principios son el camino de Dios a la recuperación, integridad, crecimiento y madurez espiritual.

2. *"Celebremos la Recuperación" es una mirada a lo que está adelante.* En lugar de revolcarse en el pasado o desenterrar y ensayar recuerdos dolorosos una y otra vez, Celebremos

la Recuperación se enfoca en el futuro. A pesar de todo lo que ya ha sucedido, la solución es comenzar a tomar ahora decisiones sabias y depender del poder de Cristo para ayudarnos a tomar esas decisiones.

3. *"Celebremos la Recuperación" destaca la responsabilidad personal.* En vez de jugar al papel de víctima de "acusación y excusa", este programa ayuda a la gente a enfrentar sus propias decisiones y tratar con lo que pueden hacer acerca de su problema. No podemos controlar todo lo que nos sucede, pero sí podemos controlar cómo responder a todo lo que nos pasa. Ese es el secreto de la felicidad. Cuando dejamos de gastar el tiempo en buscar culpables, tenemos más energías para solucionar el problema. Cuando dejamos de esconder nuestras faltas para lanzar acusaciones a otros, entonces el poder sanador de Cristo puede comenzar a trabajar en nuestra mente, voluntad y emociones.

4. *"Celebremos la Recuperación" destaca un compromiso espiritual con Cristo Jesús.* El tercer principio lleva a la gente a rendir sus vidas a Cristo. Una recuperación duradera no puede suceder sin este paso. Todos necesitamos a Jesús. Celebremos la Recuperación es totalmente evangelístico en su naturaleza. De hecho, la primera vez que realizamos este programa en nuestra iglesia, más de 500 personas oraron para recibir a Cristo en un solo fin de semana. Fue una cosecha espiritual asombrosa. ¡Y durante la serie de diez semanas que yo prediqué al iniciar este programa, nuestra asistencia creció a más de 1.500 personas! No se sorprenda si este programa llega a ser el ministerio de ayuda más efectivo de su iglesia. Hoy, cerca del setenta y tres por ciento de la gente que ha estado en el programa Celebremos la Recuperación ha llegado de fuera de nuestra iglesia. Vidas cambiadas siempre atraen a otros que desean ser cambiados.

5. *Celebremos la Recuperación utiliza la verdad bíblica que necesitamos cada uno para crecer espiritual y emocionalmente.* Está edificada alrededor de la interacción de grupos pequeños y el compañerismo de una comunidad de amor. Hay muchas terapias, programas de crecimiento y consejeros que hoy operan alrededor de la interacción uno a uno. Pero Celebremos la Recuperación se edificó sobre el principio del Nuevo Testamento de que nosotros no mejoramos por nosotros mismos. Nos necesitamos unos a otros. Tener compañerismo y rendir cuentas son dos componentes importantes del crecimiento espiritual. Si su iglesia está interesada en comenzar con grupos pequeños, esta es una excelente manera de iniciar.

6. *Celebremos la Recuperación es para todo tipo de hábitos, heridas y complejos.* Algunos programas de recuperación tratan solamente con el alcohol, drogas u otro problema similar. Pero *Celebremos la Recuperación* es un programa "sombrilla amplia" bajo el cual se puede tratar un sin número de aspectos. En la Iglesia de Saddleback solo una de tres personas que asisten al programa Celebremos la Recuperación viene para el tratamiento por drogas o alcohol. Tenemos otros grupos especializados también.

7. *Finalmente, Celebremos la Recuperación produce ministros laicos.* Por ser bíblico y basarse en la iglesia, Celebremos la Recuperación produce una fuente continua de personas moviéndose en los ministerios, luego de encontrar recuperación en Cristo. El ochenta y cinco por ciento de la gente que ha estado en el programa ahora son miembros activos de la Iglesia de Saddleback; y sorprendentemente, el cuarenta y dos por ciento está ahora utilizando sus dones y talentos sirviendo al Señor en alguna capacidad en nuestra iglesia.

Para terminar déjeme decirle que el tamaño de su iglesia no es barrera para iniciar un ministerio de Celebremos la Recuperación. Puede iniciarlo con solamente un grupo pequeño de gente y verlo crecer literalmente. ¡No podrá mantenerlo como secreto durante mucho tiempo!

Me alegra mucho que haya decidido comenzar un ministerio de Celebremos la Recuperación en su iglesia. Verá vidas cambiadas en forma dramática. Verá matrimonios sin esperanza, restaurados y gente liberada de toda clase de hábitos pecaminosos, complejos y heridas, en tanto que permiten que Jesús sea el Señor de cada área de sus vidas. ¡A Dios sea la gloria! Estaremos orando por usted.

Dr. Rick Warren, pastor general,
Iglesia de Saddleback

De mi corazón al suyo

Mi nombre es John Baker, y soy un creyente de aquel que lucha con el alcoholismo. En 1992, me uní al equipo de la Iglesia de Saddleback como director de grupos pequeños y recuperación. Al pasar los años, también he tenido el honor de servir como pastor de membresía y ministerios. En 2001, me convertí en pastor de Celebremos la Recuperación. Eso es lo que hago, pero Dios está realmente más interesado en quién soy, cuando no hay nadie más alrededor. Él está interesado en mi carácter, mis valores.

Como una forma para presentar quién soy, me gustaría relatar mi testimonio, al relatar mis experiencias, luego de transitar mi propio "Camino a la Recuperación".

Me crié en un hogar cristiano en la ciudad del medio oeste de Collinsville, Illinois, que tiene una población de 10,000. Tuve lo que se llama una infancia "normal", si se le puede decir así. Mis padres eran miembros de una iglesia bautista pequeña que pastoreaba un joven llamado Gordon MacDonald. A la edad de trece años recibí a Cristo en mi corazón. En el bachillerato era el presidente de mi clase y experto en baloncesto, béisbol y atletismo. Sentí el llamado al ministerio a la edad de dieciséis y apliqué a varias universidades cristianas. Hasta este momento, todo suena normal, casi aburrido.

Pero tenía un problema: Debía ser el mejor en todo. En lo más profundo de mi ser nunca me sentí suficientemente bueno para mis padres, mis compañeros de equipo, mis novias, para nadie. Si no era lo suficientemente bueno para ellos, me preguntaba, cómo podría ser lo suficientemente bueno para Dios. Debí haberme perdido los servicios dominicales acerca de la misericordia de Dios, su amor incondicional y la inmerecida gracia de Jesús. Yo era una paradoja caminando, hablando, una combinación de la más baja autoestima y el más grande ego del mundo. Creanme, ese no es un sentimiento interior muy cómodo. Un candente vacío, un agujero, exactamente en lo más profundo, es la mejor forma en que puedo describir tal sentimiento.

Luché con el llamado de Dios y me juzgué a mí mismo como indigno para entrar al ministerio. En cambio, luego de terminar mi bachillerato fui a la Universidad de Missouri. Cuando empaqué para mi primer año, llevé mi inexistente autoestima. Me uní a una fraternidad y pronto descubrí la solución —o lo que creí ser la solución— para el dolor de mi vida: El alcohol. ¡Funcionó! ¡Encajé allí! Por primera vez en mi vida sentí que pertenecía a algo. Mientras estaba en la universidad estudiando una especialidad en administración de empresas (y con un diplomado en política), conocí a la que después fue mi esposa, Cheryl. Nos casamos en mi último año. Por causa de que la guerra en Vietnam estaba en su apogeo, supimos que luego de la universidad me llamarían al servicio militar. En poco tiempo Cheryl vislumbró lo que los próximos diecinueve años traerían consigo.

En 1970 me gradué de la universidad, me uní a la Fuerza Aérea y me seleccionaron para ser piloto. Asistí a la Escuela de Entrenamiento de Oficiales, y en diecinueve días aprendí a actuar como un oficial y a beber como un caballero. Seguí abusando del alcohol, viéndolo como la cura para mi dolor y ciertamente ¡no como pecado! En el servicio encontré con rapidez el uso apropiado para un ciento por ciento de oxígeno, ¡una cura para las resacas! El servicio es un excelente lugar para descubrir los talentos que uno tiene. Pronto me seleccionaron como el oficial social de mi escuadrón. ¡Perfecto! Un trabajo que requería muchas horas de planificación de funciones en el bar del club de los oficiales. Luego, terminó la guerra y me asignaron a una unidad de reserva.

Después del servicio militar me uní a la Compañía de Papel Scott. Obtuve mi diploma como Especialista en Administración de Empresas en una escuela nocturna y Dios nos dio nuestra primera niña, Laura. Dos años más tarde fuimos bendecidos con nuestro hijo John. Me promovieron ocho veces en los primeros once años de mi carrera de negocios. Fui el vicepresidente de ventas y mercadeo para dos grandes fábricas de alimentos para el consumidor.

¡Había alcanzado todos mis objetivos profesionales y metas financieras para el tiempo en que cumplí mis treinta años! Junto con todo este éxito financiero, sin embargo, llegaron varios nuevos traslados. Nos mudábamos cada dos años y se nos hizo difícil establecer una iglesia donde asistir, pero como yo seguía con mi problema de la bebida, eso llegó a ser menos y menos importante para mí. Sabía que si moría era salvo, pero mi cristianismo no se reflejaba en mi estilo de vida, prácticas de negocios y prioridades. Aun así, pensaba que mi vida era normal ante los observadores casuales. Era el líder del ministerio para jóvenes OANSA. No me costaba nada salir temprano del trabajo para ir a un bar antes de la reunión del miércoles por la noche y así descansar y relacionarme mejor con los niños. ¿No hacían eso todos? También fui el entrenador de la pequeña liga de mi hijo durante cinco años, pero después de cada juego siempre me detenía por pizza y por unos pocos tragos de cerveza, junto con mi entrenador asistente. Y otra vez, ¿no lo hacían todos? ¡Qué insensatez!

Lentamente llegué a sentirme más y más incómodo con el estilo de vida que estaba llevando. Enfrenté una decisión fuerte. Tenía una opción: Hacerlo a mi manera, seguir bebiendo y viviendo acorde con los criterios del mundo, o rendirme, arrepentirme y hacerlo a la manera de Dios.

Desearía decirte que vi la luz y que lo hice a la manera de Dios, pero la verdad es que escogí hacerlo a mi manera. Mi problema con la bebida continuó y le di la espalda a Dios. Proverbios 14:12 dice: "Cada hombre tiene ante sí un amplio y agradable camino que parece bueno, pero que termina en muerte." (Proverbios 14:12 LBAD)

Yo era lo que se conoce como un alcohólico funcional. Nunca perdía un trabajo, y nunca me arrestaron por manejar ebrio. No, lo único que había perdido era mi relación con el Señor y con mi familia y todo el propósito de vivir. Cheryl y yo nos separamos, después de 19 años de matrimonio. Perdí todo propósito para vivir. Como puede ver, lo que había considerado la solución para el problema de mi vida, el alcohol, *¡llegó* a ser el problema!

Mi vida estaba fuera de control. ¡Había creado mi propio infierno en la Tierra! Una mañana de octubre estaba en la ciudad de Salt Lake en un viaje de negocios, cuando me levanté y supe que no podía tomar otro trago.

¡Pero también sabía que no podía vivir sin esto! Finalmente había llegado a lo más bajo. Estaba muriendo física, mental, y lo más importante, espiritualmente. Estaba en el **Principio 1**.

> Principio 1. Reconozco que no soy Dios. Admito que no tengo poder para controlar mi tendencia a hacer lo malo y que mi vida es inmanejable.

> *"Dichosos los pobres en espíritu, porque el reino de los cielos les pertenece." (Mateo 5:3)*

Paso 1. Admitimos que no teníamos poder sobre nuestras adicciones y comportamientos compulsivos y que nuestras vidas habían llegado a ser inmanejables.

"Yo sé que en mí, es decir, en mi naturaleza pecaminosa, nada bueno habita. Aunque deseo hacer lo bueno, no soy capaz de hacerlo." (Romanos 7:18)

Cuando regresé a casa fui a mi primera reunión de Alcohólicos Anónimos. Pero eso era solo el principio. En resumen, fui a más de noventa reuniones en noventa días. Mientras el tiempo pasaba, conocí el **Principio 2**.

Principio 2. En una forma sincera creo que Dios existe, que le intereso, y que Él tiene el poder para ayudarme en mi recuperación.

"Dichosos los que lloran, porque serán consolados." (Mateo 5:4)

Paso 2. Llegamos a creer que un poder más grande que nosotros puede restaurarnos a la cordura.

"Pues Dios es quien produce en ustedes tanto el querer como el hacer para que se cumpla su buena voluntad." (Filipenses 2:13)

¡Aquí es donde encontré mi primer rayo de esperanza! Dios me ama incondicionalmente. Finalmente podía entender Romanos 11:36 (DHH) "Porque todas las cosas vienen de Dios, y existen por él y para él."

Hoy mi vida con Cristo es una esperanza sin final; ¡mi vida sin Él era un final sin esperanza! Mi fuerza de voluntad me dejó vacío y destrozado, así que cambié mi definición de fuerza de voluntad. Ahora sé que la verdadera fuerza de voluntad es la disposición de aceptar el poder de Dios para mi vida. Esto me llevó al **Principio 3**.

Principio 3. Conscientemente decido comprometer toda mi vida y voluntad al cuidado y control de Cristo.

"Dichosos los humildes, porque recibirán la tierra como herencia." (Mateo 5:5)

Paso 3. Tomamos la decisión de entregar nuestras vidas y nuestra voluntad al cuidado de Dios.

"Por lo tanto, hermanos, tomando en cuenta la misericordia de Dios, les ruego que cada uno de ustedes, en adoración espiritual, ofrezca su cuerpo como sacrificio vivo, santo y agradable a Dios." (Romanos 12:1)

Al trabajar los primeros tres principios, dije: "No puedo, Dios puede" y decidí permitírselo. Un día a la vez. Si no nos rendimos a Cristo, ¡nos rendiremos al caos!

Pensé que los primeros tres principios eran difíciles, pero ahora venía el **Principio 4**.

Principio 4. Una apertura para un autoexamen y confesión de mis faltas a Dios y a alguien en quien confío.

"Dichosos los de corazón limpio, porque ellos verán a Dios." (Mateo 5:8)

Paso 4. Hacemos un minucioso y audaz inventario moral de nosotros.

"Hagamos un examen de conciencia y volvamos al camino del Señor." (Lamentaciones 3:40)

Paso 5: Admitimos ante Dios, a nosotros mismos y ante otro ser humano, la naturaleza exacta de nuestros pecados.

"Por eso, confiésense unos a otros sus pecados, y oren unos por otros para que sean sanados."
(Santiago 5:16)

Hasta este punto tenía que volver a visitar al joven John Baker, para afrontar las heridas, complejos y hábitos que yo había intentado esconder con el alcohol. Tuve que enfrentar la pérdida de mi hermano. Reconocí la destrucción que mi alcoholismo le causó a toda la gente que una vez había estado cerca de mí. Luego de aceptar todo mi problema, enfrenté la verdad y acepté el poder y la sanidad de Jesús, los cuales me sacaron de la oscuridad de mis secretos y me llevaron a ¡Su maravillosa luz!

Le agradezco a Dios que me diera un mentor que me ayudara a permanecer estable y no me juzgara mientras le contaba lo de mi inventario personal. ¡No puedo comenzar a contarle la carga que Dios me quitó cuando seguí completamente las instrucciones en Santiago 5:16! Ahora sé que fui perdonado por la obra de Jesucristo —el único y verdadero Poder Absoluto— en la cruz y que todos los pecados y errores de mi pasado no eran más un secreto. Ahora, finalmente, estaba dispuesto a que Dios me cambiara. Estaba listo para someterme a todos los cambios que Dios quería hacer en mi vida. Como puede ver, no mucho cambió en mi vida— ¡todo cambió!

El **Principio 5** me hizo reconocer que era tiempo para "dejar ir y permitirle a Dios". ¡Para este tiempo me alegraba hacerlo! Ya había visto suficiente de mí como para saber que era incapaz de cambiar mi vida por mí mismo.

Principio 5. Para que Dios pueda hacer los cambios en mi vida, me someto voluntariamente a Él y con humildad le pido que remueva mis defectos de carácter.

"Dichosos los que tiene hambre y sed de justicia, porque serán saciados." (Mateo 5:6)

Paso 6. Estamos completamente listos para que Dios remueva todos nuestros defectos de carácter.

"Humíllense delante del Señor, y él los exaltará." (Santiago 4:10)

Paso 7. Humildemente le pedimos a Dios que remueva todas nuestras deficiencias.

"Si confesamos nuestros pecados, Dios, que es fiel y justo, nos los perdonará y nos limpiará de toda maldad." (1 Juan 1:9)

Para mí, completar el Principio 5 significó tres cosas: (1) Permitir que Dios transformara mi mente—su naturaleza, su condición, su identidad; (2) Aprender a regocijarme en un progreso constante y una paciente mejoría que permitió que otros vieran los cambios en mí que yo no podía ver; (3) Dios reconstruyó mi valor personal basado en Su amor por mí, más que en los criterios del mundo.

Durante este tiempo Dios me dio Su definición de Humildad: *"Te basta mi gracia, pues mi poder se perfecciona en la debilidad." (2 Corintios 12:9 NBLH)*

Luego pude decir con el apóstol Pablo: "Por eso me complazco en mis debilidades…"
(2 Corintios 12:10 NBLH)

Ahora estaba listo para trabajar el **Principio 6**, mi favorito:

Principio 6. Evalúo todas mis relaciones. Ofrezco perdón a aquellos que me han hecho daño y enmiendo los daños que he ocasionado a otros, excepto si cuando al hacerlo les dañara a ellos o a otros.

"Dichosos los compasivos, porque serán tratados con compasión." (Mateo 5:7)

"Dichosos los que trabajan por la paz, porque serán llamados hijos de Dios." (Mateo 5:9)

Paso 8. Hacemos una lista de todas las personas a quienes hemos lastimado y llegamos a estar dispuestos a enmendar todo lo que les hicimos.

"Traten a los demás tal y como quieren que ellos los traten a ustedes." (Lucas 6:31)

Paso 9. Hacemos enmiendas directas a esas personas siempre que sea posible, excepto si cuando al hacerlo pueda lastimarlas o lastimar a otras.

"Por lo tanto si estás presentando tu ofrenda en el altar y allí recuerdas que tu hermano tiene algo contra ti, deja tu ofrenda allí delante del altar. Ve primero y reconcíliate con tu hermano; luego vuelve y presenta tu ofrenda." (Mateo 5:23–24)

Dije que este es mi principio *favorito*, pero ¡no el más fácil! Tenía una lista de nombres para hacer enmiendas. Y había desde jefes y empleados hasta amigos y vecinos. Pero las enmiendas más especiales tenían que ver con mi familia, especialmente con mi esposa, Cheryl. Todavía estábamos separados. Le dije que mi problema de alcohol no era su culpa. Lamentaba sinceramente haber causado tanto daño en su vida, que todavía la amaba y que si alguna vez podía hacer algo por ella, cualquier cosa, ella solo tenía que pedírmelo. A través de los meses de separación, Cheryl vio los cambios que Dios estaba haciendo en mi vida, cambios que ocurrieron mientras estaba en el programa. (¡Aquí es donde realmente se pone interesante!) Ella y los niños habían comenzado a asistir a una iglesia que se reunía en un gimnasio. Se llamaba Saddleback. Un sábado por la noche estaba yo visitando a los niños y ellos me invitaron a ir con ellos el domingo en la mañana. ¡Para su sorpresa dije que sí! Habían pasado cinco años desde que yo asistí por última vez a la iglesia, pero cuando escuché la música y el mensaje del pastor Rick Warren, supe que estaba en casa. Cheryl y yo comenzamos a trabajar arduamente en nuestros problemas y cinco meses más tarde Dios abrió nuestros corazones y renovamos nuestros votos matrimoniales. ¡¿No es eso realmente Dios?!

Nos bautizaron juntos como familia y luego tomamos todas las clases de la iglesia: 101 Membresía, 201 Madurez y 301 Ministerio. Allí encontré unos de los versículos de mi vida:

"Ustedes son linaje escogido, real sacerdocio, nación santa, pueblo que pertenece a Dios, para que proclamen las obras maravillosas de aquel que los llamó de las tinieblas a su luz admirable." (1 Pedro 2:9–10)

El pastor Rick Warren dice: "Dios nunca desaprovecha una herida". ¡Todo el dolor y la tristeza de mi adicción finalmente tuvieron sentido!

Sin embargo, en mis reuniones de Alcohólicos Anónimos, me ridiculizaban cuando hablaba acerca de mi Poder Superior —el único y verdadero Poder Superior, Jesucristo. Y en la iglesia no pude encontrar un pequeño grupo donde las personas pudieran abiertamente relacionarse con mi lucha contra mi adicción al pecado del alcohol. Sabía que debía haber alguien, porque en un iglesia del tamaño de Saddleback, no podía ser el único luchando con una herida, adicciones o hábitos.

Así que le escribí al pastor Rick Warren, una corta, concisa, a espacio sencillo, carta de trece páginas describiendo la visión que Dios me dio, la visión de "Celebremos la Recuperación", un programa de recuperación Cristo-céntrico.

La siguiente cosa que pasó, fue que el pastor Rick me llamó a su oficina y dijo: "Estupendo John, hazlo". De esa reunión nació Celebremos la Recuperación. Finalmente acepté el llamado de Dios. Ingresé al Seminario Bautista "Golden Gate" y comprometí mi vida a Dios, para servirle dónde y cuándo él decidiera.

He dedicado mi vida a servir a Jesucristo. Pienso trabajar diariamente en los últimos dos principios por el resto de mi tiempo en la tierra.

Principio 7. Reservo un tiempo diario con Dios para una autoevaluación, lectura de la Biblia y oración con el fin de conocer a Dios y Su voluntad para mi vida y obtener el poder para seguirla.

Principio 8. Al rendir mi vida a Dios para ser usada puedo llevar estas Buenas Nuevas a otros, tanto con mi ejemplo como con mis palabras.

"Dichosos los perseguidos por causa de la justicia, porque el reino de los cielos les pertenece." (Mateo 5:10)

Paso 10. Continuamos haciendo el inventario personal y cuando nos equivocamos lo admitimos inmediatamente.

"Por lo tanto, si alguien piensa que está firme, tenga cuidado de no caer." (1 Corintios 10:12)

Paso 11. Buscamos a través de la oración y la meditación mejorar nuestra relación con Dios, orando sólo para conocer Su voluntad para nosotros y poder para llevarla a cabo.

"Que habite en ustedes la palabra de Cristo con toda su riqueza." (Colosenses 3:16)

Paso 12. Después de haber tenido una experiencia personal como resultado de estos pasos, intentamos llevar este mensaje a otros y practicar estos principios en todas nuestras áreas.

"Hermanos, si alguien es sorprendido en pecado, ustedes que son espirituales deben restaurarlo con una actitud humilde. Pero cuídese cada uno, porque también puede ser tentado." (Gálatas 6:1)

Dios me ha bendecido ricamente y así, agradecido, le paso estas bendiciones. Mi oración es que este libro ayude a su iglesia a comenzar un programa de recuperación donde su gente pueda trabajar unida en confianza curando sus heridas, complejos y hábitos, un programa donde el amor, la verdad, la gracia y el perdón de Cristo estén demostrados en todas las cosas.

En Sus pasos,
John Baker

Comenzando

El propósito de *Celebremos la Recuperación* es motivar el compañerismo y celebrar el poder sanador de Dios en nuestras vidas al transitar por el camino de la recuperación. Somos cambiados al compartir nuestras experiencias, fortalezas y esperanzas con otros. Además, nos disponemos a aceptar la gracia y el perdón de Dios al resolver los problemas en nuestras vidas.

Al trabajar en los principios, crecemos espiritualmente y somos liberados de nuestras heridas, complejos y hábitos. Esta libertad crea paz, serenidad, gozo y, lo más importante, una relación más estrecha con otros y con nuestro personal, tierno y perdonador Poder Superior, Jesucristo.

El 21 de noviembre de 1991, Celebremos la Recuperación sostuvo su primera reunión en la Iglesia de Saddleback, Lake Forest, California. El programa no solamente ha sobrevivido, sino ha sido verdaderamente bendecido y sigue creciendo más allá de nuestras grandes expectativas. Más de 11.500 personas valientes han tratado con sus heridas, complejos y hábitos en la Iglesia de Saddleback desde que el ministerio se inició.

Hemos intentado, con un sinnúmero de nuevas ideas y conceptos, ayudar a que el ministerio crezca. Por supuesto, no todo lo que intentamos funcionó, pero desde el inicio yo le dije al equipo de liderazgo que la única cosa que no podíamos cambiar en Celebremos la Recuperación es la verdad que Jesucristo es el único Todopoderoso. Esta guía para líderes es una recopilación de lo que ha funcionado en el programa de Celebremos la Recuperación en Saddleback. Mientras lee el libro, verá que en capítulos posteriores cada aspecto de Celebremos la Recuperación se explica en detalle. Esta introducción, sin embargo, se ha provisto para que pueda comenzar. La estrategia de despegue de noventa días le ayudará a organizar el ministerio de Celebremos la Recuperación de su iglesia. Las siete llaves le mostrarán cómo el programa de Celebremos la Recuperación de Saddleback creció de 45 personas en 1991 a más de 700 asistentes semanales hoy en día. Y finalmente, el formato de la reunión e instrucciones sobre cómo usar la lista de materiales le darán un anteproyecto del cual comenzar y crecer su nuevo ministerio Celebremos la Recuperación.

La puesta en práctica de la estrategia inicial de 90 días

Esta sencilla, pero efectiva estrategia inicial le ayudará a organizar y planificar su ministerio de Celebremos la Recuperación. Las iglesias que han seguido esta estrategia han podido comenzar a ayudar con facilidad y eficacia a aquellos de su iglesia y su comunidad que están luchando con una desgracia, un complejo o un hábito. Esta estrategia ha sido dividida en tres fases, y cada fase está diseñada para ayudarle a crear un sólido fundamento que pueda sostener su ministerio, tanto en sus comienzos como a medida que vaya creciendo.

Fase 1: Investigar, comunicar e invitar (30 días)

Investigar

Investigue *www.celebraterecovery.com* (disponible solamente en inglés)

- Bajo la pestaña "CR GROUPS", busque los ministerios de Celebremos la Recuperación en su zona local. Visite tantos como le sea posible. Aunque cada ministerio tiene su propia personalidad única, podrá ver que se mantiene intacto el ADN de Celebremos la Recuperación.
- Investigue para hallar al representante estatal de Celebremos la Recuperación más cercano a su lugar. Su representante estatal es un valioso recurso que le acompañará y le aconsejará a lo largo del camino.
- Investigue los seminarios de un día/Siete claves para un ministerio exitoso.

Investigue *www.RecursosdeSaddleback.com*

- Investigue todos los recursos de Celebremos la Recuperación disponibles para que tenga éxito en su ministerio. Es altamente recomendable que al principio encargue los *Kits Iniciales de Celebremos la Recuperación*, en los que encontrará las maneras y los detalles básicos para el comienzo de su ministerio.

- Los kits incluyen:
  – Un video en DVD de 20 minutos, *Cómo comenzar un Ministerio de recuperación centrado en Cristo en su iglesia*, por Rick Warren y John Baker
  – 1 guía para el líder
  – 1 ejemplar de cada una de las guías del participante (4 en total)
  – 1 CD-ROM con 25 lecciones y transcripciones de sermones

- Investigue acerca del libro *Ocho decisiones sanadoras*. Sería útil leerlo en este momento para tener un entendimiento más amplio de los principios de *Celebremos la Recuperación*.

Lo más importante de todo: Comience a ORAR CONTINUAMENTE

Comuníquese

Comuníquese con su representante estatal.

- Preséntese y pónganse de acuerdo en un momento para reunirse.

Comuníquese con su iglesia.

- Pídales una cita a su pastor principal y a todos los que estarán supervisando este ministerio, para compartir con ellos su visión. En el DVD de veinte minutos del *Kit para el Programa Celebremos la Recuperación*, el pastor Rick Warren explica los beneficios que presenta este programa desde el punto de vista de un pastor.
- Use anuncios en el boletín de la iglesia, volantes, videos, Facebook, Twitter y el portal de la web de su iglesia para comunicar los planes de traer Celebremos la Recuperación a su iglesia.

Invite

Invite a todos aquellos de su iglesia que estén interesados en asistir con usted a una reunión de información.

- Comparta sus planes y comience a reclutar apoyo. Es útil que hable de experiencias de recuperación centradas en Cristo y/o seculares.
- Algunas personas serán líderes en potencia; otras tal vez quieran acompañar al ministerio en otros aspectos, como la adoración o el cuidado de los niños.

Fase 2: *Entrene, planifique, prepare (60 días)*

Entrene

Familiarícese con los *Kits Iniciales para el Programa Celebremos la Recuperación*, y sus componentes. Compre un kit de guías del participante y una guía del líder para cada voluntario y líder.

Reúnase semanalmente con su equipo inicial de voluntarios/líderes para darles entrenamiento y experiencia en Celebremos la Recuperación. Aunque es posible que algunos tengan la experiencia de los 12 Pasos, le sugerimos que se asegure de que todos hayan experimentado aspectos de Celebremos la Recuperación, de manera que puedan guiar a otros con integridad.

A continuación encontrará una sugerencia de formato para sus reuniones semanales (2 horas) previas al lanzamiento de su noche de reunión general para celebrar la recuperación:

Parte 1: Planificación y entrenamiento (1 hora)

- Comience con oración
- Planifique: (Busque los temas en la próxima sección)
- Entrene: Entre los temas de entrenamiento tomados de la guía del líder pueden estar:
  – Facilitar su noche de reunión general (Ver página 52)
  – Compartir abiertamente en los grupos pequeños (Ver páginas 55 y 56)
  – Reglas para los grupo pequeños (Ver páginas 56 y 57)
  – Grupos pequeños para el estudio de los pasos (Ver página 58)
  – El grupo 101 para nuevos asistentes a Celebremos la Recuperación (Ver página 61)

Parte 2: Grupo de estudio del paso (1 hora)

- Dividirse en grupos pequeños de hombres y de mujeres.
- Consulte la página 58 en cuanto al formato de grupos pequeños para el estudio de los pasos.

Al final de los sesenta días, cuando estén listos para el lanzamiento, lo más probable es que este grupo inicial haya terminado la Guía 1 del Participante y haya comenzado la Guía del Participante 2. De ser posible, los líderes deben hacer planes para darle dos noches por semana al ministerio después de lanzar la noche de reunión general para celebrar la recuperación. Esto permitirá que el grupo central se siga reuniendo en la segunda noche para terminar el estudio del paso.

Planifique

El núcleo del programa Celebremos la Recuperación se encuentra en tres tipos distintos de grupos: Las *reuniones en grupos grandes* y los *grupos pequeños para compartir abiertamente*, que tienen lugar ambos en la noche de reunión general, y los *grupos pequeños para el estudio de los pasos*, que se reúnen en una noche distinta. Con el fin de planificar para estos grupos, determine primero el día y lugar para la celebración de su noche de reunión general

Cosas a tener en cuenta para la noche de reunión general:

- El cuidado de los niños: Decidan las edades que estarán incluidas. Consulten a su director/pastor de ministerios con las familias en cuanto a los procedimientos que sean correctos en su iglesia.
- Alimentos: Decidan si van a ofrecer reuniones de confraternidad, como cena/tentempiés antes de la reunión del grupo grande, o café/postres a continuación de los grupos pequeños para compartir abiertamente.
- Recuerden que los alimentos son un elemento opcional que va a ayudar a crear comunidad y mejorar la experiencia para toda la familia, pero no son imprescindibles. Aunque el cuidado de los niños no sea obligatorio, se recomienda ALTAMENTE. Manténganlo todo lo más sencillo posible y hagan lo que sea adecuado para su ministerio.

Cosas a tener en cuenta para su reunión en el grupo grande:

- La adoración: Decidan si el componente de adoración se hará por medio de un sencillo reproductor de CDs, un iPod con altavoces o un grupo completo de músicos.
- Enseñanza/Testimonio: Decidan quién va a estar enseñando las veinticinco lecciones usando la guía del líder, y también quiénes van a compartir su testimonio escrito. Les sugerimos que planifiquen estos componentes trimestralmente. Encontrarán recursos disponibles en *www.RecursosdeSaddleback.com* («Testimonios para llevar», DVDs, etc.).

Cosas a tener en cuenta para su reunión de los grupos pequeños:

- Reunión inicial de los grupos pequeños: Determine qué grupos ofrecerá. Una sugerencia sería iniciar con: Hombres adictos a sustancias químicas, mujeres adictas a sustancias químicas, hombres codependientes, y mujeres codependientes. También puede comenzar simplemente con un grupo de hombres y mujeres.
- Líderes: Los líderes de los grupos pequeños y colíderes deben ser escogidos de acuerdo a su experiencia de recuperación.

Preparar

- Fijen la fecha para su primera reunión general.
- Comuníquese con su representante estatal para fijar un momento en que se puedan reunir con él/ella.
- Confirme los compromisos de aquellos que van a ayudar en las dependencias, la adoración, el cuidado de los niños y los alimentos.
- Finalice la asignación de posiciones dentro de la reunión del grupo grande y las posiciones de líderes/colíderes en los grupos pequeños para compartir abiertamente.
- Invite a la iglesia. Ponga información acerca de Celebremos la Recuperación en el boletín de la iglesia y/o ponga una mesa de información durante los servicios de la iglesia. Le sugerimos que cree un folleto de información. También podría usar los anuncios de la iglesia para que se vea que el pastor apoya y aprueba el programa. Esto les dará a saber a todos que su iglesia en un "lugar seguro" donde pueden resolver sus "heridas, complejos y hábitos".
- Invite a la comunidad de afuera. Le sugerimos que tengan primero un "lanzamiento sencillo" o un "ensayo de lanzamiento". Esto les dará unas cuantas reuniones para que las cosas funcionen con tranquilidad antes que llegue el público.
- Abra las puertas en su fecha de lanzamiento, bien equipado y listo.
- ¡Páselo bien!
- ¡ORE CONTINUAMENTE!

Fase 3: Continuación del crecimiento (Días 91 en adelante)

Una manera excelente de ayudarse en el crecimiento de su ministerio con Celebremos la Recuperación consiste en pensar si su iglesia puede usar el libro *Ocho decisiones sanadoras* y la Guía de Estudio en grupos pequeños *Decisiones que sanan tu vida*. Este estudio en grupos pequeños mejorará grandemente la comprensión de su congregación en cuanto al alcance de los "heridas, complejos y hábitos" en los que ayuda Celebremos la Recuperación.

Le sugerimos que espere unos seis meses antes de ofrecerles estudios de los pasos en grupos pequeños a sus participantes en Celebremos la Recuperación. Esto logrará dos cosas:

1. Los líderes tendrán tiempo para llegar hasta el Principio 5, lo cual los preparará para ser ellos mismos unos líderes efectivos en el estudio de los pasos.

2. Su noche de reunión general tendrá la oportunidad de crecer y desarrollarse.

Le sugerimos que compre el *Kit de entrenamiento avanzado para los líderes de Celebremos la Recuperación* (disponible solamente en inglés). Este recurso será valioso en su ministerio para preparar y reafirmar más a sus líderes. Los *Kits con materiales visuales de entrenamiento avanzado de líderes para Celebremos la Recuperación* correspondientes contienen fondos para PowerPoint y arte listo para la cámara que sirven para la impresión de estandartes, etc.

En estos kits (disponibles solamente en inglés) se incluyen:

- 10 módulos de entrenamiento
- 2 DVDs: «3 Puertas de Celebremos la Recuperación», donde se explican los diferentes formatos de los grupos y la «Intervención», que explica las manera de hacer las cosas
- 2 CDs con recursos: Uno con notas de enseñanza para los entrenadores y el otro con las hojas a distribuir entre los participantes, hojas para la mesa de información e inserciones para las veinticinco lecciones de Celebremos la Recuperación
- 2 CDs de audio: Uno con la «Oración de la Serenidad» y el otro con la lección «Comprobación de la recuperación»

Los módulos de entrenamiento son herramientas excelentes para utilizarlas durante las reuniones mensuales de sus líderes. Sencillamente, escoja un módulo a cubrir cada mes. También podría enseñar ciertos módulos, como el «Módulo 4 – El entrenamiento de líderes nuevos», mensualmente, pero en un momento diferente, a medida que reclute e introduzca en el liderazgo a más participantes.

A medida que crezcan su ministerio y su liderazgo, piense en comenzar la *Estación de Celebración* y *El aterrizaje*.

- La estación de celebración ha sido creada para niños de los cinco a los once años. Lo bello de la Estación de Celebración (solo en inglés) es que trata los mismos temas que están aprendiendo los adultos en Celebremos la Recuperación, pero de maneras más adaptadas a los niños. Este enfoque inicia unas conversaciones positivas, entretenidas y llenas de fe entre los niños y sus padres, que les permiten practicar la comunicación abierta y compartir de maneras que tal vez nunca han utilizado antes.

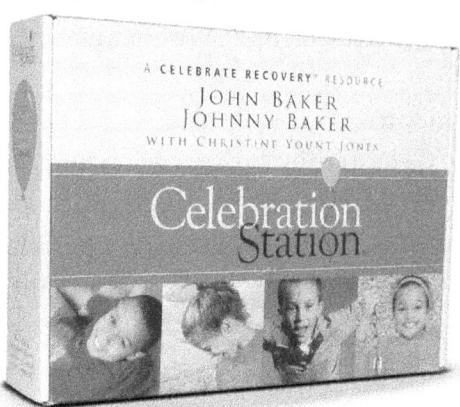

- El aterrizaje (solo en inglés) es un dinámico recurso dirigido a los estudiantes para ayudarlos. Los jóvenes pueden romper los patrones de conducta dañinos a través de la comunidad, las enseñanzas y las experiencias que descubrirán en El aterrizaje. Examinarán las decisiones del pasado que los han llevado al punto en el cual se encuentran hoy; hablarán acerca de los patrones y las formas de conducirse que los mantienen atrapados; buscarán las transformadoras verdades de la libertad que se encuentran por toda la Biblia, y se comprometerán a vivir de una manera diferente y a crear unas relaciones saludables con los miembros de su familia, los líderes adultos y los compañeros en los cuales confían.

- Siga en contacto con su representante estatal. Él o ella le podrá ayudar en el proceso de añadir su programa a la lista de Celebremos la Recuperación que aparece en el portal de la web.
- Acuda al portal de Celebremos la Recuperación en la web para encontrar seminarios de un día y fechas para las reuniones cumbre.

Esta estrategia inicial tiene el propósito de ayudarle a preparar, lanzar y mantener un ministerio sano de Celebremos la Recuperación. Es posible que necesite más tiempo en un aspecto que en otro, y tal vez no esté listo para echar a andar el programa exactamente a los noventa días. Lo importante es que aproveche los años de experiencia que tiene la Iglesia de Saddleback, y con ella miles de personas más que han preparado el camino. Manténgase conectado, y no tenga temor a hacer preguntas. ¡Tiene una gran cantidad de apoyo!

Siete claves para iniciar su ministerio de recuperación y mantenerlo en crecimiento

Hay siete claves para iniciar un ministerio de recuperación y mantenerlo en crecimiento: **(1) Adoración, (2) Capacitación de liderazgo, (3) Apoyo del pastor, (4) Actividades de compañerismo, (5) Currículo, (6) Nuevos grupos, (7) Alcance.** Piense en las siete claves de esta manera. Jesucristo es el único y verdadero Poder Superior. Él es la roca, el fundamento del programa Celebremos la Recuperación. Proverbios 9:1 nos dice: "La sabiduría construyó su casa y labró sus siete pilares." Cada una de las siete claves actúa como un pilar construido sobre el fundamento y apoyado por el fundamento—Jesucristo. Las siete claves, a su vez, son los pilares que mantienen el soporte de su ministerio Celebremos la Recuperación.

Empecemos con lo que creo es la clave más importante para el crecimiento continuo en cualquier programa de recuperación: Adoración.

Adoración

La Adoración ha sido una parte central de Celebremos la Recuperación desde la primera reunión. Cada viernes por la noche comenzamos la reunión de nuestro grupo grande con veinte minutos de alabanza y adoración.

- Creo que nuestro tiempo de adoración es importante por las siguientes razones:
- La adoración es una fortaleza y también una diferencia principal entre un programa de recuperación Cristo-céntrico y un programa de recuperación secular.

  Ustedes cantarán como en noche de fiesta solemne; su corazón se alegrará, como cuando uno sube con flautas a la montaña del Señor, a la Roca de Israel." (Isaías 30:29)

- La adoración provee un tiempo para que todos pongamos a un lado nuestras ocupaciones y problemas del mundo y nos conectemos con el verdadero Poder Superior, Jesucristo. Permite que haya un tiempo para que el Espíritu Santo llene a todos aquellos que asisten, con una paz y seguridad que solamente él puede dar. Habrá gente allí que está tan mal herida que solo será capaz de expresar su dolor a través de una oración en silencio y adoración.
- ¡La adoración nos da el medio a través del cual podemos celebrar nuestras recuperaciones! Sugiero seguir con los cantos de alabanza para edificar, fortalecer y animar a aquellos que asisten y enfocarnos en el gozo de la presencia, paz y poder de Dios en sus recuperaciones.

¡Desearía que todos pudieran asistir a Celebremos la Recuperación en la Iglesia de Saddleback! Usted podría ver de primera mano el poder de la adoración en la recuperación; tenemos más de quince cantantes y músicos que ministran a otros fielmente en la semana. No importa el tamaño de su ministerio de recuperación; un grupo con veinte instrumentos no es necesario para incorporar la adoración en su programa de recuperación. Cuando empezamos Celebremos la Recuperación en 1991, teníamos dos cantantes y una banda con tres instrumentos. No importa si usted solo usa un CD, o simplemente encuentra a alguien que pueda dirigir mientras toca la guitarra, pero asegúrese de incluir la adoración como parte importante de su programa de recuperación.

Capacitación de Liderazgo

La segunda clave para el crecimiento de su ministerio de recuperación es la capacitación de su liderazgo. Proverbios 23:12 dice: "Aplica tu corazón a la disciplina y tus oídos al conocimiento." Una y otra vez el pastor Rick Warren le ha dicho a la directiva de la Iglesia de Saddleback: "Una vez que deje de aprender, usted deja de liderar".

Si tuviera que escoger una palabra que describiera la capacitación de liderazgo en Celebremos la Recuperación, sería *constancia*. Programamos reuniones mensuales para discutir aspectos de recuperación y dinámicas de grupo. Estas reuniones de liderazgo incluyen cuatro elementos: Planificación, enseñanza, tiempo de comentarios y compañerismo.

El Tiempo de Planificación incluye asignar las lecciones que el equipo de enseñanza estará impartiendo para el siguiente mes. Para este tiempo también ordenamos los testimonios que serán usados para apoyar el principio particular en el que se esté trabajando ese mes.

Además, en este momento se distribuyen las asignaciones para la mesa de información del programa, Café Roca Sólida, Barbacoa y otros programas especiales. En este elemento de planificación de la reunión, la participación del grupo es esencial.

Tiempo de Enseñanza es también muy importante. La mayor parte de la enseñanza se hará por el equipo de entrenamiento y el líder del ministerio. Se explicará más acerca de estos roles en las páginas 35–39. Además, consejeros cristianos voluntariamente otorgan su tiempo y apoyo para ayudar a instruir y apoyar a nuestros líderes. Ellos han enseñado una variedad de temas desde: "Cómo manejar a una persona suicida en su grupo", hasta, "Ayudar a los padres que están en su grupo a obtener la colaboración necesaria de sus hijos".

Durante el *Tiempo para Comentarios,* exhorto a los líderes a que se separen en grupos pequeños. Esto les da la oportunidad de comentar diferentes ideas de cómo manejar un conflicto en su grupo, cómo hacer cumplir las cinco reglas o cualquier consejo o estrategia general que haya funcionado en sus grupos. También compartir sus experiencias, fortalezas, esperanzas y especialmente sus dificultades unos con otros.[1]

Usamos el *Tiempo de Compañerismo* en nuestras reuniones de liderazgo para celebrar la Cena del Señor. Este es un tiempo excelente para hablar de lo que Cristo ha hecho en cada una de nuestras vidas y unirnos como un equipo de ministerio en propósito y espíritu. La reunión concluye con una pequeña cena o una comida de lo que haya. Algunas veces incluimos a nuestros cónyuges y familiares.

Los líderes firman un pacto anual de liderazgo y también deben reunir las siguientes cualidades:

1. Deben ser cristianos en crecimiento, no nuevos creyentes.
2. Deben haber completado todos los niveles de las clases sobre liderazgo.
3. Necesitan haber trabajado mucho en su recuperación y hablar tranquilamente acerca de sus propias victorias y dificultades.
4. Necesitan haber completado el estudio paso a paso de las cuatro guías del participante de Celebremos la Recuperación.
5. Necesitan tener una cadena de ayuda personal fuerte: Familia, amigos de recuperación, compañeros a quienes rendir cuentas, líderes de la iglesia, un consejero cristiano, etc.
6. Deben acordar asistir mensualmente a las sesiones de entrenamiento de Celebremos la Recuperación.

---

1 Debido a que animamos a los líderes a que siempre comenten sus esperanzas y victorias con sus grupos de viernes por la noche. Ellos entienden que si han tenido una semana difícil y sienten que no son capaces de dirigir su grupo con todo el ánimo, entonces pueden acercarse a mí antes de la reunión para encontrar un substituto para esa noche.

Les digo que veo su aceptación de ese problema como una fortaleza y no como una debilidad. Me reuniré con ellos la siguiente semana para animarlos. Usualmente para el siguiente viernes por la noche estarán nuevamente liderando su grupo hablando sobre la esperanza y el poder de Cristo con un renovado entusiasmo y compasión.

7. Deben estar alerta ante la tentación de desarrollar una relación codependiente con miembros de sus grupos.[2]

Le quiero dar unas palabras de advertencia. Si está tratando de llevar adelante su ministerio de recuperación o el cuidado pastoral de su iglesia usted solo, va a terminar con un agotamiento nervioso. Y no solo se va a agotar como líder, sino que con el tiempo, su propia recuperación comenzará a sufrir.

La manera de ser un líder eficaz en Celebremos la Recuperación es comenzar a delegar las responsabilidades de liderazgo que tenga.

En Éxodo 18:13–21 se nos dice:

"Al día siguiente, Moisés ocupó su lugar como juez del pueblo, y los israelitas estuvieron de pie ante Moisés desde la mañana hasta la noche. Cuando su suegro vio cómo procedía Moisés con el pueblo, le dijo:

—¡Pero qué es lo que haces con esta gente! ¿Cómo es que sólo tú te sientas, mientras todo este pueblo se queda de pie ante ti desde la mañana hasta la noche?

No está bien lo que estás haciendo —le respondió su suegro—, pues te cansas tú y se cansa la gente que te acompaña. La tarea es demasiado pesada para ti; no la puedes desempeñar tú solo. Oye bien el consejo que voy a darte, y que Dios te ayude. Elige tú mismo entre el pueblo hombres capaces y temerosos de Dios, que amen la verdad y aborrezcan las ganancias mal habidas, y desígnalos jefes de mil, de cien, de cincuenta y de diez personas."

Si quiere ser un líder de recuperación excelente, y quiere durar, hacer que crezca su ministerio, y ser más efectivo en alcanzar y ayudar a la gente que sufre y se siente quebrantada, le sugiero fuertemente que tenga en cuenta una palabra importante: ¡EQUIPO!

En Celebremos la Recuperación el ministerio funciona dentro de una estructura de equipo. Tenemos una persona responsable para cada una de las siguientes actividades:

Entrenamiento
Exhortación
Asimilación
Líder del ministerio

Así es como convertimos a Celebremos la Recuperación en un ministerio realmente dirigido por laicos. En las páginas 35 – 39 encontrará explicaciones sobre el papel y las responsabilidades de cada uno de los miembros del equipo:

---

[2] Cuando recién inicia su programa Celebremos la Recuperación, sus líderes no serán capaces de cumplir con estos siete requisitos. Lo importante es que acuerden completarlas tan pronto sea posible.

El Entrenador

"La Biblia entera nos fue dada por inspiración de Dios y es útil para enseñarnos la verdad, hacernos comprender las faltas cometidas en la vida y ayudarnos a llevar una vida recta. Ella es el medio que Dios utiliza para capacitarnos plenamente para hacer el bien."
(2 Timoteo 3:16–17 LBAD)

El papel del Entrenador consiste en preparar a los líderes de Celebremos la Recuperación para que ministren en un ambiente que le permita a cada líder crecer en Dios y en seguridad personal. Una responsabilidad clave del entrenador es asegurar la presencia del ADN de un Celebremos la Recuperación auténtico, lo cual es vital para llevar responsabilidad mutua y credibilidad al ministerio.

Un Entrenador efectivo:

Dirija el *ENTRENAMIENTO DE LOS NUEVOS LÍDERES* y su orientación

Cuando esté listo para comenzar a entrenar a sus nuevos líderes, le sugerimos que acuda a una útil herramienta: La Guía de Entrenamiento Avanzada de Líderes (EAL). La EAL se divide en diez módulos, y le proporcionará todos los materiales de entrenamiento que necesita *(www.saddlebackresources.com)*. Usando la EAL, tendrá libertad para ser tan creativo como lo desee. Tome la EAL, reúna diversas secciones y cree sus propios temas de entrenamiento.

Entrenamiento de nuevos líderes	Módulo 4 de EAL
Redacción de tu testimonio	Módulo 5 de EAL
Entrenamiento de líderes para grupos abiertos de comunicación	Módulo 6 de EAL
Entrenamiento de líderes para los grupos de estudio de los pasos	Módulo 7 de EAL
Puesta en marcha de las directrices para grupos pequeños	Módulo 8 de EAL
Entrenamiento para patrocinadores	Módulo 9 de EAL
Entrenamiento adicional para los mejores líderes	Módulo 10 de EAL

Puede encontrar gratis útiles sugerencias para los Entrenadores en el blog y el podcast nuestros de *www.celebraterecovery.com*, o en la página de Celebremos la Recuperación en Facebook.

Facilite sesiones de entrenamiento para las *REUNIONES MENSUALES DE LÍDERES*

El Entrenador no tiene que ser forzosamente responsable de conducir todas estas sesiones, sino de trabajar en conjunto con el líder del ministerio para determinar cuáles son las necesidades del ministerio.

Desarrolle y supervise a los líderes para los *GRUPOS PEQUEÑOS*

El Entrenador apoya a los líderes de grupo, y está atento a todas las cuestiones específicas que surjan dentro de la dinámica de un grupo en particular, o a los conflictos entre el líder y el colíder.

Desarrolle a un *APRENDIZ* de Entrenador

Busque alguien dentro del grupo de líderes ya existente, para entrenarlo y desarrollarlo como aprendiz. Un buen entrenador posee la capacidad necesaria para ver la visión y articularla de una manera que todos puedan comprender con facilidad, entrenando a partir de su experiencia personal. La motivación se capta; no se enseña.

Entrenador Exhortador

"Eviten toda conversación obscena. Por el contrario, que sus palabras contribuyan a la necesaria edificación y sean de bendición para quienes escuchan." (Efesios 4:29)

El papel del Entrenador Exhortador consiste en infundirles una energía positiva a los líderes de Celebremos la Recuperación, de manera que puedan manejar las luchas y el estrés que se pueden presentar cuando se trabaja con personas que están sufriendo. También sirve de puente para los participantes que comienzan a servir como voluntarios, y van ellos mismos camino de convertirse en líderes.

Un Entrenador Exhortador efectivo:

Proporciona y supervisa el *CUIDADO DE PASTOREO* que se necesita en los grupos y entre los líderes del ministerio. El Entrenador Exhortador lleva vida al liderazgo del ministerio y ayuda a apoyar a los entrenadores del EQUIPO a base de edificarlos, animándolos continuamente con la Palabra de Dios y por medio de la oración. El Entrenador Exhortador reconoce los hitos que han alcanzado los líderes, voluntarios y participantes (según sea aplicable) en su recuperación.

Crea *REUNIONES FRATERNALES* para los líderes y los grupos

Con el fin de mantener el liderazgo y el ministerio en un ambiente agradable y amistoso, el Entrenador Exhortador planifica reuniones de confraternidad, tanto pequeñas como grandes. Estas reuniones no deben interferir con la noche de reunión general, sino que se deben celebrar en otros días/tiempos durante la semana. Le sugerimos en particular que añada un juego que forme equipo a su reunión mensual de líderes.

El Entrenador Exhortador también apoya a los Entrenadores de Asimilación con reuniones de confraternidad para alcanzar a otras personas.

Puede encontrar gratis sugerencias útiles para los Entrenadores en el blog y el podcast nuestros de *www.celebraterecovery.com*, o en la página de Celebremos la Recuperación en Facebook.

Ayuda a identificar *NUEVOS APRENDICES PARA LÍDERES DE GRUPO*

Los Entrenadores Exhortadores deben permanecer vigilantes con respecto a las personas que estén trabajando en los Pasos por medio de las guías del participante, y que estén haciendo cambios reales en su vida. Esto es una buena indicación.

La identificación de nuevos líderes debe ser deliberada. Busque su experiencia de recuperación. Busque a los que son sensibles al sufrimiento de los demás. No haga concesiones en las normas para los líderes. Para lograr esto, le sugerimos que visite los grupos para el estudio de los pasos que se encuentren en la última guía del participante. Esta es una oportunidad para reclutar e identificar a los nuevos líderes.

Desarrolla a un *APRENDIZ* de Entrenador Exhortador

El Entrenador Exhortador desarrolla a alguien de dentro de Celebremos la Recuperación para que sea aprendiz. Este papel pondrá a hombres y mujeres a servir a las necesidades del equipo de líderes.

Los rasgos de personalidad y dones espirituales del Entrenador Exhortador:

- Anima a los demás por naturaleza
- Ayuda
- Pastorea
- Se relaciona
- Se interesa en los demás
- Sabe escuchar
- Comprende la vida y la dinámica del grupo
- Espiritualmente maduro
- Apasionado
- Le encanta invertir en otros líderes

El Entrenador de Asimilación

"Bendeciré al Señor en todo tiempo; mis labios siempre lo alabarán. Mi alma se gloría en el Señor; lo oirán los humildes y se alegrarán. Engrandezcan al Señor conmigo; exaltemos a una su nombre. (Salmos 34:1–3)

El papel del Entrenador de Asimilación consiste en comunicarse de manera favorable con la familia de la iglesia y con la comunidad acerca de Celebremos la Recuperación. El Entrenador de Asimilación adquiere información y conocimiento acerca de las iglesias y los grupos seculares de recuperación que existan en su zona, y también acerca de los consejeros cristianos locales y los departamentos de libertad condicional.

Un Entrenador de Asimilación efectivo:

Es el responsable de la *PROMOCIÓN* de Celebremos la Recuperación entre los miembros, la comunidad y el mundo

Los miembros y la iglesia:
- Cree volantes sobre Celebremos la Recuperación, tarjetas de visita y circulares.
- (El segundo grupo de Materiales tiene el emblema de Celebremos la Recuperación: www.eyeeffectsworship.com).
- Utilice el boletín y el portal de su iglesia en la web.
- Produzca un video acerca de su Celebremos la Recuperación con fotografías.
- Anime a su pastor a incluir testimonios de Celebremos la Recuperación en sus sermones.
- Use camisas, sombreros y demás de Celebremos la Recuperación; los encontrará en *www.saddlebackresources.com*.

La comunidad:
- Use volantes, circulares y videos.
- Utilice la publicidad en los periódicos locales y las revistas.
- Establezca una red con otros ministerios de su zona.

El mundo:
- Ayude a otra iglesia para que comience Celebremos la Recuperación. Comuníquese con su director regional para que le ayude a alcanzar a otras iglesias.

Puede encontrar sugerencias útiles gratuitas para los Entrenadores de Asimilación en nuestro blog y podcast de Celebremos la Recuperación, en *www.celebraterecovery.com*, o se nos puede unir a nosotros en la página de Facebook de Celebremos la Recuperación.

Recluta y entrevista a los nuevos *CANDIDATOS AL LIDERAZGO*

El Entrenador "A" puede visitar los estudios de los pasos en el Paso 12 para compartir el gozo de servir como líder y distribuir hojas de información para los líderes. (Modelo de hoja de información y preguntas para la entrevista con el líder, Apéndice 2.)

Use la hoja de información para el líder y las preguntas para la entrevista como ayuda durante el proceso de la entrevista, y terminen firmando el Pacto de Liderazgo (Modelo de Pacto de Liderazgo en Celebremos la Recuperación, Apéndice 1). Proporciona otras oportunidades en las cuales todos puedan servir. (Ejemplos: Equipo de Barbacoa, equipo de adoración, equipo de cafetería.)

Desarrolla y mantiene los *MATERIALES DE INFORMACIÓN DE GRUPOS* para los grupos y las mesas de información.

El Entrenador "A" monta la mesa de información/recursos sobre Celebremos la Recuperación y va reponiendo el material en ella. Esto incluye ejemplares de: Las cuatro guías del participante, libros como la *Biblia Celebremos la Recuperación*, el *Diario Celebremos la Recuperación*, *Las decisiones sanadoras de la vida* y hojas de información sobre los grupos.

Desarrolla a un *APRENDIZ* de Entrenador de Asimilación

Ora para que Dios les proporcione la persona correcta, que tenga en el corazón hacer correr la voz acerca de Celebremos la Recuperación: Una persona amable con los demás, extrovertida y buena para el desarrollo de relaciones; alguien con pasión por hacer correr la voz de que existe un lugar donde se puede encontrar ayuda para los sufrimientos, las limitaciones y los hábitos de la vida.

Líder del Ministerio

"Sed imitadores de mí, como también yo lo soy de Cristo." (1 Corintios 11:1 LBLA)

El Líder del Ministerio desempeña muchos papeles importantes. No obstante, lo más importante que puede hacer un líder de ministerio efectivo es establecer el **ESTILO** de su ministerio en Celebremos la Recuperación. Veamos algunas de las cosas que un Líder de Ministerio puede hacer para convertir a Celebremos la Recuperación en una excelente experiencia para todos los que asistan.

Una de las maneras importantes en las cuales un líder de ministerio puede establecer el **ESTILO** es el ejemplo. Es necesario que el Líder de Ministerio sea alguien que esté *en* recuperación. Aunque un pastor o un miembro del personal de la iglesia puede supervisar el ministerio sin comprometerse con él, el líder de ministerio debe ser alguien que reconozca la necesidad de una recuperación personal, haciendo funcionar los Principios de Celebremos la Recuperación en su propia vida. Esa es una de las formas de enseñar con el ejemplo. Cuando el líder de ministerio participa en la recuperación personal, es más efectivo al tratar con personas que se ven en la misma situación.

Enseñar con el ejemplo incluye hacer las cosas que él o ella les está pidiendo a los demás que hagan. Cuando llega temprano para arreglar las sillas, ayudar con los ingredientes de la Barbacoa y darles la bienvenida a los que llegan por vez primera, el líder del ministerio le puede mostrar al resto del EQUIPO, y también a los otros líderes, la forma en que deben interactuar en la noche de la reunión general. En pocas palabras, debe enseñar con algo más que con palabras.

Pablo le dijo a la iglesia en 1 Corintios 11:1: "Sed imitadores de mí, como también yo lo soy de Cristo." (1 Corintios 11:1 LBLA)

También, el líder de ministerio establece el **ESTILO** al compartir abiertamente sus sufrimientos, limitaciones y hábitos. Los líderes de ministerio deben ser transparentes; no deben ser inaccesibles o "inalterables". Por tanto, al enseñar las lecciones, deben utilizar ilustraciones personales para hacer ver cómo Celebremos la Recuperación los ha ayudado y sigue ayudando en su propia vida. Sí, los Líderes de Ministerio deben asegurarse de que explican cómo Jesucristo los ha transformado, pero no deben callarse en cuanto a hablar de la obra que aún les queda por hacer. Esto significa que los líderes de ministerio deben participar en grupos abiertos para compartir y grupos para estudiar los pasos, y participar en el ministerio de Celebremos la Recuperación en general.

Santiago 5:16 dice: "Por eso, confiésense unos a otros sus pecados, y oren unos por otros para que sean sanados". (Santiago 5:16)

Esto se aplica a todos nosotros, desde los nuevos asistentes hasta el líder del ministerio.

Establecer el **ESTILO** también significa no olvidarse nunca el Celebrar de Celebremos la Recuperación. La recuperación puede ser difícil, sobre todo al principio, pero Jesús cambia las cosas. El líder del ministerio se debe asegurar de ayudar a las personas a recordar el gozo que pueden tener en Cristo cuando Él obra en nuestra vida. Escoja cantos inspiradores, llenos de energía, para la adoración, use chistes (hasta los poco simpáticos) en las lecciones, lleve siempre una sonrisa en su rostro y pídales a los líderes y al EQUIPO que todos hagan lo mismo. Asegúrese de que todos los testimonios tengan una sección dedicada a celebrar lo que ha hecho Cristo. Esto nos ayudará a hacer lo que nos indica Pablo que hagamos en Filipenses 4:4: "Gócense en el Señor siempre; se lo repito gócense." (Filipenses 4:4 LBAD)

Al acordarnos de celebrar los cambios que Dios va a hacer en nuestras vidas, en lugar de centrarnos solamente en los problemas de hoy, les podremos dar una esperanza a los participantes y a los nuevos asistentes.

Por último, cuando el líder del ministerio establece el ESTILO, vemos que todo el mundo quiere participar en algo maravilloso. Cuando el EQUIPO se halla en su lugar, los líderes han sido entrenados y se ha establecido el ESTILO, la gente se sentirá atraída hacia su saludable ministerio de Celebremos la Recuperación. Cuando los pastores vean los cambios en las vidas, van a apoyar a Celebremos la Recuperación y enviarle personas de su congregación. Cuando las personas hablen de lo que Dios ha hecho a favor de ellas, atraerán a sus amigos y familiares, que llegarán para ver cómo son las cosas. En pocas palabras, cuando se trabaja y se establece el ESTILO, la gente acude en grandes cantidades a Celebremos la Recuperación.

Vemos suceder esto en Hechos 2:44–47: "Todos los creyentes estaban juntos y tenían todo en común: Vendían sus propiedades y posesiones, y compartían sus bienes entre sí según la necesidad de cada uno. No dejaban de reunirse en el templo ni un solo día. De casa en casa partían el pan y compartían la comida con alegría y generosidad, alabando a Dios y disfrutando de la estimación general del pueblo. Y cada día el Señor añadía al grupo los que iban siendo salvos."

El Líder del Ministerio eficaz:
Es el responsable de todo el *MINISTERIO DE RECUPERACIÓN*
Escoge y programa **el *MAESTRO* y los *TESTIMONIOS* para la reunión general**
Supervisa a todos **los equipos voluntarios de *CELEBREMOS LA RECUPERACIÓN***
Sirve como *CONTACTO PRINCIPAL* **con el personal de la iglesia**

Puede hallar útiles sugerencias para los líderes de ministerios en nuestro blog y nuestro podcast de Celebremos la Recuperación en *www.celebraterecovery.blog.com*, o se nos puede unir en la página de Celebremos la Recuperación en Facebook.

Apoyo del Pastor

La tercera clave para el crecimiento en el ministerio de recuperación es el apoyo del pastor. Por más que se destaque la importancia de esta clave, nunca será suficiente. En 1993 el pastor Rick dirigió a toda la iglesia por ocho semanas a través de un estudio llamado "El Camino a la Recuperación".

Basado en ocho principios de recuperación encontrados en las Bienaventuranzas en Mateo 5. ¡Celebremos la Recuperación dio inicio!

Esdras 10:4 dice: "Levántate, pues ésta es tu responsabilidad; nosotros te apoyamos. ¡Cobra ánimo y pon manos a la obra!". La gente en Saddleback cooperó y el ministerio no solamente creció sino que llegó a ser parte de la familia de la iglesia. La ayuda de su pastor hará que el programa sea aceptable para alguien en recuperación. No es más "esa gente", ¡es "nosotros"![4]

Además, su ministerio de recuperación necesita participar en un servicio a la iglesia que se añada a su propósito principal. Si desea que su programa de recuperación sea respetado y apoyado por toda la iglesia, necesita ser y actuar como un ministerio regular de la misma, no como algo separado. Celebremos la Recuperación participa en todos los programas de la iglesia. Por ejemplo, tenemos un kiosco de comida en Western Day (Día del oeste), un kiosco de comida y otro de juegos en Harvest Party (Fiesta de la Cosecha) y patrocinamos el salto del calcetín en la celebración de Año Nuevo en la iglesia.

Comparta los testimonios de recuperación con su pastor. Anímelo a apoyar el ministerio mediante anuncios desde el púlpito y en el boletín de la iglesia.

Si siente que necesita ayudar en obtener el apoyo de su pastor o del comité de ancianos, una buena herramienta es el DVD encontrado en el kit de Celebremos la Recuperación. Haga una cita con su pastor o el comité de ancianos y miren el DVD juntos. Es un resumen conciso del ministerio Celebremos la Recuperación. Tendrán la oportunidad de escuchar el corazón de mi pastor, Rick Warren, acerca de los cambios en las vidas que Dios ha hecho a través del ministerio.

Actividades de Compañerismo

La cuarta clave para el crecimiento es actividades de comunión (compañerismo):

> *"Más valen dos que uno solo, pues tienen mejor remuneración de su trabajo. Porque si uno de ellos cae, el otro levantará a su compañero; pero ¡ay del que cae cuando no hay otro que lo levante!... Y si alguien puede prevalecer contra el que está solo, dos lo resistirán. Un cordel de tres hilos no se rompe fácilmente" (Eclesiastés 4:9–12 LBLA)*

Hasta hace poco tiempo los que estaban en recuperación eran vistos por otros como faltos de ánimo por tanto que buscar ayuda para los problemas de sus vidas. Algunas de las primeras reuniones de Alcohólicos Anónimos se hacían en los sótanos de las iglesias, donde los miembros

---

4. Las familias disfuncionales no hablan, no confían, no sienten. ¡Las familias seguras hablan, confían y sienten! La iglesia es también una familia. Puede ser una familia disfuncional, en la cual no se le permita sentir, hablar abiertamente ni confiar en otros; o puede ser un lugar seguro, en el cual los miembros pueden expresar sus sentimientos, hablar abiertamente y confiar a que otros no les juzgarán. Los que no hablamos constructivamente, lo haremos destructivamente. ¡Su iglesia necesita ser un lugar seguro!

entraban por la puerta posterior para que nadie los viera ni los identificara como alcohólicos. Gracias a Dios, esos días de las puertas de atrás y de los sótanos ya pasaron.

Su programa de recuperación necesita estar a la vista de todos, en un lugar regular donde la gente en recuperación pueda reunirse, tener comunión con otros y compartir la respuesta de Dios para vencer sus dificultades con su poder.

En Celebremos la Recuperación tenemos dos actividades de compañerismo importantes: La Barbacoa y El Café Roca Sólida (Ver Apéndice 4). La Barbacoa se inicia a las 6:00 p.m. cada viernes durante todo el verano. Nuestro menú incluye Hot dogs en recuperación, Pollo 12 Pasos, Salchichas de Serenidad, y Hamburguesas Negación. ¡Tenemos precios excelentes y una excelente comunión! El Café Roca Sólida sigue luego de nuestros grupos pequeños. Es un excelente lugar para seguir nuestra reunión "no oficial."

En Celebremos la Recuperación, el enfoque principal de cada actividad de compañerismo es ayudar a los miembros a desarrollar relaciones sanas que crecerán hasta llegar a ser un equipo de apoyo de mentores y compañeros a quienes rendir cuentas. Tanto la Barbacoa como el Café Roca Sólida están diseñados para animar a los individuos a conocerse, ya sea antes o después de nuestras reuniones de viernes por la noche. Estas actividades le brindan la oportunidad para formar los equipos para rendir cuentas y relacionarse con los mentores. (Nosotros no asignamos mentores; es la responsabilidad de cada persona encontrar a alguien y establecer esa relación personal tan importante.)

Currículo

La quinta clave para un programa de recuperación de éxito es encontrar el currículo correcto. La pregunta número uno que me hacen al comenzar un ministerio de recuperación es: "¿Cuál es el mejor currículo?"

Hay una gran variedad de recursos a escoger, pero creo que el fundamento para un currículo efectivo de ministerio de recuperación debe ser el mismo: **La Biblia**. La Palabra de Dios necesita estar en el centro de su programa de recuperación. Y no puede serlo si no es el centro de su currículo.

Romanos 15:4 nos dice: "De hecho, todo lo que se escribió en el pasado se escribió para enseñarnos, a fin de que, alentados por las Escrituras, perseveremos en mantener nuestra esperanza." El gran libro de Alcohólicos Anónimos contiene 12 promesas excelentes, pero el libro Grande de Dios —la carta de amor de Dios para nosotros— ¡tiene más de siete mil promesas milagrosas!

Segundo, asegúrese que su currículo se pueda aplicar a todos los grupos —todas las áreas de recuperación. ¡Si está basado en la Biblia, funcionará!

En Celebremos la Recuperación intentamos romper con el círculo de disfunción de la familia en su nivel más básico –los niños. Es por eso que tenemos "El aterrizaje para adolescentes y La estación de la recuperación" un programa para niños de 5 a 11 años. Ambos programas están basados en Celebremos la Recuperación.

Un tercer punto para buscar en un currículo es su usabilidad: ¿Es el currículo fácil de usar? Recuerde, es imposible comerse un elefante de una sola mordida, pero si lo corta en pequeños pedazos es mucho más fácil (¡aunque no necesariamente más sabroso!).

Cuarto, el material necesita crear movimiento a través de los pasos.

Algunos libros hacen un gran trabajo de enseñanza *acerca* de los doce pasos y áreas específicas de recuperación; sin embargo, no animan al movimiento *a través* de los pasos. He visto mucha gente llegar al cuarto paso y estancarse, morando en el fango de su pasado. ¡Aún peor, juzgan el programa como muy difícil y detienen todo el proceso!

El currículo de Celebremos la Recuperación llena los cuatro requisitos de un buen currículo: Está edificado en la Palabra de Dios; se puede usar en todas las áreas de recuperación; está empacado en cuatro guías del participante fáciles de usar, tamaño adecuado; además, completar cada uno de los libros da un sentido de progreso y seguridad de movimiento a través de los pasos y los principios.

Celebremos la Recuperación® es una marca registrada. Hacemos esto para protegerlo a usted. La declaración siguiente se refiere al valor que tiene el uso del valor Celebremos la Recuperación para su nuevo ministerio:

El valor del uso del nombre Celebremos la Recuperación®

Celebremos la Recuperación aspira a ser una red de ministerios de recuperación con una misma mentalidad, basados en la Biblia y centrados en Cristo. Esta red en crecimiento traspasa las fronteras denominacionales y culturales para ayudar a la gente que sufre en nuestra iglesia y nuestra comunidad.

El uso del nombre Celebremos la Recuperación® produce numerosos beneficios. He aquí solo unos cuantos de ellos:

Conexión

Su ministerio forma parte de un movimiento nacional con miras a traer al mundo una recuperación centrada en Cristo y basada en la Biblia. En su condición de ministerio de Celebremos la Recuperación, usted se une a una red compuesta por miles de ministerios de Celebremos la Recuperación que alcanzan a las personas para Cristo y las ayudan a liberarse de sus heridas, complejos y hábitos.

Apoyo

Su ministerio cuenta con el apoyo y la colaboración del Equipo Nacional de Celebremos la Recuperación, y también con la asistencia de sus representantes estatal y regional. Estas entidades trabajan para ayudar a su ministerio a lograr sus propósitos.

Recursos

Su ministerio tiene acceso a los materiales y recursos de la Iglesia de Saddleback, los cuales han demostrado ser herramientas de un valor incalculable en la recuperación.

Validación

Su ministerio cuenta con la validación en su iglesia y en su comunidad al estar asociado con Celebremos la Recuperación.

Promoción

Su ministerio aparece junto con los demás programas de Celebremos la Recuperación en los portales oficiales de Celebremos la Recuperación® en la web.

Aspiramos a lograr que cada ministerio local de Celebremos la Recuperación tenga un carácter claro y constante que lo identifique como parte genuina del movimiento de Celebremos la Recuperación, aunque manteniendo sus propias distinciones creativas procedentes del ministerio y la iglesia locales.

A manera de ilustración, he aquí un ejemplo de lo que significa tener constancia, al mismo tiempo que se favorece la creatividad.

Es posible que un restaurante de la cadena McDonald's en Boulder, Colorado, tenga un tema general del Oeste, mientras que un McDonald's de Orlando, Florida, tiene el tema de Mickey Mouse. No obstante, cuando usted pida un "Big Mac", va a saber igual en los dos lugares. Lo que deseamos es que, sin importar dónde asistan los nuevos asistentes o los visitantes a una reunión de Celebremos la Recuperación, experimenten un contenido y un programa de la misma calidad para encontrar la sanidad de Dios con respecto a sus heridas, complejos y hábitos.

El nombre Celebremos la Recuperación® es una marca registrada.

En su deseo de proteger la integridad del ministerio en general, Celebremos la Recuperación® exige que si usted usa el nombre de Celebremos la Recuperación®, los siguientes puntos sean un mínimo irreducible dentro de su programa.

El ADN de un auténtico ministerio de Celebremos la Recuperación®

1. Jesucristo es el único Poder Superior. El programa está centrado en Cristo.
2. Se deben usar exclusivamente la Biblia y el currículo de Celebremos la Recuperación, formado por la guía del líder, las cuatro guías de los participantes y el *Diario de Celebremos la Recuperación*. En los grupos grandes, las lecciones se enseñan a partir de la guía del líder, manteniendo al menos el acróstico y las Escrituras como los puntos clave de las lecciones. Esto tiene el propósito de mantener la uniformidad dentro de los grupos, permitiendo que los maestros sean creativos en cuanto a la introducción y la conclusión de cada una de las lecciones.
   - *Ocho decisiones sanadoras* forman parte del *único* currículo aprobado. Usted descubrirá que se puede usar este libro de muchas maneras creativas en su grupo mayor, su grupo de nuevos asistentes y los grupos de estudio de los pasos. En cuanto a las cinco formas en que puede usar *Ocho decisiones sanadoras* en su ministerio de Celebremos la Recuperación, hallará las referencias en www.celebraterecovery.com.
   - *Estación de Celebración* y *El aterrizaje* son los *únicos* currículos aprobados para niños y jóvenes. Son los únicos currículos de niños y jóvenes que se relacionan de manera directa con el currículo de Celebremos la Recuperación para adultos.

- Se recomienda altamente el uso de la *Biblia de Celebremos la Recuperación*, debido al hecho de que es la única Biblia que corresponde de manera directa al currículo de Celebremos la Recuperación. La *Biblia de Celebremos la Recuperación* ha sido pensada para trabajar con los recursos desarrollados y puestos a prueba en el ministerio nacional e internacional de Celebremos la Recuperación.
- La *Biblia de Celebremos la Recuperación* forma parte también del currículo aprobado.

3. El ministerio tiene una "base de grupo". Todos los grupos son específicos en cuanto al sexo de sus componentes, y usan las directrices y el formato de los grupos.
4. Las "Cinco Reglas para los Grupos Pequeños" se deben llevar a la práctica y seguir.
5. Esperamos de cada grupo que se sienta responsable ante Cristo, su iglesia local y el modelo de Celebremos la Recuperación establecido en la Iglesia de Saddleback. Los grupos aceptan recibir ayuda y sugerencias de sus representantes estatales y sus directores regionales.

Una iglesia u organización puede tomar la decisión de usar el currículo de Celebremos la Recuperación® y mezclarlo con otros materiales u otros programas, lo cual ciertamente será a discreción suya. NO OBSTANTE, les está prohibido el uso del nombre Celebremos la Recuperación®.

Quedan estrictamente prohibidos todos los materiales escritos y otros artículos producidos para la venta comercial que usen el nombre de Celebremos la Recuperación®.

Nuevos Grupos

La sexta clave para el crecimiento de su ministerio de recuperación está basada en nuevos grupos. Edificado alrededor de las necesidades de individuos y aspectos de recuperación, los nuevos grupos actúan como transfusiones de sangre en su ministerio de recuperación. La gente obtiene un sentido de emoción y entusiasmo cuando se inician los grupos nuevos. Segunda de Corintios 9:12 dice: "Esta ayuda que es un servicio sagrado no sólo suple las necesidades de los santos sino que también redunda en abundantes acciones de gracias a Dios".

Me gustaría, sin embargo, ofrecer una palabra de precaución: *Inicie su ministerio de recuperación lentamente*. Le garantizo que tendrá mucha gente que llegará a decirle: "¿Por qué no tiene un grupo para esta adicción o esta compulsión o comportamiento?" o, "¿No considera tan importante como su grupo de farmacodependencia?" Y siendo la persona compasiva que es, su primer instinto será decir "lo comenzaremos la próxima semana" y luego se va a tratar de encontrar a alguien que lo dirija.

Esa es la forma equivocada de iniciar su programa de recuperación. Nosotros iniciamos el modelo de Celebremos la Recuperación con sólo cuatro grupos: Hombres farmacodependientes y Mujeres farmacodependientes, Hombres codependientes y Mujeres codependientes. Desde entonces he utilizado el siguiente sistema para iniciar los nuevos grupos: Cuando alguien se me acerca y me pregunta por qué no tenemos un grupo para recuperación para "x y z", usualmente respondo: "¿Tiene alguna experiencia de recuperación en esa área específica?" (Esta experiencia puede ser secular o Cristo-céntrica). Y luego: "¿Conoce a alguien que se ha recuperado en esa área?"

Si la respuesta a ambas preguntas es NO, entonces le pido a esa persona el nombre y su número de teléfono y la archivo para notificarle si ese grupo se inicia y cuándo.

Tampoco iniciamos un nuevo grupo hasta tener en ese momento un líder capacitado y su colíder entrenado por el mismo líder. Una vez que tenemos los líderes, anunciamos el nuevo grupo en el boletín durante dos semanas. Luego hacemos que nuestro líder y colíder den su testimonio en el tiempo indicado del grupo grande de Celebremos la Recuperación. Luego de completar ese proceso, el nuevo grupo comienza a reunirse.

No le puedo decir el número exacto de mujeres que me preguntaron si teníamos un grupo que tratara el abuso sexual, físico y emocional. Yo tenía que decir: "Todavía no". Pasaron dos años antes de que Dios nos mandara el equipo de liderazgo indicado. Prefería decepcionar a alguien al no tener un grupo cuando lo querían que causar un gran daño teniendo un grupo sin líderes capacitados y no calificados para el trabajo. Fue durante ese tiempo de espera que Dios me envió a ocho valientes mujeres. Todas habían experimentado abuso sexual, físico o emocional. Nos reunimos las mañanas de cada miércoles por diez semanas y reescribí los doce pasos para mujeres en recuperación del abuso sexual, físico o emocional. Los encontrarán en el Apéndice 3. Nuestros doce pasos regulares no habrían ayudado a individuos recuperándose de este problema. Hoy, este es uno de los grupos más grandes y exitosos.

En Celebremos la Recuperación no tenemos grupos unisex. Permítame compartirle las dos razones principales:

Primero, hemos encontrado que el nivel de compartir no es tan profundo cuando hombres y mujeres están en el mismo grupo. ¿Cómo puede alguien que lucha con adicción sexual compartirlo en un grupo mixto? Es sencillamente inapropiado para ellos compartirlo, al nivel que ellos necesitan, en un grupo mixto.

La segunda razón es para incrementar el nivel de seguridad para los individuos en el grupo. Déjeme darle un ejemplo: Digamos que una mujer comparte acerca de cómo su esposo la maltrata. Comparte abiertamente sobre la manera en la que le gustaría ser tratada. Y hay un muchacho en el grupo que no está ahí por las razones correctas. Después de la reunión él comienza a compartir con ella como él es todas las cosas que su esposo no es. Si su ministerio Celebremos la Recuperación va a durar y crecer, tiene que ser un lugar seguro. Tener grupos con miembros del mismo sexo ayudar a mantenerlo seguro.

Permítame ofrecerle un camino sugerido para el crecimiento de un grupo nuevo:

Sugerencia de camino al crecimiento en Celebremos la Recuperación

Fase 1 (menos de 10 participantes)
- Celebren juntos su tiempo de reunión del grupo grande: La adoración, la enseñanza y el tiempo de testimonio. Después divídanse en equipos de responsabilidad mutua para compartir.
- Desarrollen equipos de responsabilidad mutua para hombres y para mujeres cuando vayan a compartir. Un ejemplo: Es posible que tenga tres hombres y seis mujeres.

Puede hacer que los tres hombres formen un equipo de responsabilidad mutua, y las seis mujeres formen dos equipos de responsabilidad mutua con tres persona cada uno.
- A medida que crezcan, la meta consiste en formar dos grupos del mismo sexo... ¡tan pronto como sea posible!

Fase 2 (de 10 a 20 participantes)
- Celebren juntos su tiempo en el grupo general: La adoración, la enseñanza y el tiempo de testimonio. Después divídanse en grupos para compartir. Comiencen con grupos separados de hombres y de mujeres. Pueden comenzar a dividir según sus grupos específicos de recuperación. Digamos que tienen diez hombres y diez mujeres. Cinco mujeres tienen todas el problema de la codependencia. Las pueden separar, haciendo un grupo con el tema específico de la codependencia de estas mujeres, y hacer que las otras cinco mujeres, todas con diferentes problemas de recuperación, se reúnan en un grupo de mujeres con diversos problemas. De los diez hombres, digamos que cinco están batallando con el alcoholismo. Los pueden separar en su propio grupo de hombres dependientes de sustancias químicas, y hacer que los otros cinco hombres, todos con problemas distintos, se reúnan en un grupo de hombres con problemas diversos.

Fase 3 (20 participantes o más)
- Celebren juntos su tiempo en el grupo general: La adoración, la enseñanza y el tiempo de testimonio. Después divídanse en grupos para compartir.
- Comiencen grupos de hombres y mujeres dirigidos a adicciones y compulsiones concretas.
- Grupos que se sugiere que inicien:
  - Hombres con dependencia a las sustancias químicas
  - Mujeres con dependencia a las sustancias químicas
  - Hombres codependientes
  - Mujeres codependientes
- Con el tiempo, todos sus otros grupos nuevos pueden salir de estos.

Alcance

La última de las siete claves para mantener su ministerio saludable y creciendo es alcanzar a otros.

Mateo 5:14–16 nos dice: "Ustedes son la luz del mundo. Una ciudad en lo alto de una colina no puede esconderse. Ni se enciende una lámpara para cubrirla con un cajón. Por el contrario, se pone en la repisa para que alumbre a todos los que estén en la casa. Hagan brillar su luz delante de todos, para que ellos puedan ver las buenas obras de ustedes y alaben al Padre que está en el cielo."

Es de bendición para los que asisten a la Iglesia de Saddleback tener Celebremos la Recuperación. Mucha de nuestra gente nueva llega a la iglesia llena del mundo y todo su equipaje.

Celebremos la Recuperación ofrece un lugar seguro para que ellos inicien el peregrinaje de la salida de su negación a la gracia de Dios, así como también ayudarles a luchar con las heridas, complejos y hábitos de su vida.

Mientras que el solo hecho de "estar" aquí es grandioso, podríamos perder el objetivo de poner nuestras lámparas en un lugar del todo adecuado para alumbrar a otros. En esta clave, queremos ver algunas posibles áreas de alcance para su ministerio Celebremos la Recuperación para su consideración. De hecho, usted puede seguir el ejemplo de Jesús cuando dijo: "No he venido a llamar a justos sino a pecadores para que se arrepientan." (Lucas 5:32)

Así que: ¿Cuáles son algunas áreas de alcance a considerar para su programa de recuperación?

Una forma en la que hemos tenido éxito es *iniciar las reuniones en locales llamados Casas de Recuperación*. Las que han sido exitosas en trabajar utilizando el currículo de Celebremos la Recuperación en casas de recuperación. Nuestros líderes sirven de voluntarios para liderar sus reuniones semanales. Los viernes por la noche, llevan la camioneta y asisten a las reuniones de Celebremos la Recuperación en la Iglesia de Saddleback. (Nota: Ellos comenzaron asistiendo solamente a las reuniones de Celebremos la Recuperación del viernes por la noche, ¡ahora las camionetas vienen a la iglesia los domingos por la mañana!)

También, hemos sido exitosos en *traer Celebremos la Recuperación a rescatar misiones*. En diciembre de 2000, la misión de rescata de Orange County nos pidió que proveyéramos líderes para iniciar el programa Celebremos la Recuperación en sus instalaciones para hombres y mujeres. Iniciamos un pequeño grupo de estudio de Celebremos la Recuperación cada miércoles en la tarde.

Al principio, los residentes estaban renuentes a estos "hacebien" de la Iglesia de Saddleback. Ellos sintieron que esta gente de iglesia no tenía idea acerca de sus vidas y luchas. Creyeron que estábamos ahí para llevarlos a través de "tan solo otro programa". Pero semana tras semana, compartiendo más y más, Dios hizo la obra con su programa. Con el pasar del tiempo, relaciones y confianza fueron construidas.

Ahora, hemos transicionado el manejo del programa de la misión Celebremos la Recuperación completamente a su equipo.

Otra oportunidad de alcance es *ayudar a otras iglesias a iniciar sus ministerios de recuperación*. Hay muchas formas de hacer esto.

Primero, vamos a una iglesia local con nuestro grupo de música de Celebremos la Recuperación y el equipo de liderazgo, y pasamos el día dando testimonios y enseñando el tercer principio: "Conscientemente decido comprometer toda mi vida y voluntad al cuidado y control de Cristo". Esto atrae a los miembros de la iglesia que ya están asistiendo a programas de recuperación secular o a programas de recuperación Cristo-céntricos en otras iglesias.

Con frecuencia algunos pastores me han dicho: "En nuestra iglesia no tenemos esa clase de problemas". Cuando escucho eso, hago una oración corta y silenciosa. La verdad del caso es que cada iglesia tiene gente que está luchando con adicciones, complejos y hábitos. También tienen gente que ha tenido experiencia durante años con los programas de recuperación secular y sus doce pasos y que podrían ayudar a dirigir esta clase de ministerio. Ellos están simplemente a la espera de saber que es un lugar seguro para venir y servir.

La segunda forma en la que hemos ayudado a las iglesias locales es permitiendo que su liderazgo asista a las reuniones de Celebremos la Recuperación en la Iglesia de Saddleback.

La tercera forma de ayudar a otras iglesias es tener un equipo de "Testimonios a los ministerios". En Saddleback, ayudamos a proveer testimonios a iglesias de Celebremos la Recuperación que están comenzando. Los individuos que sirven en este ministerio de Celebremos la Recuperación viajarán y compartirán sus historias con un grupo nuevo de Celebremos la Recuperación, dentro de un radio de manejo de dos horas de Saddleback. Esto es muy importante porque cuando una iglesia recién inicia el programa, resulta difícil encontrar dos testimonios por mes.

Le animo a compartir su testimonio con otras iglesias de Celebremos la Recuperación en su área. Los problemas con los que lidiamos son mucho más importantes que los territoriales ¡es un asunto de vida y muerte! ¡Necesitamos olvidarnos de afiliaciones denominacionales y trabajar todos juntos!

Una oportunidad adicional para alcance es enviar equipos de misiones por un corto tiempo. Al pasar de los años, equipos de Celebremos la Recuperación se han enviado a más de 30 países. El material de Celebremos la Recuperación ha sido traducido a 23 idiomas. Una vez que deja brillar la luz del Señor, seguirá brillando.

La cuarta sugerencia es *informar a los consejeros del área acerca de su programa.* En Saddleback tenemos una lista de consejeros cristianos y terapeutas aprobados quienes han sido entrevistados por dos de los pastores de la directiva para asegurarse que la consejería está basada en la Palabra de Dios y no en el mundo. Trabajamos muy de cerca con estos consejeros y ellos refieren nuestro programa de Celebremos la Recuperación a muchos de sus clientes.

Y otra sugerencia es *invitar a expositores.* El Dr. John Townsend, Dr. Henry Cloud y Steven Arterburn son expositores invitados frecuentemente en Celebremos la Recuperación. Cuando ellos vienen, nuestra asistencia crece un veinte por ciento. Trato de tener un expositor invitado una vez cada trimestre. Esto no solamente atrae gente nueva, sino que también es un cambio refrescante para los miembros de Celebremos la Recuperación.

¡La sexta oportunidad de alcance es animar a sus miembros a *asistir regularmente a las reuniones seculares de recuperación* y compartir el único Poder Superior, Jesucristo! No podemos esperar que los no salvos vengan a nosotros. ¡Necesitamos salir y alcanzarlos donde estén! Recuerde: "Hagan brillar su luz delante de todos, para que ellos puedan ver las buenas obras de ustedes y alaben al Padre que está en el cielo." (Mateo 5:16)

Tenemos gorras y camisetas de Celebremos la Recuperación disponibles para nuestros participantes. Les pedimos que las vistan al asistir a las reuniones seculares. Los animamos a que compartan las "buenas nuevas" cuando alguien les pregunta. "¿Qué es Celebremos la Recuperación?" Puede encontrar los productos en *www.saddlebackresources.com*.

La última oportunidad de alcance la discutiremos aquí, es *visitar las cárceles locales.* Isaías 61:1 nos dice: "El espíritu del Señor omnipotente está sobre mí, por cuanto me ha ungido para anunciar buenas nuevas a los pobres. Me ha enviado a sanar los corazones heridos, a proclamar liberación a los cautivos y libertad a los prisioneros."

Ese versículo nos llamar a ministrar las necesidades físicas, emocionales, mentales y más importantes, las espirituales de:

- Los indigentes— "me ha ungido para anunciar buenas nuevas a los pobres."
- Aquellos en crisis—"me ha enviado a sanar los corazones heridos."
- Los adictos—"a proclamar liberación a los cautivos."
- Aquellos en prisión—"y libertad a los prisioneros."

No solo necesitamos comenzar los ministerios de Celebremos la Recuperación en nuestras iglesias para la congregación y la comunidad, a fin de ayudar a los que se hallan atrapados por sus sufrimientos y su pasado. También necesitamos llevar Celebremos la Recuperación a las prisiones.

La historia de Leticia es solo un ejemplo de lo que Cristo puede hacer por medio de Celebremos la Recuperación para cambiar la vida de alguien que esté en prisión:

> Durante los años que estuve en prisión, asistí a clases sobre abuso de sustancias químicas, reuniones de NA y de AA. Aunque es posible que estos programas funcionen para otras personas, no funcionaron para mí. Finalmente, comencé a asistir a Celebremos la Recuperación.
>
> Los principios usados y sacados a la luz por medio de las Escrituras me abrieron el corazón y la mente y me pusieron en el camino hacia una recuperación "real". Digo que fue real, porque me abrió la mente al cambio y me dio esperanza. Las Escrituras y los principios me hicieron ver que todavía necesitaba admitir que seguía estando en negación con respecto a muchas cosas, pero al mismo tiempo, la Palabra me daba valor para "aceptar las cosas que no puedo cambiar", y usar ese tiempo en prisión para cambiar las cosas que sí puedo cambiar.
>
> Cuando quedé en libertad, seguí aplicando los principios a mi vida y por supuesto, seguí leyendo las Escrituras. Ambas me han ayudado a mantenerme en una vida libre de drogas, lo cual a su vez me ayudó a conseguir un empleo y convertirme de nuevo en miembro productivo de la sociedad.
>
> Creo que la lección que más impacto causó en mi vida fue la lección sobre el perdón. Por fin me perdoné a mí misma y les pedí perdón a aquellos a los que les había hecho daño con mi adicción.
>
> Opino que Celebremos la Recuperación debería estar disponible en todas las dependencias correccionales; no solo para los residentes, sino también para el personal. Todos tenemos problemas, tanto si estamos tras las rejas, como si nuestra mente y nuestro corazón se hallan aprisionados.
>
> Decididamente, Celebremos la Recuperación y la Palabra de Dios son una verdadera ayuda.
>
> Una ventaja única que tiene el programa de Celebremos la Recuperación para las prisiones es que mientras el preso se está recuperando dentro, su familia puede recibir recuperación y apoyo de parte de una iglesia de su zona que tenga el programa de Celebremos la Recuperación. Además, cuando la persona queda libre, puede hacer una conexión inmediata con una iglesia local que tenga Celebremos la Recuperación y recibir su apoyo.
>
> Eso es el poder de Jesucristo… ¡Eso es alcanzar a los necesitados!

Formato de reuniones y materiales

Esta sección le proveerá los elementos necesarios para iniciar y hacer funcionar los tres tipos de reuniones de Celebremos la Recuperación.

Calendario y programa de enseñanza de un año para grupos grandes

Primero, veremos el calendario y programa de un año para grupos grandes. Este plan está diseñado para cubrir las veinticinco lecciones en las cuatro guías del participante, los ocho principios y doce pasos, en un período de un año. Una lección se enseña en una semana y luego se da un testimonio u otro servicio especial en la siguiente semana.[5] Este horario se repite anualmente.

Guía 1 del Participante: *Cómo ir de la Negación a la Gracia de Dios*

Semana	Principio	Enseñanza para el Grupo Grande
1		Introducción del programa
2	1	Lección 1: Negación
3	1	Testimonio
4	1	Lección 2: Sin poder
5	1	Testimonio
6	2	Lección 3: Esperanza
7	2	Testimonio
8	2	Música especial o expositor invitado
9	2	Lección 4: Cordura
10	2	Testimonio
11	3	Lección 5: Cambio
12	3	Testimonio
13	3	Lección 6: Acción
14	3	Comunión

Guía 2 del Participante: *Cómo hacer un Inventario Honesto y Espiritual*

Semana	Principio	Enseñanza para el Grupo Grande
15	4	Lección 7: Mentor
16	4	Testimonio
17	4	Lección 8: Moral
18	4	Testimonio
19	4	Lección 9: Inventario
20	4	Testimonio

---

5. Varios testimonios están incluidos en la guía del líder. Úselos como ejemplos para guiarse mientras elige a miembros de su propio grupo que cuenten sus historias; léalos en voz alta a su grupo, o úselos para su propio enriquecimiento e incentivo.

Semana	Principio	Enseñanza
21	4	Música especial o expositor invitado
22	4	Lección 10: Inventario espiritual (parte 1)
23	4	Testimonio
24	4	Lección 11: Inventario espiritual (parte 2)

Guía 3 del Participante: *Cómo Mejorar su Relación con Dios, con Usted Mismo y con Otros*

Semana	Principio	Enseñanza
25	4	Lección 12: Confesar
26	4	Testimonio
27	4	Lección 13: Admitir
28	4	Testimonio
29	5	Lección 14: Listo
30	5	Testimonio
31	5	Lección 15: Victoria
32	5	Testimonio
33	6	Lección 16: Enmiendas
34	6	Testimonio
35	6	Lección 17: Perdón
36	6	Testimonio
37	6	Lección 18: Gracia
38	6	Testimonio
39	6	Música Especial y Comunión

Guía 4 del Participante: *Cómo Crecer en Cristo Mientras Ayuda a Otros*

Semana	Principio	Enseñanza
40	7	Lección 19: Encrucijada
41	7	Testimonio
42	7	Lección 20: Inventario diario

43	7	Testimonio
44	7	Lección 21: Recaída
45	7	Testimonio
46	7	Lección 22: Gratitud
47	7	Testimonio
48	8	Lección 23: Dar
49	8	Testimonio
50	8	Lección 24: Sí
51	8	Testimonio
52	8	Lección 25: Las siete razones por las que nos estancamos

Ya que las personas se unirán al programa en diferentes momentos del año, usted necesita advertirles que no intenten alcanzar a los demás en la enseñanza. Si un nuevo asistente entra al programa durante la semana 35, por ejemplo, cuando usted está enseñando el principio 6, él o ella debe comenzar en la Guía 1 del participante, *Cómo ir de la Negación a la Gracia de Dios*, y trabajar en el Principio 1. Los nuevos asistentes necesitan entender que ellos deben trabajar a través de todos los principios a su propio ritmo. Lo que ellos están aprendiendo en el grupo grande durante la enseñanza será extremadamente valioso para cuando lleguen a un principio en particular. Además ellos deben ser animados a conseguir un mentor o un compañero de rendición de cuentas tan pronto sea posible.

1. Formato de reuniones: Adoración y tiempo de enseñanza en el grupo grande

El tiempo de adoración y enseñanza del grupo grande en Celebremos la Recuperación está diseñado para capacitar a los que asisten para que pongan a un lado la ocupación y el cansancio del mundo externo, al participar en un tiempo de veinte minutos de oración, alabanza y adoración. También incluye tiempo para enseñar una lección de la Guía del líder de Celebremos la Recuperación o un testimonio. Este tiempo comienza a crear el ambiente "seguro" que es esencial en cualquier programa de recuperación y permite a todos los presentes estar en contacto con el único Poder Superior, Jesucristo.

> *"¡Aleluya! ¡Alabado sea el Señor! —Alaben a Dios en su santuario, alábenlo en su poderoso firmamento. Alábenlo por sus proezas, alábenlo por su inmensa grandeza. Alábenlo con sonido de trompeta, alábenlo con el arpa y la lira. Alábenlo con panderos y danzas, alábenlo con cuerdas y flautas. Alábenlo con címbalos sonoros, alábenlo con címbalos resonantes. ¡Que todo lo que respira alabe al Señor! —¡Aleluya! ¡Alabado sea el Señor!" (Salmos 150:1–6)*

Durante el tiempo que el grupo grande se reúne junto, los hombres y las mujeres están combinados.

El siguiente aspecto es la agenda para el grupo grande en su tiempo de adoración y enseñanza en Celebremos la Recuperación:

6:30 P.M.	Apertura: Gente a la entrada saludando
7:00 P.M.	Canto de apertura
	Bienvenida y oración de apertura
7:05 P.M.	Canto # 2
	Canto # 3
	Canto # 4
7:20 P.M.	Lectura de los ocho principios y las Bienaventuranzas correspondientes a los doce pasos y sus comparaciones bíblicas
7:25 P.M.	Anuncios
7:30 P.M.	Música especial
7:35 P.M.	Enseñanza o Testimonio
7:50 P.M.	Oración de la Serenidad
	Canto de clausura
7:55 P.M.	División en pequeños grupos

Bienvenida

La gente que está a la puerta dando la bienvenida es extremadamente importante tanto para dar una primera impresión positiva a todos los nuevos visitantes como para animar a los asistentes regulares. Además de saludar y darles la bienvenida, también entregan el boletín para esa noche.

El Boletín de Celebremos la Recuperación

Este boletín contiene la siguiente información:

Hoja de cantos
La asignación de aulas para las reuniones de los grupos pequeños
Hojas de Información del Café Roca Sólida y Barbacoa
Reglamentos de los grupos pequeños
Doce Pasos y sus comparaciones bíblicas
Lista de todos los grupos abiertos que se reúnen esa noche
Lista de las reuniones semanales de grupos pequeños
Anuncios de próximos eventos especiales
Hoja de solicitud de oración

Modelos de algunos de los elementos de la lista anterior se pueden encontrar en el Apéndice 4.

Canto de Apertura, Bienvenida y Oración

Cada semana intentamos empezar exactamente a las 7:00 PM., y terminar a las 8:00 PM. Esto asegura que tendrá una hora completa para la reunión de grupos pequeños. Elija un canto de alabanza para iniciar que sea óptimo y familiar. Luego del canto, alguien del grupo de liderazgo da la bienvenida a todos, especialmente a los nuevos asistentes, luego ora para iniciar.

Tres cantos

La música sigue con los cantos escogidos con el propósito de encajar con el principio que el grupo estará estudiando esa noche.

Algunos ejemplos podrían ser:

Principio 1: "El poder de tu amor"
Principio 2: "Tengo una esperanza"
Principio 3: "Jesús es la respuesta"
Principio 4: "No temas"; "Blanco como la nieve"
Principio 5: "El clamor de mi corazón" "Cambia mi corazón, Oh, Dios"
Principio 6: "Dios lo puede cambiar"; "Él ha cambiado mi lamento en danza"
Principio 7: "Búscame, oh Dios"; "Más de ti en mi vida"
Principio 8: "El camino a la recuperación"

¡Este tiempo de alabanza y adoración es extremadamente importante!

Lectura de los Ocho principios y sus correspondientes bienaventuranzas o los doce pasos y sus comparaciones bíblicas

Dos personas se seleccionan para leer los ocho principios o los doce pasos y sus comparaciones bíblicas. El propósito es doble: (1) reforzar el fundamento bíblico del programa, y (2) permitir que incremente la participación de los asistentes a Celebremos la Recuperación.

A una persona se le pide que lea el principio/paso y otra lee el versículo bíblico para ese paso hasta que todos los ocho principios/doce pasos se completen.

Ejemplo:

El primer lector: "Principio 1: Reconozco que no soy Dios. Admito que no tengo poder para controlar mi tendencia a hacer lo malo y que mi vida es inmanejable.

El segundo lector: "Dichosos los pobres en espíritu, porque el reino de los cielos les pertenece." (Mateo 5:3)

La oportunidad para leer es usada como premio a los asistentes fieles y para animar a los futuros líderes.

Anuncios

El propósito de los anuncios es ayudar a los nuevos asistentes a sentirse bien e informarles acerca de la reunión en las respectivas aulas y dónde tener la respuesta a sus preguntas. Aunque los anuncios son una parte importante del programa, pueden llegar a ser algo "secos", así que intentamos hacerlos breves y divertidos. Lo que resta del tiempo se usa para anunciar próximos programas y presentar la música especial de esa noche.

Música Especial

La música especial apoya la enseñanza o el testimonio de la noche.

Usualmente es una presentación de una sola persona del grupo de cantantes de Celebremos la Recuperación. En el pasado acostumbrábamos a traer gente de afuera, de otros grupos de la iglesia, pero hemos descubierto que el grupo realmente disfruta en apoyar a "uno de los suyos".

También durante este tiempo se recoge "una ofrenda de amor". El dinero recogido se puede usar para apoyar con el cuidado de niños, para pagar a predicadores invitados y para otros usos relacionados con el programa.

Enseñanza o testimonio

Como se mencionó anteriormente, enseñamos las veinticinco lecciones de la *Guía del Líder de Celebremos la Recuperación* en un año calendario. Por lo general, hacemos una semana de enseñanza seguida por una semana de testimonios, lo cual apoya la enseñanza de la lección anterior. El Apéndice 5 es una guía para ayudarle a generar testimonios saludables.

Oración de la serenidad. Canto de clausura. División en grupos pequeños

La reunión del grupo termina con uno de los líderes dirigiendo al grupo en la lectura de la versión completa de la Oración de la Serenidad de Reinhold Neibuhr. La oración está impresa en la parte posterior de la cubierta del boletín. Luego tenemos el canto de clausura y todos son animados a que rápidamente vayan a sus reuniones de grupo que están localizadas por todo el campo de la iglesia.

Los lugares de las reuniones también se pueden encontrar en el boletín. Si la gente tiene preguntas, pueden pasar por la mesa de información de Celebremos la Recuperación o puede preguntar a uno de los líderes de Celebremos la Recuperación. Los líderes son fáciles de identificar porque visten una camiseta de líderes de Celebremos la Recuperación.

Formatos de los grupos pequeños de Celebremos la Recuperación

2. Grupos pequeños para compartir

Estos grupos pequeños se reúnen inmediatamente luego que el grupo grande haya concluido. Hay grupos separados para hombres y mujeres.

Formato

8:00 P.M.	Oración de apertura y bienvenida
	Presentaciones
	Lectura de las reglas de la reunión de grupos pequeños de Celebremos la Recuperación
8:05 P.M.	Enfoque del líder en el principio
8:10 P.M	Comentarios en grupo
8:50 P.M.	Resumen, peticiones de oración, oración de clausura
9:00 P.M.	Invitación al Café Roca Sólida

Oración de apertura, bienvenida, presentaciones

Este tiempo permite que el grupo enfoque nuevamente su atención en el Señor y sienta la unidad en el grupo. También es otra oportunidad para dar una amable bienvenida a los nuevos asistentes.

Lectura de las reglas de la reunión de los grupos pequeños de Celebremos la Recuperación

Estas reglas se leen en cada reunión de grupo pequeño, estas cinco reglas simples harán del grupo un lugar *¡seguro!* Si sus reuniones de recuperación no son seguras, entonces ¡no funcionarán! Es responsabilidad del líder del grupo y del colíder asegurarse que estas reglas se sigan. Para reforzar su importancia, las guías también se leen cada cuatro o seis semanas durante el tiempo del grupo grande.

Reglas para los grupos pequeños

PARA LEER EN TODAS LAS REUNIONES DE LOS GRUPOS PEQUEÑOS. ¡Estas cinco reglas sencillas han sido pensadas para mantener la seguridad dentro del grupo! Si no hay seguridad en sus reuniones de recuperación, van a ser un fracaso. El líder y el colíder del grupo tienen la responsabilidad de asegurarse de que se sigan estas reglas. Para reforzar su importancia, las reglas también se leen cada cuatro a seis semanas durante el tiempo de reunión del grupo general.

1. **Mantenga su testimonio enfocado en sus propios pensamientos y sentimientos. Limite su tiempo para compartir sus experiencias de tres a cinco minutos.**

    Esta regla es muy importante. El hecho de centrarse en sus propios pensamientos y sentimientos va a hacer que las intervenciones sean breves, eliminará las conversaciones particulares e impedirá que la persona que está compartiendo "se desvíe" hacia los problemas de otras personas o temas que no tienen relación con el grupo. Les rogamos que sean estrictos en cuanto a la regla de tres a cinco minutos. Es muy frustrante que en el grupo haya otros que se pierdan la oportunidad de compartir, porque alguien ha hablado durante diez minutos o más. Utilicen una señal, si fuera necesario, y anúncienla al comenzar el grupo. Si alguien se pasa de su tiempo, el líder debe dar la "señal" para que termine, de manera que nadie se sienta discriminado.

2. **NO hay conversación cruzada. Conversación cruzada es cuando dos personas se involucran en una conversación excluyendo a los demás. Cada persona es libre de expresar sus sentimientos sin interrupciones.**

Las conversaciones individuales también se pueden identificar cuando alguien interviene diciendo: "Yo lo comprendo porque…" o bien. "No lo puedo comprender porque…", comentarios, preguntas y cosas similares. No debemos ser legalistas al respecto, pero sí debemos tener el cuidado de no ofender a nadie. Si se abusa de una regla, alguien se podría sentir muy herido y renunciar por completo a la oportunidad de recuperarse.

3. **Estamos aquí para apoyarnos los unos a otros, no para "arreglar" a los demás.**

Todos tenemos intenciones maravillosas y queremos compartir la visión que hemos adquirido al participar en este excelente programa. Sin embargo, muchas veces hay una persona que no se halla en el estado emocional adecuado para escuchar o para comprender. Los miembros de su grupo van a esperar de usted que los proteja y haga cumplir esta regla. Podemos describir este "arreglar" como ofrecer un consejo para resolver un problema del cual alguien ha hablado, ofrecer un texto de las Escrituras, ofrecer nombres de libros para que los consulten u ofrecer nombres de consejeros.

4. **El anonimato y la confidencialidad son requisitos básicos. Lo que se comparte en el grupo, se queda en el grupo. La única excepción es cuando alguien amenace con hacerse daño a sí mismo o a otros.**

Puede herir mucho el descubrir que lo compartido por alguien se está comentando fuera del tiempo del pequeño grupo. La mayoría de las personas que están en recuperación nunca han sido capaces de "contar el secreto". Necesitan tener la seguridad de que este es el lugar seguro para hacerlo. Cuando llame por teléfono a los miembros de su grupo, debe abstenerse de hacer comentarios.

5. **El lenguaje ofensivo no tiene lugar en un grupo de recuperación Cristo-céntrico.**

Puesto que muchos de nosotros crecimos oyendo o usando lenguaje ofensivo, esto puede despertar sensaciones dolorosas en los miembros de nuestro grupo.

NOTA:
- *Hacemos las explicaciones anteriores sobre cada una de las reglas para que usted las comprenda. En el grupo pequeño solo se leen las reglas en sí.*
- *¡Lea las reglas en todas las reuniones, sin importar el tiempo que se hayan estado reuniendo!*
- *Siga leyendo las reglas, aunque hayan estado juntos seis meses o un año. De hecho, las reglas se vuelven más importantes aún si en su grupo se han creado fuertes lazos personales.*

Dele las gracias por adelantado a su grupo por el cumplimiento de estas reglas.
Cuando vaya madurando su grupo, no va a ser necesario dar una explicación para cada una de las reglas. Sin embargo, si un aspecto determinado comienza a volverse un problema, hable de él en la siguiente reunión para volver a enfatizar el cumplimiento de esa regla en particular. Es posible que con esto baste para volver a centrar al grupo. Si sigue siendo un problema con una persona en particular, hable de él con esa persona individualmente.

El enfoque del líder en el Principio

El líder usa unos pocos minutos para cubrir los puntos clave de la lección y luego le pide al grupo que inicie el tiempo de los comentarios con una o dos de las preguntas del ejercicio de la lección de esa noche. Por ejemplo, el líder le hará la pregunta del principio 1 de la guía *Cómo ir de la Negación a la Gracia de Dios*: "¿Sobre cuáles áreas de su vida tiene el control?"

Si hubiera un testimonio esa noche, el líder podría enfocarse en qué parte del testimonio los conmovió más.

Comentarios en grupo y tiempo para franquearse

El participante puede escoger compartir algo sobre la pregunta focal o simplemente compartir lo que está en su corazón.

Resumen, peticiones de oración y oración de clausura

Resumir la lección es responsabilidad del líder. Es su opción ver si el grupo tiene suficiente tiempo para la clausura, que la reunión no termine abruptamente o que siga y siga. Antes que la sesión termine, debe también haber tiempo para que los miembros del grupo digan sus peticiones personales y así el grupo pueda terminar con una oración. Si hubiera algún otro aspecto importante a tratar, el líder debe asegurarse de obtener el nombre de la persona para un seguimiento.

Invitación al Café Roca Sólida

La reunión ahora puede ser menos formal en el Café Roca Sólida, un lugar diseñado específicamente para el compañerismo. En ese lugar las personas tienen la oportunidad de seguir haciendo comentarios con los que tenga confianza para hablar. Es el tiempo para que los miembros del grupo desarrollen relaciones con sus mentores y compañeros a quienes les rendirán cuentas.

3. *Grupos pequeños para el estudio de los pasos*

Los grupos para el estudio de los pasos son el segundo tipo de grupos pequeños en Celebremos la Recuperación. Se reúnen en una noche diferente de la semana a la usada para el grupo general y para las reuniones de grupo destinadas a compartir. En realidad, los grupos para el estudio de los pasos ven las cuatro guías del participante de Celebremos la Recuperación juntas. Ellos responden y discuten las preguntas al final de cada sesión juntos. Se cierra el grupo (esto es, ya no se admiten nuevos participantes) después de haber completado las lecciones sobre el tercer principio. Los grupos para el estudio de los pasos se reúnen durante unos doce meses aproximadamente. Son grupos separados de hombres y de mujeres.

Necesitamos animar a nuestros miembros a entrar en un grupo para el estudio de los pasos, porque aquí es donde llegan hasta el núcleo mismo del programa y se produce una sanidad verdadera con respecto a los sufrimientos, los impedimentos y los hábitos. En estos grupos es donde nacen sus nuevos líderes.

Formato

7:00 P.M.	Oración inicial y bienvenida
	Presentaciones
	Oración de la Serenidad
	Lectura de los ocho principios y/o los 12 pasos y sus comparaciones bíblicas
	Lectura de las reglas de reunión de los grupos pequeños de Celebremos la Recuperación
	El líder se enfoca en el principio o tema
7:15 P.M.	Comentarios de grupo acerca de la lección de esa noche de la guía del participante. Dé una oportunidad a los miembros del grupo de compartir las respuestas a cada pregunta. Dependiendo del tamaño del grupo de estudio, puede tomar hasta dos semanas para cubrir una lección
8:50 P.M.	Resumen. Peticiones de oración. Oración de clausura
9:00 P.M.	Clausura

La siguiente ilustración le ayudará a ver los componentes que tiene cada uno de los tres tipos de grupos en Celebremos la Recuperación: El grupo general, el grupo para compartir abiertamente y el grupo para el estudio de los pasos.

El grupo general

- Adoración
- Lectura de los pasos o principios
- Anuncios
- Enseñanza de la lección tomada de la *Guía del Líder de Celebremos la Recuperación*, o un testimonio
- La oración de la serenidad
- No hay obligación de compartir
- El grupo es mixto
- Despídalo para abrir los grupos de compartir, o el Nuevos asistentes 101
- Mesa de información

Grupo abierto para compartir

- Específico según el problema de recuperación
- Sigue al grupo general
- Separación de sexos
- Reunión de una hora
- Compartan sus luchas y sus victorias
- Reconozcan la sobriedad (fichas)
- Abierto a los nuevos asistentes

- Busque un mentor
- Siga las cinco directrices para los grupos pequeños

Grupo para el estudio de los pasos

- Use las guías del participante de *Celebremos la Recuperación*
- Responda y comente las preguntas que se hallan al final de cada lección de las guías
- Reunión de dos horas
- Recuperaciones diversas O específicas para una recuperación determinada
- Alto nivel de responsabilidad mutua
- Se espera que asistan semanalmente
- Siga las cinco reglas para los grupos pequeños
- Separados por sexos

El "Embudo de crecimiento" de Celebremos la Recuperación le ayudará a visualizar la forma en que la reunión del grupo general se enlaza con los dos tipos de grupos pequeños que tiene el programa: Los grupos abiertos para compartir y los grupos pequeños para el estudio de los pasos. Con Jesucristo como "El Poder Superior", esta es una combinación ganadora para conseguir una "vida transformada."

Nuevos asistentes 101

"Alabado sea el Dios y Padre de nuestro Señor Jesucristo, Padre misericordioso y Dios de toda consolación, quien nos consuela en todas nuestras tribulaciones para que con el mismo consuelo que de Dios hemos recibido, también nosotros podamos consolar a todos los que sufren." (2 Corintios 1:3–4)

Es esencial recordar que cuando una persona asiste por primera vez a Celebremos la Recuperación, se puede sentir abrumada por sentimientos de dolor, humillación, tristeza y desesperación. Es posible que el concepto de la recuperación le sea totalmente desconocido, y la asuste un poco. Escoger e identificar dentro de un grupo para compartir abiertamente le puede parecer una tarea imposible.

Teniendo presentes los sentimientos de los nuevos asistentes, lo más importante que se debe recordar en cuanto a dirigir Nuevos asistentes 101, es la proyección de una conducta amistosa, abierta y asequible. Además, al llevar puesta una camisa de líder de Celebremos la Recuperación, usted se identifica como alguien que "ha pasado por el programa" y alcanzado la credibilidad en su iglesia.

En consonancia con el formato de la noche normal de reunión de Celebremos la Recuperación, el grupo de Nuevos asistentes 101 se debe dividir en dos partes: Una reunión del grupo en general y una reunión abierta para compartir. **Es imprescindible hacer la reunión del grupo general lo más breve posible, con un máximo de veinte minutos, con el fin de pasar al grupo abierto para compartir, que tan importante es para el recién llegado. El propósito de este tiempo para compartir es ayudar al participante a escoger el grupo al que va a asistir la semana siguiente.**

Es aconsejable que se haga una presentación audiovisual para que los participantes la puedan seguir. Una diapositiva de bienvenida sería muy adecuada para que la vean los nuevos asistentes al entrar al salón.

1. Distribuya cupones de Roca Sólida

Comience por recorrer todo el salón, saludando a los hombres y mujeres que han llegado nuevos al programa. Distribuya los cupones de Roca Sólida, el tiempo de café que se les brinda después de las reuniones, o cupones para la cena que su programa proporciona antes de las reuniones. Esto le permitirá conectarse y "romper el hielo". Mencione el hecho de que estas reuniones de confraternidad son grandes oportunidades para conocer a los demás que están en el programa.

Solamente hay dos puntos en los que el formato uno y el formato dos difieren. En el formato dos, los grupos pequeños recitan la Oración de la Serenidad y leen los ocho principios y /o los 12 Pasos y sus comparaciones bíblicas.

Esto es innecesario en el formato uno, porque estos dos elementos están cubiertos en la reunión del grupo grande previa a la del grupo pequeño.

Durante este tiempo, si hay otros líderes presentes, no formen grupos para conversar entre sí. Muévanse por el salón, sonrían y den la impresión de que son accesibles. Háganles sentir que ustedes están ansiosos por que empiece la reunión de Nuevos asistentes 101. ¡Y lo están! ¡Qué oportunidad tan magnífica para compartir lo que Jesús ha hecho en su vida!

2. Comience con una oración

Espere hasta que todos los nuevos asistentes estén en sus puestos, y comience con una oración. Haga una oración alentadora. ¡Queremos esperanza y victoria!

3. Deles la bienvenida a los participantes

Le sugerimos fuertemente que su programa desarrolle su propio video para los nuevos asistentes. Este video deberá presentar a los líderes de los diferentes aspectos de la recuperación, hablando de los cambios que el programa ha hecho en sus vidas. Si su pastor principal está dispuesto a participar en el video, los nuevos asistentes sabrán desde el mismo principio que su programa cuenta con el apoyo del pastor principal.

Hasta que puedan crear su propio video para los nuevos asistentes, está a su disposición el video para nuevos asistentes de Saddleback, llamado "Palabra", en *www.saddlebackresources.com*.

4. Presente a los líderes

Los líderes se pueden ir rotando en el trabajo con Nuevos asistentes 101, de manera que puedan seguir asistiendo a sus propias reuniones. No obstante, necesitan tener unos colíderes fuertes que lleven los grupos en su ausencia. También es posible que los líderes decidan asistir a Nuevos asistentes 101, porque sus reuniones se celebran en otra noche de la semana.

Para que se presente toda la información que se necesita cubrir durante la parte del grupo general de la noche, es necesario que las introducciones sean muy concisas: De uno a dos minutos máximo. Se debe centrar el énfasis en la importante diferencia entre Celebremos la Recuperación y un programa secular: Que nosotros creemos en el único Poder Superior, que es Jesucristo. También necesitamos dejar en claro que nuestras vidas han sido transformadas como resultado de este programa.

He aquí un ejemplo de introducción para este grupo: "Hola, me llamo _____ y soy un creyente que lucho con la codependencia. Después de asistir a este programa, logramos una reconciliación en nuestro matrimonio, y me encanta devolverle de alguna manera el favor a este ministerio". En este ejemplo, los nuevos asistentes aprenden el nombre de la líder; que es una cristiana que lucha con la codependencia y que siente que ha cambiado lo suficiente para devolverle el favor al programa. El mensaje subyacente es inspirador y les infunde esperanza a los nuevos asistentes.

Estas introducciones ayudan a los nuevos asistentes a relajarse, sin temor a tener que hablar frente a todo el grupo, y al mismo tiempo, sabiendo que se pueden identificar con los líderes.

5. Exprese muy brevemente la meta de Nuevos asistentes 101

Por ejemplo, puede decir: "La meta de Nuevos asistentes 101 es explicarles cómo funciona Celebremos la Recuperación, y ayudarlos a encontrar un grupo para asistir a él la semana próxima. El grupo de Nuevos asistentes es un grupo al que se asiste solamente una vez".

Explique que el grupo grande se va a dividir en un grupo de hombres y otro de mujeres durante la segunda mitad de la noche, tal como se hace con los grupos abiertos para compartir que se están reuniendo en distintos lugares de la iglesia.

Repetimos: Queremos ayudar a los nuevos asistentes a sentirse cómodos en nuestro programa. Por eso, solo esta noche, les puede explicar cuáles son las preguntas que se recibirán después de compartir en el grupo abierto. No obstante, las preguntas no son parte de los grupos abiertos normales.

6. Anuncie la hora y el lugar para Estación de Celebración y El aterrizaje

El anuncio de que hay programas para niños de la escuela primaria, la media y la secundaria, sirve para hacer ver que toda la familia puede hallar su sanidad en un solo programa. Esto abrirá su Celebremos la Recuperación a más personas.

7. Explique los diferentes componentes del programa

Mencione brevemente que las herramientas de Celebremos la Recuperación son la *Biblia de Celebremos la Recuperación*, las cuatro guías para el participante y el *Diario de Celebremos la Recuperación*. *Ocho decisiones sanadoras* es el libro recomendado para comprender mejor los ocho principios de la recuperación y sentirse inspirado por los dieciséis grandes testimonios que contiene. (Se recomiendan unas series de diapositivas en PowerPoint para lograr la familiarización con ellos.)

Una larga explicación acerca de los mentores y los compañeros de rendición de cuentas también se podría tomar demasiado tiempo. Se ha provisto un tiempo para preguntas al final del grupo abierto para compartir. Si lo permite el tiempo, al final de este grupo se puede dar información acerca de los grupos de estudio de los pasos, los compañeros de rendición de cuentas y los mentores.

Para concluir, termine con un rápido repaso: "La cena o barbacoa se reúne a las 6:00 p.m.; a las 7:00 nos reunimos para nuestra reunión general, y a las 8:00 nos dividimos en los grupos pequeños abiertos para compartir. Después de nuestros grupos, a las 9:00, vamos al Café Roca Sólida para tomar café y postre. En la cena y en el café pueden hacer nuevas amistades y comenzar a buscar los compañeros de rendición de cuentas y mentores, sobre los cuales se les hablará en las reuniones de nuestro grupo general".

8. A continuación, lea las cinco reglas para los grupos pequeños

Mencione que esas reglas tienen la función de proteger a los que participan en Celebremos la Recuperación y proporcionarles un lugar donde se sientan seguros y puedan compartir. (Consulte las páginas 56 y 57.)

1. Mantenga su testimonio enfocado en sus propios pensamientos y sentimientos. Limite su tiempo para compartir sus experiencias de tres a cinco minutos.
2. NO hay conversación cruzada. Conversación cruzada es cuando dos personas se involucran en una conversación excluyendo a los demás. Cada persona es libre de expresar

sus sentimientos sin interrupciones. (Dígales a estos nuevos asistentes que solo por esta noche vamos a romper la regla con respecto a las conversaciones privadas, porque vamos a aceptar preguntas cuando terminemos de compartir. En las reuniones futuras, se deberá obedecer esta regla. En cuanto a las demás reglas, las debemos obedecer.)
3. Estamos aquí para apoyarnos los unos a otros, no para "arreglar" a los demás.
4. El anonimato y la confidencialidad son requisitos básicos. Lo que se comparte en el grupo, se queda en el grupo. La única excepción es cuando alguien amenace con hacerse daño a sí mismo o a otros.
5. El lenguaje ofensivo no tiene lugar en un grupo de recuperación Cristo-céntrico.

9. Divídalos en grupos de hombres y grupos de mujeres

Las parejas que han venido juntas se podrían sentir incómodas al verse separadas. Explíqueles con delicadeza que esta división hace del programa un lugar seguro para que la gente pueda compartir.

Dígale al grupo abierto para compartir que usted va a seguir las cinco reglas para los grupos pequeños. Deles a conocer a los nuevos asistentes la señal que les va a hacer para que "vayan terminando" lo que están compartiendo.

Anime a los nuevos asistentes a dar su nombre, a mencionar un grupo de recuperación específico, si ya se pueden identificar con alguno, o a decir qué los trajo por vez primera a Celebremos la Recuperación.

Deles la oportunidad de que se les pase sin que hablen, si aún no están listos para compartir.

Explique algunos de los puntos básicos: "Decimos 'Hola' y el nombre de la persona, después que ella se haya presentado a sí misma, para conocernos mejor. Y aplaudimos como señal de identificación después que alguien ha compartido".

Después que el grupo haya terminado de compartir, abra un tiempo para preguntas, insistiendo de nuevo en que esto no va a suceder en sus grupos abiertos normales para compartir. Si no hay preguntas, y lo permite el tiempo, puede explicar lo que son los compañeros de rendición de cuentas, los mentores y/o los estudios de los pasos.

Anímelos a asistir durante varias semanas antes de decidirse a probar con un grupo diferente. Podría suceder que los que suelen asistir hayan estado ausentes, o que, debido a la negación, el grupo se sienta incómodo. Si después de varias semanas, el grupo se sigue sintiendo incómodo, sugiérales que prueben con otro grupo. Los líderes no se van a sentir ofendidos.

Si queda algo de tiempo, puede animar al grupo a sostener una charla informal. Tal vez se quieran dirigir juntos al Café Roca Sólida, o hacer arreglos para regresar juntos a Celebremos la Recuperación la semana siguiente.

Los que decidan no compartir en el momento, se pueden reunir con el líder únicamente, mientras el resto del grupo sostiene una charla informal. Sin embargo, si las personas no quieren compartir, necesitamos hacerles saber que comprendemos lo difícil que es compartir por vez primera. Anímelos a asistir la semana próxima al grupo abierto para compartir, insistiendo en que no se les exigirá que compartan mientras no estén listos.

10. Termine con una oración

11. Recuérdeles que usted se halla a su disposición

Hágale saber al grupo que usted siempre está a su disposición para responder las preguntas que puedan tener en el futuro.

Mesa de información y materiales

La mesa de información es clave para ayudar a los nuevos asistentes a sentirse bienvenidos. La ubicación de la mesa es bien importante. Luego que la persona da la bienvenida, la mesa de información debe ser la siguiente experiencia para los nuevos asistentes. Ellos no deben tener necesidad de ir a la mesa luego de llegar al lugar, pero sí es importante que sepan dónde está ubicada.

La mesa de información debe ser atendida por lo menos por un hombre y una mujer. Hacemos esto para mostrar sensibilidad a los que están asistiendo. Por ejemplo, una mujer que ha tenido problemas de abuso encontrará difícil buscar información en un hombre. También es importante tener un líder a cargo de la mesa de información que sea responsable de atender la mesa, ofrecer folletos nuevos, administrar las ventas de Biblias y el currículo.

Los folletos deben ser coloridos y tener alguna uniformidad. Los siguientes son algunos ejemplos de volantes que usamos en la mesa de información en Saddleback.

¡Bienvenidos nuevos asistentes! (Apéndice 6)
8 Principios de recuperación basados en las bienaventuranzas
12 pasos de Celebremos la Recuperación y sus comparaciones bíblicas
Los 12 Pasos en el abuso sexual, físico y emocional (Apéndice 3)
Lo que somos y lo que no somos (Apéndice 7)
Descripción de la codependencia (Apéndice 8)
Descripción de la adicción a sustancias químicas (Apéndice 9)
Liberación de la ira
Grupo de adicción sexual para hombres

¿Cómo está organizada está guía del líder?

Como se dijo anteriormente, esta guía del líder está diseñada para cubrir las veinticinco sesiones en las cuatro guías del participante, los ocho principios. Cada lección se ha escrito de forma tal que usted podrá leerlas completamente o "cortar y pegar" con sus propias ilustraciones y seguir sólo el formato básico. Asegúrese de incluir los acrósticos de recuperación y los versos bíblicos en cada lección. Dios le bendiga a usted y a su ministerio al guiar a otros en el camino a la recuperación.

Principio 1

Reconozco que no soy Dios. Admito que no tengo poder para controlar mi tendencia a hacer lo malo y que mi vida es inmanejable.

"Dichosos los pobres en espíritu, porque el reino de los cielos les pertenece." (Mateo 5:3)

Lección 1

NEGACIÓN

Principio 1: Reconozco que no soy Dios. Admito que no tengo poder para controlar mi tendencia a hacer lo malo y que mi vida es inmanejable.

"Dichosos los pobres en espíritu, porque el reino de los cielos les pertenece." (Mateo 5:3)

Paso 1: Admitimos que no teníamos poder sobre nuestras adicciones y comportamientos compulsivos y que nuestras vidas habían llegado a ser inmanejables.

"Yo sé que en mí, es decir, en mi naturaleza pecaminosa, nada bueno habita. Aunque deseo hacer lo bueno, no soy capaz de hacerlo." (Romanos 7:18)

Introducción

Esta noche empezamos a hacer un viaje juntos, un camino hacia la recuperación. Este viaje comienza con el Principio 1, donde admitimos que no tenemos el poder para controlar nuestra tendencia a hacer lo malo y que nuestras vidas son inmanejables. Pero antes de empezar juntos este viaje tan emocionante, necesitamos hacernos dos preguntas:

- ¿Voy a dejar que mis fracasos anteriores me impidan tomar este viaje?
- ¿Tengo miedo a cambiar? o, ¿cuáles son mis temores acerca del futuro?

Fracasos del Pasado

Demos una mirada a Hebreos 2:1:

> "Por tanto, también nosotros, que estamos rodeados de una multitud tan grande de testigos, despojémonos del lastre que nos estorba, en especial del pecado que nos asedia, y corramos con perseverancia la carrera que tenemos por delante."

Hay dos cosas que me gustaría señalar en este versículo. Primero, Dios tiene una carrera en particular, un plan único para cada uno de nosotros. Un plan para bien, no una vida llena de dependencias, adicciones y obsesiones.

La segunda cosa es que *necesitamos estar dispuestos* a deshacernos de toda esa carga innecesaria, los fracasos pasados en nuestras vidas que nos detienen. Otra vez dice: "Despojémonos de todo lo que nos atrasa o nos hace lentos, especialmente de aquellos pecados que se adhieren tan fuertemente alrededor de nuestros pies y nos hacen tropezar".

¡Para muchos de nosotros, nuestras heridas pasadas, complejos y hábitos nos estorban, nos hunden! Muchos estamos atascados en amarguras por lo que alguien nos ha hecho. Nos seguimos sintiendo heridos y rehusamos perdonar a los que nos han herido.

Tal vez a usted lo hirieron profundamente. Quizás fue abusado cuando era niño o quizás estaba o está en un matrimonio donde su esposo (a) cometió adulterio.

Quiero que sepa que siento su dolor. Realmente lo siento; siento que hayan tenido que pasar por ese dolor. Pero agarrarse a ese dolor y no estar dispuesto a perdonar a la persona que lo hirió en el pasado, es permitir que lo sigan hiriendo hoy, en el presente.

Trabajar en este programa de recuperación Cristo-céntrico permitirá, con el poder de Dios, que encuentre la fortaleza y el ánimo para perdonar a todos los que lo han herido. Por el momento no se desespere. ¡No tiene que perdonarlos esta noche! Pero mientras avanza por el camino a la recuperación, Dios lo ayudará a encontrar la disposición para perdonarlos y liberarse de tales heridas en su vida.

Algunos de ustedes quizás estén atados a la culpa. Siguen culpándose por los errores del pasado. Está atrapado, atascado en su culpa. Piensa que nadie, en ningún lugar es tan malo como usted, que nadie podría amar al *verdadero* "tú", y que nadie podría perdonarle las terribles cosas que ha hecho.

¡Está equivocado! Dios puede. Es precisamente por eso que Jesús fue a la cruz, por nuestros pecados. Él conoce todo lo que ha hecho y todo lo que ha experimentado. Y hay muchos esta noche que experimentaron fracasos similares y heridas en su vida y han aceptado el perdón de Cristo. Ellos están aquí para animarlo y ayudarlo.

El apóstol Pablo tenía mucho que lamentar de su pasado. Hasta participó en la muerte de Esteban. Y en Filipenses 3:13 nos dice: "Hermanos, no pienso que yo mismo lo haya logrado ya. Más bien, una cosa hago: Olvidando lo que queda atrás y esforzándome por alcanzar lo que está delante."

Aquí está el punto clave si desea ser libre de sus heridas, complejos y hábitos pasados: De una vez y para siempre necesita resolver las amarguras del pasado y la culpa. Necesita hacer algo como Isaías 43:18 (LBLA) nos dice: "No recordéis las cosas anteriores ni consideréis las cosas del pasado." Eso no significa que *ignore* el pasado. Necesita *aprender* de él, ofrecer perdón, hacer enmiendas y luego soltarlo. ¡Sólo entonces podrá ser libre de culpa, rencores y penas!

Enfrentémoslo, todos hemos pasado por una herida, complejo o hábito. Pero la carrera aún no ha terminado. Dios no se interesa en cómo empezamos, sino más bien en cómo terminaremos la carrera.

Temores del Futuro

Quizás le preocupe el futuro y tenga temor a cambiar. Todos nos preocupamos por cosas sobre las cuales no tenemos el control y tampoco el poder para cambiarlas. Y todos nosotros sabemos que preocuparse es una falta de confianza en Dios.

La verdad es, y lo podemos decir sin temor ni duda: "El Señor es el que me ayuda; no temo lo que me pueda hacer el hombre." (Hebreos 13:6 LBAD)

Quizás haya pasado tanto tiempo con esa herida, hábito o complejo que ha llegado a formar parte de su identidad. Y quizás esté pensando: "¿Qué pasaría si de verdad le doy una oportunidad a la recuperación? ¿Cambiaré? Si dejo mis heridas, complejos y hábitos. ¿En quién me convertiré? ¿Quién seré?"

Quizás haya estado abusando del alcohol, prescripciones médicas o comida y tiene miedo de lo que hará sin esa sustancia que eligió.

Quizás ha estado dándole todo el control a alguien en una relación disfuncional durante años y se pregunte: "¿Qué si yo cambio y mi esposo alcohólico se enoja conmigo?"

Dios no quiere que se quede estancado en una relación no saludable o en un mal hábito. Él desea que haga su parte para estar saludable.

Aunque nuestro pasado haya sido extremadamente doloroso, todavía podemos resistirnos al cambio y la libertad que verdaderamente se pueden encontrar al seguir este programa. Por el temor a lo desconocido o por nuestra desesperación, simplemente cerramos nuestras mentes porque pensamos que no merecemos nada mejor.

Al trabajar en los pasos y principios recuerde 1 Juan 4:18: "Sino que el amor perfecto echa fuera el temor."

No está aquí esta noche por error. Este salón está lleno de vidas cambiadas. Es mi oración que cada uno de ustedes impida que los fracasos del pasado o temores acerca del futuro les detenga para darle una oportunidad al programa de Celebremos la Recuperación.

¿Está usando una máscara de negación esta noche? Antes que pueda hacer algún progreso en la recuperación, necesita enfrentar la negación. Tan pronto como se quite esa máscara, la recuperación comenzará — ¡o se reiniciará! No importa si es nuevo en recuperación o ya haya estado trabajando en los pasos por años. ¡La negación puede reaparecer en cualquier momento! Quizá cambie sus adicciones o se involucre en una nueva relación que no sea saludable para usted en una forma diferente que la anterior. Así que esta lección es para todos nosotros.

¿Qué es la negación?

La negación se define como "un falso sistema de creencias que no está basado en la realidad" y "un comportamiento auto protector que nos aleja de afrontar la verdad honestamente".

Como niños aprendimos varias técnicas para arreglárnoslas. Estas mañas nos eran útiles si no teníamos la atención que deseábamos de nuestros padres y de otros, o para bloquear nuestro dolor y nuestros temores.

Este sistema de mañas funcionó durante un tiempo. Pero a medida que pasaban los años estas confundían o nublaban nuestra vista de la verdad de nuestras vidas.

Mientras crecíamos, la percepción de nosotros mismos y las expectativas de todos aquellos que nos rodeaban, también crecieron. Pero como mantuvimos nuestros métodos para arreglárnoslas en nuestra niñez, las percepciones de la realidad llegaron a ser increíblemente irreales y distorsionadas.

Nuestras técnicas para resolver los problemas crecieron hasta la negación, y la mayoría de nuestras relaciones terminaban o eran menos exitosas de lo que podrían haber sido.

¿Alguna vez negó que sus padres tuvieran problemas? ¿Alguna vez negó tener problemas? La verdad es que, en cierto grado, todos podemos contestar que sí a estas preguntas. Pero para algunos de nosotros esa negación se convirtió en vergüenza y culpa.

La negación es el "elefante rosado" sentado en medio de la sala. Nadie en la familia habla acerca de eso o de ninguna manera lo reconocen. ¿Le parecen conocidos algunos de los siguientes comentarios?

- "¿No podemos dejar de hablar de eso? Hablar sólo empeora las cosas".
- "Billy, si *no* hablamos acerca de eso, desaparecerá".
- "Cariño, imaginémonos que realmente no sucedió".
- "Temo que me deje, si le digo que me hiere cuando dice eso".
- "Él realmente no toma tanto".
- "Realmente no me molesta que él haga eso; ¡estoy bien!"
- "Pablo toma más que yo".
- "Joan ha estado casada tres veces; yo sólo me he casado dos veces".
- "¡Por qué me haces sentir tan enojada!"
- "Si no me regañaras todo el tiempo, yo no..."
- "Mira amor, tengo un trabajo pesado; trabajo mucho. Necesito unos pocos tragos para relajarme. No significa que tenga un problema".

Amigos, eso es **NEGACIÓN**.

Como dije anteriormente, antes que podamos tomar nuestro primer paso para la recuperación, tenemos que afrontar y admitir nuestra negación. Dios dice en Jeremías 6:14 (LBAD): "No se puede sanar una herida con sólo decir que no existe."

Efectos de la negación

De acuerdo, veamos el acróstico de esta noche:

NEGACIÓN
Neutraliza nuestros sentimientos
Energía perdida
Genera angustia
Anula nuestro crecimiento
Crea barreras que impiden a Dios actuar en nosotros
Interrumpe nuestra comunión con Dios
Obstaculiza nuestras relaciones importantes
Nos prolonga el dolor

La *N* en Negación significa que NEUTRALIZA nuestros sentimientos. Esconder nuestros sentimientos, vivir en negación, paraliza nuestras emociones y ata nuestras vidas. Entender nuestros sentimientos y vivirlos hace que experimentemos libertad.

Segunda de Pedro 2:19 (DHH) nos dice: "Les prometen libertad, siendo ellos mismos esclavos de la corrupción; porque todo hombre es esclavo de aquello que lo ha dominado."

¡Para mí, el examen básico de libertad no es que soy libre para hacer cosas sino que soy libre para no hacer cosas! Soy libre para no tomarme ese trago.

Conseguimos libertad para experimentar nuestros verdaderos sentimientos cuando encontramos a Cristo y salimos de la negación.

La siguiente letra es la *E*, la cual significa ENERGÍA perdida.

Un importante efecto secundario de la negación es la ansiedad. La ansiedad causa que gastemos una preciosa energía luchando con heridas pasadas y fracasos y el temor al futuro. Mientras continúa en este programa aprenderá que ese cambio positivo solo puede ocurrir en el presente. Preocuparse acerca del pasado y atemorizarse acerca del futuro nos incapacita para vivir y disfrutar de los planes de Dios para nosotros en el presente.

Dejamos que nuestros miedos y preocupaciones nos paralicen, pero lo única forma duradera en la que podemos liberarnos de ellos es entregándoselos a Dios. Salmos 146:7–8 (LBAD) dice: "Él libera a los prisioneros…Él alza la carga de los agobiados."

Si usted transfiere la energía requerida para mantener su negación en aprender la verdad de Dios, un amor sano hacia otros y hacia usted mismo ocurrirá en su vida. En tanto que usted dependa más y más de Jesucristo, y de su Poder Superior, verá la luz de la verdad y la realidad.

La *G* nos dice que la Negación GENERA angustia.

Permitimos que nuestros temores y nuestras preocupaciones nos paralicen, pero la única forma de liberarnos de estos es entregárselos a Dios. Salmos 146:6–7 (LBAD) dice: "Él es Dios que cumple todas sus promesas, y da justicia al pobre y oprimido, y alimento al hambriento."

Vamos a la *A* en negación.

La negación ANULA el crecimiento.

Estamos tan enfermos como nuestros secretos y, una vez más, no podremos crecer en recuperación hasta que estemos listos para salir de nuestra negación hacia la verdad. Dios está esperando tomar su mano y sacarlo de allí. La Biblia dice: "Clamaron al Señor en su tribulación, y Él los libró. Los sacó de las tinieblas y la sombra de muerte, y rompió sus cadenas." (Salmos 107:13–14 LBAD)

Mientras viaja por el camino de su recuperación entenderá que Dios nunca desaprovecha una herida; Dios nunca desperdiciará las sombras de sus problemas. Pero él no puede usarlo a menos que usted salga de su negación hacia la luz de su luz.

La letra *C* indica cómo la Negación CREA barreras con las cuales impedimos a Dios actuar en nuestra vida.

Al seguir en su camino de recuperación llegará a entender que Dios nunca desperdicia una herida; Dios nunca desaprovecha su oscuridad. Pero él no la puede usar hasta que salga de la negación a la luz de Su verdad.

Esto nos lleva a la letra *I:* La negación INTERRUMPE nuestra comunión con Dios.

Adán y Eva son un excelente ejemplo de cómo los secretos y la negación nos separan de la verdadera comunión con Dios. Después que pecaron, su secreto los separó de Dios. Génesis 3:7 nos dice que Adán y Eva se escondieron de Dios porque se sentían desnudos y avergonzados.

Por supuesto, el buen Adán trató de razonar. Le dijo a Dios: "La mujer que me diste por compañera me dio de ese fruto." (Génesis 3:12).

Primero él trató de culpar a Dios, diciendo: "La mujer que pusiste aquí conmigo..." Luego trató de echarle la culpa a Eva: "*Ella* me dio fruta."

Recuerde, la luz de Dios brilla en la verdad. Nuestra negación nos mantiene en la oscuridad. "Este es el mensaje que hemos oído de Él y que les anunciamos: Dios es luz y en Él no hay ninguna oscuridad. Si afirmamos que tenemos comunión con Él, pero vivimos en la oscuridad, mentimos y no ponemos en práctica la verdad. Pero si vivimos en la luz, así como Él está en la luz, tenemos comunión unos con otros, y la sangre de su Hijo Jesucristo nos limpia de todo pecado." (1 Juan 1:5–7)

La negación no solamente nos separa de Dios; también OBSTACULIZA nuestra relación con amigos y seres queridos.

La negación nos hace pensar que nadie se dará cuenta de lo que sucede. Pensamos que nadie lo sabe, ¡pero sí lo saben! Ahora bien, mientras que la negación puede "protegernos" de las heridas, también provoca que no nos ayudemos a nosotros mismos o a la gente que más amamos. No nos atrevemos a revelar nuestras propias verdades a otros por el temor de lo que pensarían o dirían si conocieran nuestro verdadero yo. Debemos proteger "nuestros secretos" a cualquier costo. Así que nos aislamos y por lo tanto minimizamos el riesgo de estar expuestos a un posible rechazo por parte de otros. Pero, ¿a qué precio? La pérdida eventual de todas nuestras relaciones importantes.

¿Cuál es la respuesta? Escuche lo que dice Efesios 4:25 (LBAD) "Dejen la mentira; digan la verdad siempre porque como somos miembros unos de otros, si nos mentimos nos estamos perjudicando a nosotros mismos."

Recuerde que es siempre mejor decir una verdad desagradable, a decir una mentira bonita.

Finalmente, la negación NOS PROLONGA el dolor.

Tenemos la falsa creencia de que la negación nos protege de nuestro dolor. En realidad, la negación provoca que nuestro dolor supure, crezca y se vuelva culpa y vergüenza. La negación extiende el dolor. Y multiplica los problemas.

La verdad, como la cirugía, puede doler por un momento, pero sana. Dios nos promete en Jeremías 30:17 (NBLH) "Porque Yo te devolveré la salud, y te sanaré de tus heridas."

Resumen

¡Esta noche les animo a *salir* de su negación! Salir de la negación no es algo fácil. Quitarse la máscara es difícil. Esa voz que te grita: "¡No lo hagas! ¡No es seguro!" Pero sí es seguro. Es seguro en Celebremos la Recuperación. Aquí tiene gente que cuida de usted y le ama por lo que usted es, gente que se quedará a su lado mientras la verdad llegue a su vida.

Jesús nos dice: "Y conocerán la verdad, y la verdad los hará libres." (Juan 8:32) Salga de la negación para que pueda pararse en el amor y la gracia incondicional de Jesús y así comience su viaje de sanidad a la recuperación.

Lección 2

Sin poder

Principio 1: Reconozco que no soy Dios. Admito que no tengo poder para controlar mi tendencia a hacer lo malo y que mi vida es inmanejable.

"Dichosos los pobres en espíritu, porque el reino de los cielos les pertenece." (Mateo 5:3)

Paso 1: Admitimos que no teníamos poder sobre nuestras adicciones y comportamientos compulsivos y que nuestras vidas habían llegado a ser inmanejables.

"Yo sé que en mí, es decir, en mi naturaleza pecaminosa, nada bueno habita. Aunque deseo hacer lo bueno, no soy capaz de hacerlo." (Romanos 7:18)

Introducción

En el Principio 1 reconocemos que no somos Dios. Admitimos que no tenemos el poder para controlar nuestra tendencia a hacer lo malo y que nuestras vidas son inmanejables. Tan pronto como tomamos este paso y admitimos que no tenemos el poder, empezamos a cambiar. Vemos que nuestras formas antiguas de intentar controlar nuestras heridas, complejos y hábitos no funcionaron. Nuestra negación las enterró y se asieron de nuestro falso poder.

Esta noche nos enfocaremos en cuatro acciones: Dos cosas que debemos dejar de hacer y dos cosas que necesitamos comenzar a hacer en nuestra recuperación. Necesitamos estudiar estas cuatro acciones para completar el Principio 1.

Cuatro Acciones

En la Lección 1 hablamos acerca de la primera acción que necesitamos tomar.

1. Dejar de negar el dolor

Dijimos que nuestra negación tenía por lo menos seis efectos negativos: Incapacita nuestros sentimientos, perdemos energía, impide nuestro crecimiento, nos separa de Dios, nos aleja de nuestras relaciones y prolonga nuestro dolor.

Usted está listo para aceptar el Principio 1 si su dolor es más grande que su temor. En Salmos 6:2–3 (LBAD) David habla acerca de un tiempo cuando él llegó al final de sus recursos emocionales y físicos: "Ten piedad de mí, oh Señor, porque soy débil. Sáname, pues mi cuerpo está enfermo, y estoy desconcertado y turbado." Cuando el dolor de David finalmente sobrepasó su temor, él pudo enfrentar su negación y sentir la realidad de su dolor. En la misma forma, si tú quieres deshacerte de tu dolor, debes enfrentarlo y tratarlo.

La segunda acción que necesitamos tomar es:

2. Dejar de jugar a ser Dios

Usted va a servir a Dios o va a servirse a usted mismo. ¡No puede hacer ambas cosas! Mateo 6:24 (NBLH) dice: "Nadie puede servir a dos señores; porque o aborrecerá a uno y amará al otro; o apreciará a uno y despreciará al otro."

Otro término que significa servirnos a "nosotros" es servir a "la carne". La "carne" es la palabra que se utiliza en la Biblia para describir nuestra imperfecta naturaleza humana, nuestra naturaleza pecaminosa.

Me encanta esta ilustración: Si quita la *h* del final de la palabra "Flesh" (en inglés, "carne") y escribe el resto de las letras al revés, encontrará la palabra *Self* (en inglés, "uno mismo"). La carne es la vida de la persona. Es lo que somos cuando andamos a la deriva.

Cuando nuestro "yo mismo" está fuera de control, todos los intentos de controlarnos a nosotros mismos o a otro, fallará. De hecho, nuestro intento por controlarnos a nosotros mismo y a otros es lo que nos acarrea problemas en primer lugar. Dios tiene que ser el que tiene el control.

Hay dos trabajos: ¡El de Dios y el mío! ¡Hemos estado intentando hacer el trabajo del Señor y no podemos!

Por otro lado, Él *no* hará nuestro trabajo. ¡Necesitamos hacer nuestro trabajo! Necesitamos admitir que no somos Dios y que nuestras vidas son inmanejables sin Él. Entonces, cuando finalmente nos hayamos vaciados completamente, Dios tendrá lugar para entrar y comenzar su trabajo de sanidad.

Sigamos ahora con la tercera acción que necesitamos tomar:

3. Comenzar a admitir nuestra incapacidad de control

El deseo de poder no está arraigado en nuestras fortalezas sino en nuestras debilidades. Necesitamos reconocer nuestras debilidades y nuestro empeño en hacer las cosas por nuestra cuenta. Necesitamos admitir que no tenemos el poder y debemos volver nuestras vidas a Dios. Jesús sabía cuán difícil es esto. Les dijo: "Para los hombres eso es imposible, pero para Dios todo es posible." (Mateo 19:26 LBLA)

Cuando seguimos haciendo cosas que no queremos hacer y cuando fallamos en hacer las cosas que hemos decidido que necesitamos hacer, comenzamos a ver que, de hecho, no tenemos el poder de cambiar aquello que pensamos que sí podíamos cambiar. La vida llega a enfocarse con más claridad que nunca antes.

La última acción que necesitamos tomar es:

4. Comenzar a admitir que nuestras vidas se volvieron incontrolables

La única razón por la que consideramos que hay algo mal, o que necesitamos hablar con alguien, o que necesitamos dar este paso es porque al fin podemos admitir que algún área, o todas las áreas, de nuestras vidas han llegado a ser ¡incontrolables!

Luego de admitirlo es que usted se da cuenta que está fuera de control y que no tiene el poder de hacer nada por sí solo. Cuando llegué a esta parte de mi recuperación compartí los sentimientos de David que expresó en Salmos 40:12 (LBAD) "De no ser así, perezco, porque problemas demasiado grandes se amontonan sobre mi cabeza. Me han alcanzado mis numerosísimos, mis incontables pecados, y siento vergüenza de alzar la vista."

¿Le recuerda algo? Solo si su dolor es más grande que su temor usted estará listo para dar honestamente el primer paso, admitir que no tiene el poder y que su vida es incontrolable.

Esta noche nuestro acróstico nos ayudará a enfocarnos en la primera parte del Principio 1: Sin Poder.

Sin Poder

Nuestro acróstico de esta noche demuestra lo que sucede cuando admitimos que estamos SIN PODER. Comenzamos a dejar los siguientes "ladrones de la serenidad":

Soledad
Incontables "SI…"
Nociva separación
Preocupación
Orgullo
Desolación
Escape
Resentimiento

La primera letra del acróstico es la *S*: SOLEDAD.

Cuando admita que no tiene poder y comience a hacer frente a la realidad, descubrirá que no tiene que estar solo.

¿Sabía que la soledad es una opción? En recuperación con Cristo, nunca tendrá que caminar solo otra vez.

¿Sabía que cuidar del que está solo puede curar su soledad? ¡¡Involúcrese!! Involúcrese en su vecindario, en la iglesia o aquí en Celebremos la Recuperación. Si se convierte en un asistente regular, le garantizo que aquí no se sentirá solo.

"Sigan amándose unos a otros fraternalmente. No se olviden de practicar la hospitalidad, pues gracias a ella algunos, sin saberlo, hospedaron ángeles." (Hebreos 13:1–2)

Seguimos con la *I*. Comenzamos a dejar los **I**ncontables SI TAN SOLO. ¿Alguna vez ha tenido un caso de los "Si tan solo"?

Si tan solo ellos se hubieran quedado…
Si tan solo hubiera dejado de beber…

Si tan solo esto... si tan solo aquello...

Con cuánta renuencia la mente acepta la realidad. Pero cuando admitimos que no tenemos el poder para cambiarla, comenzamos a caminar en la verdad en lugar de vivir en la isla de la fantasía de la racionalización.

Lucas 12:2–3 (LBLA) nos dice: "Y nada hay encubierto que no haya de ser revelado, ni oculto que no haya de saberse. Por lo cual, todo lo que habéis dicho en la oscuridad se oirá a la luz."

La siguiente letra es la *N*: NOCIVA SEPARACIÓN DE DIOS

¿Algunas personas hablan de "encontrar" a Dios, como si él se perdiera? La separación de Dios puede sentirse como real, pero nunca es permanente. Recuerde, él busca al perdido. Cuando no podemos encontrar a Dios necesitamos preguntarnos: "¿Quién se movió?" Le daré una pista: ¡No fue Dios!

> "Estoy convencido que nada podrá apartarnos de su amor. Ni la muerte ni la vida, ni los temores al presente, ni nuestra preocupación por el futuro, ni el lugar donde estemos...ni los ángeles ni los poderes del mismo infierno, ¡Nada, podrá separarnos del amor de Dios que demostró nuestro Señor Jesucristo al morir por nosotros!" (Romanos 8:38–39 LBAD)

Continuamos con la letra *P*, la cual significa PREOCUPACIÓN. No me diga que preocuparse trae algo bueno; lo sé muy bien. ¡Las cosas por las cuales nos preocupamos nunca pasan! ¡La preocupación es una forma de no tener suficiente confianza en Dios! En lugar de preocuparnos por cosas que posiblemente no podemos hacer, necesitamos enfocarnos en lo que Dios puede hacer. Guarde una copia de la Oración de la Serenidad en su bolsillo y en su corazón como un recordatorio.

Al trabajar en este programa y completar los pasos, descubrirá esa confianza, esa relación con el único y verdadero Poder Superior, Jesucristo, para que esa preocupación comience a desaparecer.

Mateo 6:34 (LBAD) nos dice: "No te afanes por el mañana, que el mañana está en manos de Dios. Confía pues en él." (Mateo 6:34)

Ahora desarrollemos la letra *O*. Comenzamos a ver que nunca más estaremos atrapados por nuestro ORGULLO: "El orgullo lleva a la caída, mientras la humildad acarrea honra." (Proverbios 29:23 LBAD)

Ignorancia + poder + orgullo = una mezcla mortal.

Nuestro falso orgullo minimiza nuestra fe y nos separa de Dios y de otros. Cuando la presencia de Dios es bien recibida, no hay lugar para el orgullo porque él nos hace estar conscientes de nuestro propio ser.

Luego reconocerá que se está volviendo menos egoísta.

He conocido gente que ha llegado a recuperación pensando que la oración del Señor fue: "El que procure salvar su vida la perderá, y el que la pierda se salvará." Lucas 17:33 (LBAD) nos dice: "Aquél que desea aferrarse a su vida la perderá, y el que pierda su vida la salvará." Dicho simplemente, el egoísmo es el centro de la mayoría de los problemas entre la gente.

Al admitir que no tiene poder, también abandona el estar en DESOLACIÓN.

Cuando finalmente usted admite que verdaderamente no tiene poder, ese sentimiento de vacío en lo profundo de su ser se irá, ese viento frío que sopla a través de usted. Jesús dijo: "Mi propósito es dar vida eterna y abundante." (Juan 10:10 LBAD) Así que permita que él llene ese vacío interior. ¡Dígale cómo se siente! ¡Usted es importante para Él! Lo siguiente que notará es que se está convirtiendo en una persona menos centrada en sí misma.

Lo siguiente que sucede cuando admitimos la ausencia de poder, es que dejamos de intentar ESCAPAR.

Antes que admitiéramos que éramos impotentes, intentábamos escapar y ocultarnos de nuestras heridas, hábitos y complejos al estar involucrados en relaciones nada saludables, abusando de drogas como el alcohol, comiendo o no comiendo y otras cosas más.

Intentar escapar del dolor nos roba una preciosa energía. Sin embargo, cuando damos este primer paso, Dios abre *verdaderas* rutas de escape para mostrar Su poder y gracia. "Pero todas las cosas se hacen visibles cuando son expuestas por la luz, pues todo lo que se hace visible es luz." (Efesios 5:13 LBLA)

La *R* en "Sin poder" significa que se acaban los RESENTIMIENTOS.

Si los resentimientos se comprimen y se les permite que supuren, actuarán como un cáncer emocional.

Pablo nos dice en Efesios 4:26–27: "Si se enojan, no pequen. No dejen que el sol se ponga estando aún enojados, ni den cabida al diablo."

Al seguir trabajando en los principios, llegará a entender que al soltar sus resentimientos, ofreciendo perdón a aquellos que le han hecho daño, no solamente está liberando a la persona que le hizo daño, sino más bien ¡se está liberando a usted mismo!

Resumen

El poder para cambiar sólo viene de la gracia de Dios.

¿Está preparado para iniciar, con sinceridad, su camino a la recuperación? ¿Está listo para dejar de negar su dolor? ¿Está listo para dejar de jugar a ser Dios? ¿Está listo para admitir su falta de poder? ¿Está preparado para comenzar a admitir que su vida se ha vuelto incontrolable? Si lo está, dígaselo a su grupo esta noche.

Lo animo para comenzar a trabajar y vivir este programa en serio. Si admitimos que somos incapaces, impotentes, necesitamos un poder mayor que nosotros para restaurarnos. ¡Ese poder es el Poder Superior: Jesucristo!

Terminemos en oración.

Querido Dios, tu Palabra me dice que no puedo sanar mis heridas, complejos y hábitos con solo decir que no están allí. ¡Ayúdame! Partes de mi vida, o toda mi vida está descontrolada. Ahora sé que no puedo "ayudarme". Parece que mientras más intento hacer lo bueno más problemas tengo. Señor, quiero salir de mi negación y caminar a la verdad. Oro para que me muestres el camino, en el nombre de tu Hijo. Amén.

TESTIMONIO DEL PRINCIPIO 1

Me llamo Antonio, creo en Jesucristo, le estoy agradecido y lucho con la adicción a las drogas.

Durante los primeros treinta y ocho años de mi vida, hice todo lo posible por huir de mis temores, inseguridades y preocupaciones. Decidí seguir el camino del mundo en lugar de vivir la vida que Cristo quería de mí. Era la clase de hombre que conducía embriagado, pero nunca lo atrapaba la policía para acusarlo de conducir bajo la influencia del alcohol. Era el hombre que usaba demasiadas drogas y demasiado alcohol, pero nunca tuve una sobredosis. Era el hombre que participaba en muchas actividades ilegales, pero nunca caía arrestado. Después de usar el alcohol y las drogas por más de veinticuatro años, mi suerte pareció acabarse, y mi vida comenzó a hacerme sufrir las consecuencias. Alimentado por mi negación, y por la actitud de que era intocable, continué en la locura de mis adicciones.

Yo era el primogénito de mis dos amorosos padres. Vivíamos en un hermoso barrio nuevo en Westminster, California. Cuando tenía cuatro años, nuestra familia fue bendecida con el nacimiento de mi hermano menor. Nació con una válvula estrecha y dos agujeros en el corazón.

A los dieciocho meses de edad, le hicieron una operación a corazón abierto. La operación fue un éxito, y los médicos les aseguraron a mis padres que él iba a estar bien. A medida que iba creciendo mi hermano, mi madre comenzó a notar que no se estaba desarrollando a la velocidad normal. Cuando tenía tres años, se confirmó que mi hermano tenía una grave discapacidad en su desarrollo.

Mis primeros años con mi hermano fueron maravillosos. Jugábamos y disfrutábamos de estar juntos, como hacen los hermanos. En aquellos momentos, no me daba cuenta de que mi hermano era diferente. Mientras más edad teníamos, más fui notando que nuestra relación iba cambiando. En lugar de ser hermano, yo era más bien un tercer padre para él. La capacidad de mi hermano era la de un niño de cinco años, y en realidad, nunca aumentaría. Muchas veces yo me sentía como un hijo único que no tenía a nadie con quien conversar. Me pasaba grandes cantidades de tiempo ocupándome en juegos y actividades. Amo, y siempre amaré a mi hermano, pero la realidad de no ser capaz de conectarme emocionalmente con él era dura. Me sentía confundido y solo.

En nuestro hogar, la vida era bastante caótica. Recuerdo muchas noches, siendo niño aún, que cuando yo estaba en la sala de la casa, mis padres estaban peleando y gritándose uno a otro. Yo me ponía almohadas en los oídos o ponía muy alto el volumen de la televisión para bloquear el caos. Aquello me hacía sentir solo.

Una de las formas en que ocupaba mi tiempo siendo niño era jugando distintos deportes. Cualquiera que fuera la temporada, yo jugaba. Era el niño que jugaba fuera de la casa hasta que se encendían las farolas de la calle, o hasta que mis padres me gritaban para que entrara.

Según crecía mi hermano, yo observaba cómo sus formas de conducta hacían más estresante y difícil que mis padres lo cuidaran. Tenían que pasar una cantidad excesiva de tiempo con él, y yo no quería molestarlos con mis problemas. Sinceramente, tenía miedo de acercarme a ellos, porque pensaba que estaban demasiado ocupados con mi hermano.

Fue entonces cuando decidí hacer las cosas por mi cuenta. Decidí que iba a comenzar a vivir para mí mismo, *y* para mi hermano, y ser el mejor de los hijos para mis dos padres. Los quería ayudar a olvidar los problemas de mi hermano. Esto hizo que sintiera mucha presión por sobresalir siempre. Soñaba que un día me convertiría en atleta profesional, y eso me permitiría cuidar de mi hermano por el resto de su vida.

Tener un hermano gravemente discapacitado en su mente me hacía sentir muy diferente a los demás muchachos. Algunos de los amigos con los que andaba, me hacían preguntas acerca de mi hermano. Hasta había momentos en que alguno de ellos se reía de él. Yo era muy protector con mi hermano, y me enredaba en una pelea con todo el que dijera alguna infamia o alguna cosa negativa acerca de él.

En la escuela intermedia, comencé a portarme mal. Yo era el atleta estrella, pero estaba luchando con los estudios. Así que, en mi intento por evitarles más presión a mis padres, comencé a hacer trampas en los exámenes, falsificar notas y mentir acerca de todo.

Al final de mi octavo grado, me dieron a probar el alcohol. Me gustaba la forma en que el alcohol me hacía sentir… o no sentir. Mis temores e inseguridades parecían desaparecer cuando estaba ebrio, y me sentía más cómodo entre mis amigos; además, por vez primera me sentí parte del grupo.

En la secundaria me llamaban "el atleta" y se esperaba de mí que hiciera grandes cosas. Sentía una gran cantidad de presión y no me gustaba la atención que aquello atraía sobre mi persona. Quería ser como todos los demás, así que comencé a andar con toda clase de jovencitos. Andaba con los deportistas, los que hacían surf, los que llevaban el gobierno de los alumnos y los que siempre estaban organizando fiestas. Me convertí en un camaleón, porque quería que todos me aceptaran. Lamentablemente, no sabía quién era, ni quién quería ser.

Comencé a llevar una doble vida. Trataba de mantener la imagen del chico bueno durante los días de escuela y no paraba de fiestear en los fines de semana. En esos días me hallaba fuera de control. Todo el mundo quería fiestear conmigo, y nunca conocí límite alguno en cuanto a la cantidad de alcohol que bebía, ni cuándo NO debía conducir. Me creía indestructible y pensaba que no había quien me pudiera parar.

En el último año de secundaria me desarrollé como uno de los mejores jugadores de baloncesto en el sur de California, e incluso recibí una beca completa para jugar baloncesto en la División 1. Esto me hizo dar un paso más hacia mi sueño de la niñez de convertirme en atleta profesional. Mi doble vida continuaba, y comencé a usar marihuana de vez en cuando. Esta droga me hacía sentir muy inquieto e incómodo. Pero, por supuesto, si alguien tenía algo de marihuana, yo la compartía, solo para que me consideraran un tipo estupendo y sentirme parte del grupo.

Marcharme a la universidad fue un momento emocionante para mí. Pensaba que iba a ser la superestrella del equipo de baloncesto, y que tendría libertad para hacer cuanto se me antojara. Practicaba tres o cuatro horas al día, tal vez iba a algunas de mis clases y me iba de fiesta por las noches. Después de mi primer semestre, mi puntuación promedio era de 1,7, y me pusieron en un período académico de prueba.

Mi carrera en el baloncesto no comenzó como yo tenía planeado. Durante el quinto juego, me herí una rodilla y no pude jugar en todo el resto de la temporada.

Caí en una depresión cuando se me acabó así mi temporada de baloncesto. Recuerdo haber ido a la oficina del entrenador principal. Él me explicó que no sabía si yo "encajaría" dentro de aquel programa. Me sentí herido y confundido. Me dijo que podía trabajar para cubrir mi beca en el cuarto de taquillas de los jugadores, haciendo limpieza cuando se iba el equipo de baloncesto. Me sentí totalmente ridículo y fracasado.

Habían llegado las vacaciones de navidad, y estaba solo. Decidí quitarme la vida. Me fui a mi cuarto en los dormitorios, tomé un frasco de píldoras y bebí una gran cantidad de cerveza. Sentía que había defraudado a todo el mundo en mi familia, y ya no quería seguir viviendo.

Creo que Dios (sobre el cual yo no sabía nada) estuvo conmigo aquella noche. No me había llegado la hora y, en lugar de morirme, me enfermé de verdad y sentí una terrible resaca.

Asistí a tres universidades más para jugar baloncesto. A veces iba a clases, y seguía de fiesta todo el tiempo. Algo de lo que no me siento orgulloso es que jugué baloncesto universitario en todos los niveles: Divisiones 1, 2, 3 y junior. En mi vida no había mucha estabilidad que digamos.

Después de la universidad, conseguí un trabajo en la industria de mi padre. Aquella industria era la perfecta para mí; todo el mundo trabajaba duro y fiesteaba duro también fuera de las horas de trabajo.

Durante los cuatro años siguientes, viví en Newport Beach. Quería formar parte de las multitudes de moda en la península, así que comencé a experimentar con drogas. Participé en juergas clandestinas y en la escena de los clubes, y usé ecstasy, ácido y otros tipos de drogas. Cuando vi cómo uno de mis compañeros de habitación perdía el control, me dije a mí mismo que necesitaba ir más despacio.

Una noche, mientras estaba pasando el tiempo en un bar de Hermosa Beach, conocí a una mujer maravillosa. No era como ninguna otra muchacha de las que había conocido. Me agradó hablar con ella, y en lo profundo de mi ser, sentí que era la pareja perfecta para mí. Era una mujer cristiana hermosa, divertida, trabajadora, madura y amorosa. Todas las cualidades que ella poseía eran las que no tenía yo. Me fue difícil creer que al principio no se interesara en mí, pero aquí fue cuando comenzaron la manipulación y las mentiras para persuadirla y hacer que me quisiera. Le dije todo lo que ella quería escuchar. La iglesia era muy importante para ella, así que le dije que yo era cristiano. Hasta comencé a asistir a la iglesia con ella los domingos. En mi interior, yo sabía que era la persona perfecta para mi vida. Lamentablemente para ella, no sabía que yo era un falso, un mentiroso, y precisamente la persona con la que ella NO debía andar.

Me era fácil esconderle la verdad, porque tenía su agenda llena entre la escuela y el trabajo. Yo salía con ella un par de días durante la semana, y me iba de fiesta con mis amigos los fines de semana.

Después de cerca de un año de noviazgo, nos comprometimos, y seis meses más tarde nos casamos. A mí me parecía que a los treinta años, ya era hora de que creciera, me asentara y comenzara una familia. Pensaba sinceramente que si me casaba, cambiaría.

Me gustaría poder decir que nuestro matrimonio fue como en los cuentos de hadas, pero estuvo muy lejos de ser así. En nuestra hermosa boda, yo la dejé sola para salir con mis amigos a festejar. Ni siquiera nuestra noche de bodas, que supuestamente debía ser un momento especial, llegó a pasar. Yo estaba demasiado ebrio.

Estábamos tratando de vivir el sueño americano. Los dos teníamos unos buenos trabajos; compramos nuestra primera casa en Rancho Santa Margarita y nos conseguimos dos perros. Exteriormente, todo el mundo pensaba que éramos la pareja perfecta. No tenían idea de que estábamos luchando y separándonos cada vez más.

Mi esposa comenzó a tener ataques de pánico y a deprimirse mucho. Yo estaba confuso y frustrado en cuanto a la forma en que la podría ayudar. Me venía a la mente el pensamiento de que iba a tener que cuidarla a ella como había tenido que cuidar de mi hermano. Puesto que sentía que había fracasado en cuanto a cuidar de mi hermano, temía que fuera a hacer lo mismo con mi esposa.

Durante aquellos tiempos, comencé a salir cada vez más con un grupo de mis compañeros de fiestas. Seguí huyendo de mi estrés a base de insensibilizarme con el alcohol. Comencé a abrirme ante esos amigos míos en cuanto a las presiones que había en mi vida. Lo malo era que estaba pasando menos tiempo con mi esposa, y cada vez estábamos más alejados el uno del otro.

El 21 de agosto de 2005 fuimos bendecidos con el nacimiento de nuestra hija. Yo pensaba que su nacimiento haría más fácil la vida, y tenía la esperanza de que me sirviera para enderezarme. Cuando tuve en mis manos a esa pequeña, quise darle todo lo que ella se merecía. En el exterior, parecíamos una familia feliz. Pero yo no estaba feliz, y pronto hallaría una nueva forma de aliviar el estrés que había en mi vida.

A los treinta y cinco años, mientras jugaba al póker en la casa de un amigo, me introdujeron a la cocaína. Recuerdo haberme dicho a mí mismo: *A mi edad, nadie se engancha en las drogas.* Aquello era una mentira. Durante los tres años siguientes de mi vida, me estaría metiendo ese demonio en el cuerpo.

Mi doble vida continuaba, puesto que había decidido añadir mi adicción a las drogas a la ecuación. Pasaba grandes trabajos y decía muchas mentiras para esconder este secreto. Trabajaba desde las 6 a.m. hasta el mediodía, y me iba a encontrar con mis amigos drogadictos hasta que llegaba la hora de irme a casa. Para financiar mi hábito, cambiaba por dinero en efectivo mis cheques para gastos de trabajo. Le estaba robando a mi familia.

Una de las cosas que más lamento es que iba a recoger a mi hija al preescolar, estando aún bajo la influencia de las drogas. Estaba poniendo en peligro a mi hija. Hasta hubo momentos en los cuales mi esposa tenía que trabajar hasta más tarde, y yo estaba usando drogas en la cocina, mientras mi hija estaba en la sala, viendo televisión. En aquellos momentos, yo pensaba que solo me estaba haciendo daño a mí mismo. No tenía idea de que estuviera afectando a mi esposa y a mi hija.

Lamentablemente, la vida se estaba haciendo muy difícil, la economía estaba cambiando y estábamos entrando en una recesión. Para poder tener éxito, tendría que trabajar más fuerte a fin de triunfar, pero mi adicción no me lo permitía.

Nuestro matrimonio andaba tan mal, que estábamos a punto de separarnos. Nuestras finanzas estaban fuera de control, y perdimos nuestra casa. Mi esposa insistía en que fuéramos a ver a un consejero matrimonial, y por fin yo acepté ir. No me sentía culpable de la parte que me tocaba en nuestra relación, y a veces hasta iba endrogado a las terapias. Cada vez se iba haciendo más difícil sostener todas aquellas mentiras. Sentía que estaba a punto de sufrir un colapso nervioso por estar llevando esa doble vida.

Intenté dejarlo y estuve dos meses sobrio yo solo (haciendo un gran esfuerzo), cortando mis relaciones con mis amigos de las drogas, y tratando de hacer que mi vida volviera a la normalidad. ¿A quién estaba engañando? ¿No había podido poner orden en mi vida durante treinta y ocho años, y ahora iba a dejar de usar drogas yo solo, sin ayuda de nadie?

Llegó un momento en el que tuve una oportunidad de volverlas a usar, y lo hice. Lo malo, o tal vez sería mejor decir lo bueno, fue que mi esposa encontró drogas, y se me enfrentó. Yo me senté con ella en su auto, y ella me preguntó con insistencia qué estaba sucediendo. Entonces hubo algo que vino sobre mí, y supe que ya no podía seguir mintiendo. Me quebranté ante ella y le dije que era adicto a la cocaína. Lo que sentí cuando me pude sacar aquello de adentro fue un paso inmenso para mí, y para mi relación con mi esposa.

El siguiente paso fue conseguir ayuda. Me senté con nuestro consejero matrimonial y estudiamos un plan. El consejero me habló de un lugar llamado Celebremos la Recuperación, que es un programa de recuperación con base cristiana. En lo más profundo de mi ser, yo sabía que necesitaba ayuda, pero no tenía una relación personal con Cristo, y no estaba seguro de que este fuera el lugar adecuado para mí.

Me sentía aterrado la primera vez que fui a Celebremos la Recuperación. Yo no era como aquellas personas (negación), y me sentía petrificado ante la idea de que alguien me reconociera como una de aquellas personas "enfermas". Me senté en la parte posterior, cantando un poco y mirando a mi alrededor. Aquella noche, una mujer que era drogadicta dio su testimonio. Mientras la escuchaba, me di cuenta de cuáles eran mis peores temores. Su hijo estaba en la misma clase que mi hija. Asistí varias semanas más, escondiéndome de aquella señora, y asegurándome de que no me viera.

Me gustaría poder decir que nunca volví a ver a aquella señora rubia, pero un día mi esposa me pidió que fuera a una excursión con mi hija. Y, ¿adivinen quién estaba allí? Sí, la señora rubia. Dentro de mí, algo me estaba impulsando a hablar con ella. ¿Cómo se le acerca uno a alguien y le dice: "Oiga, ¿es usted la drogadicta que dio su testimonio?" Yo hice mi mejor esfuerzo por no sonar repulsivo y le pregunté si ella iba a la iglesia los viernes por la noche. A partir de ese momento, me abrí con respecto a mi persona y le hablé de mis problemas con las drogas. Hablamos media hora, y ella me dijo que yo necesitaba conocer a su esposo.

Mi esposa y yo decidimos que necesitábamos ir a Celebremos la Recuperación como familia, puesto que ella también estaba batallando con su vida. Comenzamos a asistir juntos a Celebremos la Recuperación, y desde la primera noche supimos que habíamos encontrado un hogar. Fue entonces cuando conocí a mi patrocinador. La primera vez que lo oí hablar, supe que necesitaba a aquel hombre en mi vida. Él ha causado un inmenso impacto en mi vida. Por fin había hallado esa persona con la cual podía sentarme, desahogarme de toda mi basura, y no sentirme criticado.

El Principio 1 dice: Reconozco que no soy Dios. Admito que no tengo poder para controlar mi tendencia a hacer lo malo y que mi vida es inmanejable. "Dichosos los pobres en espíritu, porque el reino de los cielos les pertenece." (Mateo 5:3)

Pocos meses más tarde, iba en mi auto a almorzar, cuando vi un buen número de autos que iban entrando a una iglesia. Por alguna razón, sentí que necesitaba ir a aquel servicio. Mientras entraba solo en aquella iglesia desconocida, me informaron que aquel día era el Viernes Santo. Me senté en la iglesia con centenares de personas y oí hablar acerca de la muerte de Jesucristo. Aquel servicio y aquel momento me dejaron anonadado. Acepté a Jesucristo en mi vida y clavé mi pecado (la adicción a las drogas) a la cruz. Recuerdo que estuve sentado solo, llorando y comprendiendo que era Dios quien me había guiado hasta la iglesia en aquel día para que comenzara mi relación con Cristo.

El Principio 3 dice: Conscientemente decido comprometer toda mi vida y voluntad al cuidado y control de Cristo. "Dichosos los humildes, porque recibirán la tierra como herencia." (Mateo 5:5)

Comencé con este sometimiento de mi vida a Cristo, y mientras seguía asistiendo a Celebremos la Recuperación, aprendí que había más herramientas para ayudarme en mi camino hacia la recuperación. Creé una inmensa lista de metas que quería y necesitaba lograr en mi vida. Quería asistir a dos reuniones por semana (cumplida). Quería entrar a un estudio de los pasos; esa es la hora de la verdad (cumplida). Quería un patrocinador y un equipo de responsabilidad mutua (cumplida). Quería convertirme en miembro de la Iglesia de Saddleback y recibir clases desde la 101 hasta la 401 (cumplida; y las cuatro con mi esposa). Y por último, quería recibir el bautismo (cumplida). Por primera vez en mi vida, tenía metas y las había alcanzado.

Después de haber estado sobrio durante ocho meses, mi vida iba mejorando. Pero muy dentro de mí había algo que me estaba carcomiendo. Una noche, en Celebremos la Recuperación, sentí que Dios me estaba hablando directamente a mí. La pregunta central de la noche era: "¿Cuál es esa cosa a la que te estás aferrando, esa que tienes miedo de soltar?" Yo tenía un secreto que según pensaba, iba a morir con él. Aquella noche me quebranté ante mi grupo pequeño: En el pasado le había sido infiel a mi esposa en dos ocasiones.

Sabía que necesitaba sentarme con mi esposa para decirle finalmente la verdad. Sabía que la iba a herir, y temía que me dejara. Aquella noche me senté con ella y le conté todo. Estaba confiando en Dios, y sabía que, para que funcionara nuestra relación, tenía que ser sincero. Recuerdo que hizo una larga pausa, después me miró y me dijo: "Te perdono". Me dijo que ella había estado viendo una verdadera transformación en mí, y que aquella era la razón por la que me podía perdonar. Realmente, es una mujer maravillosa. Después de todo lo que yo le había hecho a ella con las mentiras, el uso de drogas, y ahora mis infidelidades, ya NO había manera de que diera marcha atrás.

Desde que he estado asistiendo a Celebremos la Recuperación, mi vida ha mejorado de una manera drástica. Necesitaba un programa que no solo me ayudara a permanecer sobrio, sino también que fuera un lugar en el cual me iba a convertir en un esposo, padre, amigo, hermano… hombre mejor. En primer lugar, y ante todo, necesité hallar a Cristo. Durante treinta y ocho años no había sido cristiano. Encontrar a Jesucristo era la manera en que iba a estar sobrio y mantenerme sobrio.

Me cuesta trabajo abrirme y expresar mis pensamientos y mis sentimientos. Por medio de este programa, he conocido hombres que tienen unas luchas parecidas, pero con quienes me puedo abrir libremente, sin sentirme avergonzado o humillado. He desarrollado unas relaciones significativas con mi patrocinador, mis compañeros de responsabilidad mutua y otros hombres de Dios que están siempre dispuestos a ayudarme. Celebremos la Recuperación nos dio a mí y a mi familia un lugar en el cual la gente nos ama tal como somos en realidad.

Vine a Celebremos la Recuperación como adicto a las drogas, pero a través del proceso de asistir a las reuniones, a los grupos pequeños y a los estudios sobre los pasos, aprendí que tengo luchas con la ira, la lujuria, y básicamente, con la vida en general. Soy un adicto agradecido, porque mi adicción me guió hacia Cristo y me preparó para que me convirtiera en una persona sana y me enfrentara a los demonios que he estado reprimiendo durante tantos años.

Ahora le estoy devolviendo al programa que tanto me dio a mí. Ayudo a dirigir el grupo de hombres adictos a sustancias químicas los jueves por la noche en San Clemente y soy colíder los viernes por la noche en El Aterrizaje (estudiantes de los grados décimo y undécimo) en Lake Forest. También tengo el privilegio de patrocinar a hombres, y puedo ver cómo el Señor obra milagros en sus vidas, tal como los hizo en la mía.

En primer lugar, y por encima de todo, esto se lo debo a mi Señor y Salvador Jesucristo. También le quisiera agradecer a mi bella esposa el que no se diera por vencida conmigo y me acompañara en mis altibajos. No habría podido lograr eso, de no haber sido por ellos.

Sé que soy una obra sin terminar, y que solo he rascado la superficie, y esa es la razón por la que sigo viniendo aquí. Tengo pasión por servirle a la siguiente persona que encuentre batallando con la vida. Le quiero dar a esa persona que lucha la esperanza de saber que Celebremos la Recuperación funciona.

Cuando me presenté, les dije que me estaba restaurando de la adicción a las drogas. Mientras estaba escribiendo mi testimonio, me di cuenta de que abusé mucho del alcohol en mi vida. Ahora he decidido no beber alcohol nunca más, porque no quiero volver a la vida que tenía antes. La parte más maravillosa de todo esto es que mi hija nunca jamás verá a su padre meter un trago o una droga en su cuerpo.

El versículo de mi vida es 2 Corintios 5:17: *"Al volverse cristiano, uno se convierte en una persona totalmente diferente. Deja de ser el de antes. ¡Surge una nueva vida!" (2 Corintios 5:17 LBAD)*

Gracias por haberme permitido compartir con ustedes.

Principio 2

En una forma sincera creo que Dios existe, que le intereso y que Él tiene el poder para ayudarme en mi recuperación.

"Dichosos los que lloran, porque serán consolados." (Mateo 5:4)

Lección 3

ESPERANZA

Principio 2: En una forma sincera creo que Dios existe, que le intereso y que Él tiene el poder para ayudarme en mi recuperación.

"Dichosos los que lloran, porque serán consolados." (Mateo 5:4)

Paso 2: Llegamos a creer que un poder más grande que nosotros puede restaurarnos a la cordura.

"Pues Dios es quien produce en ustedes tanto el querer como el hacer para que se cumpla su buena voluntad." (Filipenses 2:13)

Introducción

En el principio 2 creemos sinceramente que Dios existe, que le importamos y que Él tiene el poder para ayudarnos en nuestra recuperación. Hebreos 11:6 (PDT) nos dice: "Nadie puede agradar a Dios si no tiene fe. Cualquiera que se acerque a Dios debe creer que Dios existe y que premia a los que lo buscan." En Salmos 62:5 dice: "Sólo en Dios halla descanso mi alma; de Él viene mi esperanza."

En el primer principio admitimos que éramos *incapaces*. Es a través de esta forma de reconocer que no tenemos el poder, que llegamos a *creer* y *recibir* el poder de Dios para ayudarnos en nuestra recuperación. Verdaderamente necesitamos ser cuidadosos, no tratar de cubrir el hueco sin fondo de nuestras heridas, complejos y hábitos con paredes de negación, o simplemente tratar de poner algún parche rápido. Por el contrario, necesitamos mantener esas heridas expuestas a la luz para que a través del poder de Dios puedan ser verdaderamente sanadas.

Es en el segundo principio que llegamos a creer que Dios existe, que somos importantes para Él y que podemos encontrar el único y verdadero Poder Superior, ¡Jesucristo! Llegamos a entender que Dios quiere llenar nuestras vidas con Su amor, Su gozo y Su presencia.

Una de mis parábolas favoritas está en Lucas 15, la historia del Hijo Pródigo. Aunque la historia es acerca del amor de un padre por su hijo perdido, es realmente una muestra del amor del Padre por usted. El amor de Dios está buscándolo, no importa cuán perdido se sienta. El amor de Dios lo puede encontrar, no importa cuántas veces haya caído en pecado, las manos misericordiosas de Dios se están extendiendo para recogerlo, amarlo y perdonarlo.

Damas y caballeros, es allí donde encontrarán esperanza y es por eso que a este Principio 2 lo llamo el principio de la "Esperanza".

Esperanza

Veamos lo que la palabra Esperanza (Hope, en inglés) significa en el Principio 2:

Honra al Poder Superior
Oportunidad para cambiar
Poder para cambiar
Esperar el cambio

La *H* significa HONRA al PODER SUPERIOR. Nuestro único y verdadero Poder Superior tiene un nombre: ¡Jesucristo!

En el pasado pudo haber creído en la existencia de Jesús y quizás hasta haya asistido a una iglesia. Pero lo que encontrará en el principio 2 es una relación personal con Cristo. Verá que Jesús desea tener una relación práctica, día a día, momento a momento, con nosotros. Porque Él puede hacer por nosotros lo que nunca hemos podido hacer por nosotros mismos. Romanos 11:36 (DHH) dice: "Porque todas las cosas provienen de Dios, y existen por Él y para Él."

¡Mucha gente hoy cree sus dudas y duda de sus creencias! ¿Ha visto alguna vez una idea? ¿Ha visto alguna vez amor? ¿Ha visto alguna vez la fe? Por supuesto que no. Usted podrá haber visto actos de fe y de amor, pero las cosas reales, esas cosas eternas, en el mundo son las realidades espirituales invisibles.

Esto nos lleva a las primeras tres palabras del segundo paso: "Llegamos a creer..." Decir que nosotros "llegamos a creer" de alguna manera describe un proceso. Una creencia es el resultado de una consideración, duda, razonamiento y conclusión.

En 2 Corintios 12:9 (NBLH), Jesús nos dice: "Te basta mi gracia, pues mi poder se perfecciona en la debilidad."

La siguiente letra es la *O*, de OPORTUNIDAD para cambiar.

¿Cuál es el proceso que lleva a tener una creencia sólida, que lleva a cambiar su vida? Veamos las primeras tres palabras en el Paso 2 otra vez: "Llegamos a creer..."

- "Llegamos..." ¡Nosotros dimos el primer paso cuando asistimos a nuestra primera reunión de recuperación!
- "Llegamos a..." ¡Dejamos de negar nuestras heridas, complejos y hábitos!
- "Llegamos a creer..." Comenzamos a creer y recibir el poder de Dios para ayudarnos en nuestra recuperación.

La esperanza es una oportunidad para cambiar. Algunas veces tememos al cambio, aunque nuestro pasado haya sido doloroso. Nos resistimos a cambiar porque le tememos a lo desconocido o, en nuestra desesperación, creemos que no merecemos nada mejor.

Aquí están las buenas noticias: ¡La Esperanza abre puertas donde la desesperación las cierra! La Esperanza descubre lo que se puede hacer en lugar de quejarse de lo que no puede hacerse.

Durante toda su vida seguirá encontrando dificultades y heridas que no podrá cambiar, pero con la ayuda de Dios puede estar dispuesto a que esas circunstancias y situaciones lo cambien a usted, le hagan una mejor persona y no un ser amargado.

Efesios 4:23 (LBAD) nos da un desafío para ese final: "Renueven sus actitudes y pensamientos."

¿Cómo hará usted eso? La letra *P* nos habla acerca de ese PODER para cambiar.

En el pasado debimos haber deseado cambiar y no fuimos capaces de hacer tal cosa; no podíamos liberarnos a nosotros mismos de nuestras heridas, complejos o hábitos. En el principio 2 entendemos que el poder de Dios puede cambiar nuestras vidas y nuestras situaciones. Filipenses 4:13 (LBAD) confirma eso: "Con la ayuda de Cristo, que me da fortaleza y poder, puedo realizar cualquier cosa que Dios me pida realizar."

El poder para cambiar viene de la gracia de Dios. Como ve, la esperanza obtiene su poder de una profunda confianza en Dios, como la del salmista: "¡Guíame, enséñame! Porque tú eres el Dios que me da salvación; en nadie sino en ti tengo esperanza." (Salmos 25:5 LBAD)

En el principio 2, comenzamos a entender que el poder de Dios puede cambiar nuestra vida y situación. Y una vez que utilizamos ese poder, las acciones correctas, acciones como las de Cristo, nos seguirán naturalmente, como resultado de trabajar los principios y seguir al único y verdadero Poder Superior, ¡Jesucristo!

La última letra a estudiar en la palabra esperanza (Hope) es la *E*: ESPERAR el cambio.

Recuerde que está en el segundo principio. ¡No se vayas antes que el milagro ocurra! Con la ayuda de Dios, los cambios que ha estado esperando durante mucho tiempo están a unos cuantos *pasos*. Filipenses 1:6 (LBAD) expresa mi sentir: "Y estoy seguro que Dios, que comenzó en ustedes la buena obra, les seguirá ayudando a crecer en su gracia hasta que la obra que realiza en ustedes quede completa en el día en que Jesucristo regrese."

Como usted sabe, no puede construir nada a menos que lo empiece; así que: ¿Cuánta fe necesita para empezar?

Mateo 17:20 (LBAD) nos dice: "Porque tienen muy poca fe," les respondió Jesús. "Si tuvieran siquiera una fe tan pequeña como un grano de mostaza podrían decirle a aquella montaña que se quitara y se quitaría. Nada les sería imposible."

Es reconfortante saber que no necesita cantidades enormes de fe para iniciar el proceso de recuperación. Usted solamente necesita una pequeña porción, "tan diminuta como una pequeñísima semilla de mostaza," para efectuar el cambio, para comenzar a mover sus montañas de heridas, complejos y hábitos.

Resumen

La vida eterna no comienza con la muerte; ¡comienza con la fe! Hebreos 11:1 (DHH) nos dice lo que es la fe: "Tener fe es tener la plena seguridad de recibir lo que se espera; es estar convencidos de la realidad de cosas que no vemos."

La fe aunque sea del tamaño de una semilla de mostaza, tan pequeña que casi es imposible verla, es la avenida a la salvación. No puede encontrar salvación a través del conocimiento intelectual, de los regalos, el dinero, las buenas obras, o por asistir a la iglesia. ¡NO! La forma para encontrar salvación está descrita en Romanos 10:9: "Si confiesas con tu boca que Jesús es el Señor, y crees en tu corazón que Dios lo levantó de entre los muertos, serás salvo."

Sí, todo lo que necesita es un poco de fe. Si pone la fe que tiene en Jesús, ¡su vida será cambiada! Encontrará esperanza en el único Poder Superior. Su espíritu vendrá con poder sobrenatural a su corazón. ¡Le puede suceder a usted! ¡A mí me sucedió!

Esta noche lo animo a dar este paso de esperanza. Le dará valor para alcanzar y sostener la mano de Cristo y enfrentar el presente con confianza y el futuro con una expectativa realista.

Dicho simplemente así: "Mi vida sin Cristo es un final sin esperanza; con Él es una esperanza sin final".

Lección 4

CORDURA

Principio 2: En una forma sincera creo que Dios existe, que le intereso y que Él tiene el poder para ayudarme en mi recuperación.

"Dichosos los que lloran, porque serán consolados." (Mateo 5:4)

Paso 2: Llegamos a creer que un poder más grande que nosotros puede restaurarnos a la cordura.

"Pues Dios es quien produce en ustedes tanto el querer como el hacer para que se cumpla su buena voluntad." (Filipenses 2:13)

Introducción

En el primer mes estudiamos el Principio 1. Finalmente fuimos capaces de afrontar nuestra negación y admitir que somos incapaces de controlar nuestra tendencia a hacer lo malo y que nuestras vidas son inmanejables, fuera de control.

Ahora, ¿qué necesitamos hacer? ¿Cómo y dónde obtenemos el control? La respuesta es dar el segundo paso en nuestro camino hacia la recuperación.

El segundo paso nos dice que debemos llegar a creer que un poder más grande que nosotros puede restaurarnos a la cordura. "¡Espere un momento!" Dirá. "Pasé un mes completo escuchando que para comenzar mi recuperación tenía que afrontar y admitir mi negación. ¿Ahora usted me está diciendo que estoy loco? ¿Qué debo restaurarme hasta la cordura? ¡Por favor!"

No, el Paso 2 no está diciendo que está loco. Permítame explicar lo que la palabra *cordura* significa en este paso.

Como resultado de admitir nuestra incapacidad en el principio 1, nos podemos mover del caos a la esperanza en el Principio 2. Hablamos acerca de eso en nuestra última enseñanza. La esperanza viene cuando creemos que un poder más grande que nosotros mismos, un Poder Superior, Jesucristo, ¡puede y nos ha de restaurar! Jesús puede proveer ese poder donde y sobre lo que no pudimos ejercer autoridad: Nuestras adicciones y comportamientos compulsivos. Solamente Él puede restaurar el orden y significado para nuestras vidas. Solamente Él puede restaurarnos hasta la cordura.

Cordura

La *insensatez* ha sido bien definida como "hacer la misma cosa una y otra vez, esperando un resultado diferente en cada ocasión".

La *sensatez* ha sido definida como "buen juicio; tomar decisiones basadas en la verdad".

Jesús es el único Poder Superior que ofrece la verdad, el poder, el camino y la vida.

El siguiente acróstico, usando la palabra cordura, nos muestra algunos de los regalos que recibimos cuando creemos que nuestro verdadero Poder Superior, Jesucristo, tiene el poder y nos restaurará hasta la CORDURA.

Confianza
Obvia firmeza
Renacer
Divino Poder Superior
Un verdadero apoyo
Rectitud
Aceptación

La primera letra es *C*, que significa CONFIANZA.

Al trabajar en el Paso 2, comenzamos a confiar en nuestra amistad con otros y con nuestro Gran Poderoso. "El temor al hombre es un lazo, pero el que confía en el Señor, estará seguro." (Proverbios 29:25 NBLH)

Mientras "soltamos cosas y nos entregamos a Dios" y admitimos que nuestras vidas son inmanejables y que somos incapaces de hacer algo al respecto; aprendemos a confiar en nosotros mismos y en otros. Comenzamos a tener verdaderos amigos en recuperación, en otros grupos, en el Café Roca Sólida y en la iglesia. Estos no son simples conocidos o buenos amigos que conocimos cuando estábamos involucrados en nuestras adicciones y compulsiones. En recuperación, usted puede encontrar verdaderos amigos, hermanos y hermanas en Cristo, que van a su lado en el caminar a través de los principios, amigos en los cuales puede confiar, con los cuales puede hablar y puede crecer en Cristo.

La letra siguiente es *O*: OBVIA FIRMEZA (fortaleza).

Cuando aceptamos a Jesús como nuestro Poder Superior, recibimos la firmeza para afrontar los temores que, en el pasado, nos causaron luchas, huidas o nos paralizaron. Ahora podemos decir: "Dios es nuestro refugio y fortaleza, nuestro pronto auxilio en las tribulaciones. Por tanto, no temeremos." (Salmos 46:1 LBLA) y "Mi carne y mi corazón pueden desfallecer, pero Dios es la fortaleza de mi corazón y mi porción para siempre." (Salmos 73:26 LBLA)

El hecho de apoyarnos en nuestro propio poder, en nuestras propias fuerzas, es lo que nos trajo en primer lugar a esta situación. Creíamos que no necesitábamos la ayuda, la fortaleza o el poder de Dios. Es casi como si nos hubiéramos desconectado de nuestra verdadera fuente de energía: ¡Dios!

Tomar la decisión de permitir que mi vida funcione finalmente con la energía de Dios, y no con mi limitado poder, mi debilidad, impotencia o sentido de inferioridad, ha resultado ser mi mayor fortaleza. Dios vino cuando yo comencé a sentirme impotente. ¡Y eso mismo es lo que Él hará por usted!

La próxima es la letra *R*, que significa RENACER (vida nueva).

Estábamos en lo más profundo de nuestras heridas hábitos y complejos. Conocemos los sentimientos expresados en 2 Corintios 1:8–9 (LBAD): "Creo que deben conocer, amados hermanos, las tribulaciones que pasamos en Asia. Nos vimos tan aplastados, tan abrumados que temimos no salir de allí con vida. Nos pareció que estábamos ya sentenciados a muerte y vimos lo inútiles que éramos para escapar; pero eso fue lo bueno, porque entonces lo dejamos todo en las manos del único que podía salvarnos: Dios, que puede hasta resucitar a los muertos."

El versículo siguiente dice: "Él... nos ayudó... y nos volverá a librar."

Jesús pagó todo el castigo por nuestros pecados en la cruz. ¡La esperanza de una nueva vida es la libertad de nuestra esclavitud! "Al volverse cristiano, uno se convierte en una persona totalmente diferente. Deja de ser el de antes. ¡Surge una nueva vida!" (2 Corintios 5:17 LBAD)

La letra *D* en nuestro acróstico de esta noche es DIVINO Poder Superior, Jesucristo, ¡quién te ama así como eres! "Pero Dios demuestra su amor por nosotros en esto: En que cuando todavía éramos pecadores, Cristo murió por nosotros." (Romanos 5:8) No importa lo que venga en su andar, juntos, usted y Dios ¡pueden manejar cualquier situación! "Pero Dios es fiel, y no permitirá que ustedes sean tentados más allá de lo que puedan aguantar. Más bien, cuando llegue la tentación, él les dará también una salida." (1 Corintios 10:13) "Bendito sea el Señor, nuestro Dios y Salvador, que día tras día sobrelleva nuestras cargas." (Salmos 68:19)

Cuando aceptamos a Jesucristo como nuestro Divino Poder Superior y Salvador, no solamente se nos garantiza la vida eterna, sino que también tenemos la protección de Dios en tiempos de dificultades. Nahúm 1:7 dice: "Bueno es el Señor; es refugio en el día de la angustia, y protector de los que en Él confían."

Seguimos con la letra *U*: **UN VERDADERO APOYO**.

Apoyarnos en nuestro poder y en nuestra fortaleza es lo que en primer lugar nos tiene aquí. Creíamos que no necesitábamos la ayuda de Dios, su fuerza ni poder. Es algo así como si estuviéramos desconectados de nuestra verdadera fuente de poder: ¡Dios!

Decidir que mi vida finalmente busque a Dios y a su poder, no a mi poder limitado, debilidad, sentido de inferioridad, e incapacidad, ha llegado a ser mi fortaleza más grande. Dios llegó donde mi incapacidad comienza. ¡Y él hará lo mismo por usted!

El siguiente beneficio de este paso es la *R* que significa: RECTITUD (integridad).

Obtenemos rectitud cuando comenzamos a cumplir nuestras promesas. Otros comienzan a confiar en lo que decimos. El apóstol Juan le dio un gran valor a la rectitud: "No tengo mayor gozo que éste: Oír que mis hijos andan en la verdad." (3 Juan 4 NBLH)

Recuerde que una verdad a medias es una mentira completa. La mentira es el resultado de la debilidad y del temor. La verdad no le teme a nada, ¡solo al encubrimiento! La verdad es algo que frecuentemente duele. Pero es la mentira la que deja cicatrices.

Una mujer o un hombre de integridad y valor no tienen temor a decir la verdad. Y el valor viene de un poder mucho mayor que nosotros mismos, ¡Jesucristo!, el camino, la VERDAD y la vida.

Al trabajar en el Paso 2, comenzamos a confiar en nuestra amistad con otros y con nuestro Gran Poderoso. "El temor al hombre es un lazo, pero el que confía en el Señor, estará seguro." (Proverbios 29:25 NBLH)

Mientras "soltamos cosas y nos entregamos a Dios" y admitimos que nuestras vidas son inmanejables, que somos incapaces de hacer algo al respecto, aprendemos a confiar en nosotros mismos y en otros. Comenzamos a tener verdaderos amigos en recuperación, en otros grupos, en el Café Roca Sólida y en la iglesia. Estos no son simples conocidos o "buenos amigos" que conocimos cuando estábamos involucrados en nuestras adicciones y compulsiones. En recuperación usted puede encontrar verdaderos amigos, hermanos y hermanas en Cristo, que van a su lado en el andar a través de los pasos, amigos en los cuales puede confiar, con los cuales puede hablar y con los cuales puede crecer en Cristo.

La última letra es la A, de ACEPTACIÓN.

Romanos 15:7 (DHH) dice: "Así pues, acéptense los unos a los otros, como también Cristo los aceptó a ustedes, para gloria de Dios."

Cuando damos el paso 2 aprendemos a tener expectativas realistas de nosotros mismos y de otros. Aprendemos a no asociar a la gente de la misma vieja forma, esperando una respuesta o resultado diferente de la que nos han dado una y otra vez. Comenzamos a encontrar la cordura que habíamos estado buscando. Recordamos orar y pedirle a Dios "que nos dé valor para cambiar las cosas que podemos cambiar y aceptar las que no podemos."

Y mientras nuestra fe crece y llegamos a conocer de una forma mejor a nuestro Poder Superior, resulta fácil para nosotros aceptar a otros como ellos son realmente, *no como nos gustaría que fueran.*

Con la aceptación, sin embargo, viene la responsabilidad. Dejamos de echarles la culpa a otros por nuestras actitudes pasadas y nuestras heridas.

Resumen

Recuperación es un programa diario, y necesitamos un poder mucho mayor que nosotros mismos: Un Poder Superior que nos proveerá fortaleza, aceptación y nueva vida; integridad y confianza para permitirnos tomar decisiones sanas ¡basadas en Su verdad!

Y si completa el próximo Principio 3, ¡su futuro será bendecido y seguro! Mateo 6:34 (LBAD) dice: "No te afanes por el mañana, que el mañana está en manos de Dios. Confía pues en él."

Terminemos con una oración.

Querido Dios, he intentado "arreglar" y "controlar" las heridas, complejos y hábitos de mi vida por mí mismo. Admito que, por mí mismo, soy incapaz de cambiar. Necesito comenzar a creer y recibir tu poder para ayudarme en mi recuperación. Tanto me amaste que enviaste a tu Hijo a la cruz a morir por mis pecados. Ayúdame a estar dispuesto a la esperanza que sólo puedo encontrar en ti. Por favor, ayúdame a comenzar a vivir mi vida un día a la vez. En el nombre de Jesús oro. Amen.

TESTIMONIO DEL PRINCIPIO 2

Me llamo Luisa, creo en Jesucristo, y a Él le estoy agradecida; batallo con mi ira.

Siendo pequeña, tuve muchos sueños en los que quería triunfar en la vida y vivir feliz para siempre, hasta que se abrió paso la realidad.

Mientras crecía, eran muchas las mentiras que creía acerca de mí misma. Una de las mentiras que tenían profundas raíces era que yo nunca iba a servir para nada. Mis circunstancias, mis decisiones mal tomadas y las relaciones abusivas que me rodeaban me habían convencido de que aquellas mentiras eran ciertas.

Mi disfunción comenzó siendo aún muy joven, a partir de la relación de abuso que había entre mis padres. Mi padre era un hombre abusador, que tenía sus propias adicciones, y que tenía el hábito de perder el control de su persona. Esto hacía que me escondiera en mi closet, temblando de temor. Los oía gritar y vocear en el cuarto de al lado; mi padre gritaba lleno de ira y mi madre gritaba llena de temor. Yo no entendía por qué se comportaban de aquella manera. Mientras estaba escondida en mi closet, me consolaba frecuentemente, diciéndome a mí misma que todo iba a estar bien.

Finalmente, mi madre nos recogió a nosotros y nuestras cosas, y dejó a mi padre. Por mucho que yo quisiera que las cosas anduvieran bien, en realidad solo empeoraron. Mi madre se volvió una persona siempre enojada, adicta y todo lo que acompaña a esas cosas. Ya no era mi protectora, sino que se convirtió en la persona que siguió metiéndome en la cabeza que yo era una inútil.

Durante muchos años, tuve que soportar un abuso verbal que terminaría quebrantándome hasta volverme una nada, y al mismo tiempo con un abuso físico que me tenía continuamente llena de miedo y con la guardia en alto. Me volví excesivamente vigilante, y por medio de todas las circunstancias, terminé convirtiéndome en adicta a la ira, las drogas, el alcohol y la promiscuidad. En realidad, lo que quería era una vía de escape.

Mi madre, o estaba trabajando, o en el bar a la hora en que eran más baratas las bebidas, o en clubes nocturnos. Siendo niña, no tuve supervisión alguna, así que en mis tiempos libres no había nadie que me controlara. Por lo general, lo que hacía con mi tiempo era beber y usar drogas con mis "amigos".

Tenía amigos que eran de varias edades, y descubrí que era hábil para manipular a la gente y conseguir lo que yo quería. Tan buena, que conocí a un amigo que me prestaba su auto con frecuencia. Yo tenía dieciséis años, y él treinta. Mis días consistían en usar aquel vehículo para divertirme conduciéndolo, reunir a todos mis amigos, y consumir tanto alcohol o tanta marihuana como podíamos. Finalmente, este amigo se dio cuenta de que no estaba consiguiendo lo que quería. Se volvió en contra mía, reportó a las autoridades que yo le había robado su auto, y presentó cargos en mi contra.

Así fue como a los dieciséis años, comencé en la espiral descendente del encarcelamiento. Ahora tenía una supervisión constante: La de un funcionario de libertad condicional. Después de aquello, comencé a entrar y salir continuamente de los centros para menores delincuentes. Esta espiral comprendía la entrega de muestras sucias de orina, positivas con drogas o alcohol; robar en las tiendas por departamentos; no cumplir, o mejor dicho, no querer cumplir, con las reglas de la libertad condicional y los monitores de supervisión en la casa; todo esto junto con otras actividades delictivas juveniles. Mientras llevé ese estilo de vida, el alcohol y la marihuana desempeñaban un gran papel en mis decisiones. Yo pienso que aquello era una manera de estar fuera de mi hogar tan lleno de abusos, porque los delitos que cometía siempre carecían de motivos. No recibía ningún tipo de orientación por parte de mi madre o de mi familia. Las cosas que aprendí de ellos eran la manera de beber más y cómo se fuma en pipa. Tenía tendencias muy autodestructivas y odiaba mi vida. Finalmente, me volví más fuertemente adicta. Me sentía vacía.

Todos estos hábitos de adicción hicieron un enredo de mi primer matrimonio, a los diecinueve años. Aquella relación se convertiría en una combinación de las mentiras que se me decían y las que yo creía ciertas. Mi matrimonio estaba tan lleno de abusos verbales y físicos, que hizo que brotara y se desarrollara más aún mi ira. Se manifestaba hasta el punto de que yo me sentía tan impotente, atormentada y esclavizada, que hacía lo que mejor sabía hacer. Volverme más furiosa aún. Todas aquellas circunstancias crearon un mundo de caos total para mí. Tomé muchas malas decisiones más, una tras otra, sin darme cuenta de que las consecuencias de mis decisiones me harían peor a mí, y harían peores mis situaciones.

Me hospitalizaron por depresión e intentos de suicidio. Tuve muchos consejeros, pero no encontré uno solo que me fuera útil. Era tan codependiente en mi matrimonio, que cedí, y me hice numerosos abortos para aplacar a mi esposo. Ya no podía ver más allá de todos mis problemas. Con todo aquel abuso emocional acumulado, mi sentimiento de inutilidad y la sensación de que estaba atrapada en mis circunstancias, algo terrible tendría que suceder. Yo era una bomba de tiempo, hasta que por fin terminé cayendo en un profundo final.

Estaba drogada con medicinas psiquiátricas, sumamente deprimida, y acababa de descubrir que mi esposo había estado metido en una aventura amorosa por bastante tiempo. Estuvimos juntos diez años. Yo había puesto todas mis esperanzas en aquel hombre que, según yo, me amaba incondicionalmente. Mientras bebía, mi esposo me decía que nunca lo podría abandonar. Peor aún; muy dentro de mí, sabía que nunca tendría la fuerza necesaria para hacerlo.

Un día decidí que *sí* lo iba a dejar. Mientras yo le suplicaba que me diera las llaves del auto, él me seguía molestando y menospreciándome a mí. En medio de todo aquel caos, confusión y dolor, yo necesitaba escapar a mi situación con tanta desesperación, que tomé un cuchillo y se lo clavé en una pierna. Nuestro hijo de tres años estaba sentado junto a él. Llena de terror, recogí a mi hijo y corrí hasta la casa de los vecinos, llamé a mi tía y le dije que necesitaba que ella fuera a recoger a mi hijo.

Mientras yo estaba fuera, la familia de mi esposo llegó al apartamento corriendo y llamó de inmediato al 911. La calle se vio inundada de policías, curiosos y personal de emergencia. Yo le dije a mi hijo que tendría que dejarlo, lo besé y le dije adiós. Regresé a mi complejo de apartamentos, busqué a uno de los policías y le dije quién yo era, y qué había hecho. Me esposaron, y una vez más me pusieron bajo custodia policíaca para interrogarme. Me quitaron toda la ropa y se la llevaron como evidencia. En mi mente, tenía la esperanza de que mi esposo no levantara cargos contra mí. Al fin y al cabo, aquel era nuestro estilo de vida. Bebíamos, y después discutíamos. Así eran las cosas. Mientras me interrogaban, el investigador me preguntó: "¿Quiere usted saber cómo está su esposo?" Yo le respondí al policía: "Por supuesto que quiero". Lo recuerdo con claridad como si hubiera pasado ayer. Entonces me dijo: "Su esposo murió y se le está acusando a usted de asesinato en primer grado".

Me quedé totalmente conmocionada, como si estuviera en una película de un canal de televisión. Me dijo que la herida había cortado una arteria principal, causando que mi esposo se desangrara hasta morir. Me fijaron la fianza en un millón de dólares y estaba pensando que recibiría una condena de veinticinco años a cadena perpetua en una prisión, una sentencia que sentía que era merecida, y que también sabía que me iba a tocar. Aquí fue donde toqué fondo. *"Problemas demasiado grandes se amontonan sobre mi cabeza. Me han alcanzado mis numerosísimos, mis incontables pecados, y siento vergüenza de alzar la vista. El corazón se me encoge en el pecho." (Salmos 40:12 LBAD)*

En aquella noche del año 2003, yo necesitaba alguna manera de ser rescatada de mi culpa por haber matado a alguien, y en especial a alguien a quien amaba. En aquellos momentos, me parecía que acabar con mi vida sería mi mejor puerta de huida.

Esta vez, antes de hacerlo, oré. Recuerdo que clamé y dije palabras que nunca había creído que saldrían de mis labios: "Dios, si tú eres real, YO TE NECESITO". No me daba cuenta de que aquellas pocas palabras tendrían tanto poder, que aquella misma noche mi mundo dio una vuelta completa. *"Me buscaréis y me encontraréis, cuando me busquéis de todo corazón." (Jeremías 29:13 LBLA)*

En aquel momento, el funcionario del correccional me sacó de mi celda en la cárcel y me dijo que me había ido a visitar mi abogado. Este me dijo que me iban a escoltar unos policías para que fuera a ver a mi esposo antes que lo sepultaran. En medio de mis circunstancias, había sucedido lo imposible, y de una forma que yo jamás me habría podido imaginar. La madre de mi esposo le suplicó inesperadamente al carcelero que me permitiera ver a mi esposo antes que lo sepultaran, y el carcelero estuvo de acuerdo. Dios estaba obrando realmente allí.

El Principio 2 dice: En una forma sincera creo que Dios existe, que le intereso y que Él tiene el poder para ayudarme en mi recuperación. "Dichosos los que lloran, porque serán consolados." (Mateo 5:4) Yo reconocí realmente que, cuando clamé a Dios, él me había escuchado. Quería ser restaurada. Me dieron una Biblia, la abrí por donde pude, y la comencé a leer. Estaba encerrada en la celda veintitrés horas al día. Las horas pasaban y yo seguía leyendo. Quería más del asombroso poder y de la paz que estaba experimentando. A lo largo de toda aquella semana, comencé a sentir lentamente que iba desapareciendo el peso de mi culpa, y a sentir también una paz que no podía explicar. Aunque estaba allí sentada en una solitaria celda de la cárcel, presa para el resto de mi vida, y alejada de mi hijo, seguía teniendo paz. Mientras que durante toda mi vida había estado buscando la satisfacción con cosas que nunca permanecían y solo duraban un momento, ahora reconocía cuál era la verdadera satisfacción, y esta solo estaba en buscar a mi Señor Jesucristo.

No me sentenciaron a veinticinco años hasta cadena perpetua. Yo creo que fue la manera en que Dios me demostró que podía confiar en él. Comprendiendo que tenía un hijo en casa, ya no me estaba condenando a aceptar la vida en prisión. De hecho, negocié mi sentencia con Dios, que es el VERDADERO juez. Comencé orando para que no me condenaran a cadena perpetua, después a no tener que cumplir los once años que me ofrecía el fiscal del distrito. Entonces me fui osadamente ante el trono, pidiendo que no me dieran más de cinco años. Mi sentencia fue de tres años y ocho meses.

No cambié en un instante. Aún tenía hábitos de adicción con las sustancias que introducían en la prisión. Gracias a Jesús, fui capaz de sobreponerme a muchas adversidades mientras estaba encarcelada. Había muchas batallas, desde la homosexualidad hasta las drogas y el alcohol, y todas aquellas cosas eran fáciles de obtener en prisión, pero había un poder mayor que estaba obrando en mí. Se me abrieron puertas para que asistiera a estudios bíblicos en los cuales conocí unas amigas cristianas genuinas que querían cambiar de verdad. Les ministraba a todas las compañeras de celda que llegaron y se fueron a lo largo de los años. Más tarde me pidieron que trabajara en la capilla como ujier y ayudara con los invitados de fuera que llegaban para hablarnos. John y Cheryl Baker, los fundadores de Celebremos la Recuperación, fueron a la prisión de mujeres de Valley State, donde yo estaba presa. Entrenaron a cerca de cuarenta mujeres en la forma de guiar un grupo de estudio de Celebremos la Recuperación mientras estábamos en la prisión. Aquello fue un honor, porque mi ira, que era la que me había llevado a la prisión, era el tema del grupo de recuperación que yo dirigía para otras presas. Aprendí a controlar mi ira a base de apartarme de las situaciones para meditar en las Escrituras acerca del dominio de mí misma. Tuve muchas oportunidades para que mi ira se descontrolara. Pero el uso de los 12 pasos centrados en Cristo y las comparaciones bíblicas era el bosquejo perfecto de lo que debía hacer para ir superando mis luchas. Sorprendentemente, mientras estuve en prisión fui capaz de encontrar realización, amor, confraternidad y dominio propio por medio del poder de Jesucristo.

Mis anhelos comenzaron a cambiar, y cada vez se me hacía más claro lo que quería hacer con mi vida. Mientras más me acercaba a Dios por medio de la oración y del aprendizaje acerca de él a través de su Palabra, más se me acercaba él a mí con su consuelo, su paz y unas amistades reales. Además de esto, pude ver a mi hijo con frecuencia.

Más tarde me di cuenta de la forma en que Dios había estado tratando de atraer mi atención. Antes de ser arrestada, había ido a un servicio en una iglesia y había respondido a un llamado al altar. Le había pedido a Dios que entrara en mi vida. Recuerdo haberme sentido muy quebrantada aquel día. Al domingo siguiente, la hermana de mi esposo me preguntó si íbamos a volver a la iglesia, porque a ella le había gustado mucho. Sin embargo, yo le respondí: "No; ahora ya me siento mejor". Ese fue el día en que me arrestaron. Solo llamaba a Dios en medio de los problemas y me olvidaba de él cuando las cosas marchaban como yo quería. *"Dios ha escogido lo necio del mundo, para avergonzar a los sabios; y Dios ha escogido lo débil del mundo, para avergonzar a lo que es fuerte; y lo vil y despreciado del mundo ha escogido Dios; lo que no es, para anular lo que es; para que nadie se jacte delante de Dios." (1 Corintios 1:27–29 LBLA)*

"El Espíritu del SEÑOR omnipotente está sobre mí, por cuanto me ha ungido para anunciar buenas nuevas a los pobres. Me ha enviado a sanar los corazones heridos, a proclamar liberación a los cautivos y libertad a los prisioneros." (Isaías 61:1)

Mientras más se acercaba el momento en que saldría en libertad, me iba llenando con muchas expectativas en cuanto a lo que Dios iba a hacer con mi vida. Yo sabía que cuando saliera por aquel portón, mi vida sería nueva, porque ya se estaba transformando en algo nuevo mientras permanecía encarcelada. Dios me impulsó a tomar decisiones nuevas y diferentes que permitieron que mi recuperación fuera un éxito.

Llevo ahora cuatro años y medio en mi casa, y me han quitado la supervisión del oficial de libertad condicional. Dios ha transformado muchas cosas en mi vida desde que pasé tiempo en la prisión. Tengo un trabajo magnífico, en el cual Dios está utilizando mis dones, y he experimentado y abrazado la estabilidad en mi trabajo. Es magnífico tener un patrono que me confía las llaves de su negocio. Mis relaciones con mis padres están creciendo y sanándose. Estoy experimentando la bendición de ser madre para mi hijo. Se me dio una segunda oportunidad en el matrimonio, esta vez con un hombre de Dios. Mi esposo y yo hemos hecho trabajo misionero y dirigido estudios bíblicos juntos. Somos miembros de una iglesia de la zona de San Francisco y participamos en nuestro programa de Celebremos la Recuperación. He tenido el privilegio de ayudar con el Proyecto Angel Tree, que les da regalos de Navidad a los niños cuyos padres están encarcelados. Me han autorizado para entrar en las cárceles de San Francisco y ministrarles allí a hombres que sufren y a mujeres en recuperación después de haber abortado.

En la prisión, mientras estudiaba mi Biblia, comenzaba a soñar despierta y a fingir que les estaba hablando a multitudes acerca de la forma en que Dios me había salvado. Entonces le preguntaba a Dios: "¿Puedes usar las circunstancias más dolorosas de mi vida? Si puedes, ¿cómo?" Entonces él me decía cómo hacerlo: "¡Levántate y conviértete en mi voz!"

En 2010 compartí mi testimonio ante tres mil personas en la Reunión General de Celebremos la Recuperación. ¡Hasta me han invitado a compartir mi testimonio en la misma prisión donde cumplí mi sentencia! Dios me está usando de formas que yo nunca me habría podido imaginar. Gracias por permitirme compartir con ustedes.

Principio 3

Conscientemente decido comprometer toda mi vida y voluntad al cuidado y control de Cristo.

"Dichosos los humildes, porque recibirán la tierra como herencia." (Mateo 5:5)

Lección 5

CAMBIO

Principio 3: Conscientemente decido comprometer toda mi vida y voluntad al cuidado y control de Cristo.

"Dichosos los humildes, porque recibirán la tierra como herencia." (Mateo 5:5)

Paso 3: Tomamos la decisión de entregar nuestras vidas y nuestra voluntad al cuidado de Dios.

"Por lo tanto, hermanos, tomando en cuenta la misericordia de Dios, les ruego que cada uno de ustedes, en adoración espiritual, ofrezca su cuerpo como sacrificio vivo, santo y agradable a Dios." (Romanos 12:1)

Introducción

El principio 3 declara que decidimos entregar nuestra *voluntad* y nuestras *vidas* al cuidado de Cristo. En el paso 3 de los *12 Pasos de Alcohólicos Anónimos* dice: "Volver nuestra *voluntad y vidas*". Creo que Bill W., fundador de los Alcohólicos Anónimos puso este paso al revés. Creo que primero debemos entregar y rendir nuestras vidas al Poder Superior, Jesucristo, y luego seremos capaces de volver nuestra voluntad a Él. ¿Están todos ustedes de acuerdo con eso?

Cuando usted elige vivir este principio, conscientemente elige entregar toda su vida y voluntad al cuidado y control de Cristo.

¿Cómo hacer eso? ¿Cómo cambia su vida y voluntad a su Poder Superior, Jesucristo?

Cambio

Veamos el acróstico de esta noche para responder a esa pregunta.

Confiar
Arrepentirse
Mente de Cristo
Buenas Nuevas
Iniciar la nueva vida
Obedecer

Uno de los pasos es Vida Nueva, pero necesita hacer varias cosas antes de que esa vida sea suya. Debe confiar, entender y arrepentirte.

Hablemos primero acerca de CONFIAR.

¿Ha estado alguna vez tras un camión por una carretera de doble carril en una montaña? El verano pasado Cheryl y yo estábamos viajando por la autopista 1 hacia el norte de California. Estábamos en las montañas y la vista era bellísima. En cierto lugar, nos aproximamos a una parte bastante inclinada y creo que delante de nosotros habían diez carros y todos estábamos detenidos tras un camión de 18 llantas que era muy lento.

El camión subía el cerro lentamente. Pero de repente el conductor sacó su brazo y le hizo señal a los otros vehículos para que lo pasaran. Por el movimiento de su brazo nos hacía saber que era seguro y que no venía ningún otro vehículo en el carril contrario. Uno a uno, los conductores de los carros confiaron sus vidas y las de sus familias a un completo extraño, y mientras tanto, con una *confianza ciega* se movían y pasaban al camión.

De repente, ¡me impactó! No el camión, sino reconocer que a diario confiamos nuestras vidas a extraños. Confiamos en que los autos que vienen se detendrán en las intersecciones. Confiamos en que las hamburguesas que nos comemos en los restaurantes de comida rápida no nos harán daño.

¿Por qué, entonces, es tan difícil para nosotros confiar nuestras vidas al cuidado de Dios, cuyo ojo está siempre sobre nosotros? No sé usted, pero yo prefiero caminar en el valle de la oscuridad con Dios, que solo, o con un extraño en la luz.

En el principio 3, tomó la *decisión* de comprometer toda su vida al cuidado y control de Dios. Es su elección, no su oportunidad, la que determina su destino. Y esa decisión sólo requiere confianza, ¡poniendo su fe en acción!

Pero, ¿qué es fe? Fe *no* es un sentimiento, ver o razonar. ¡Fe es simplemente creer la Palabra de Dios! Y la Palabra de Dios nos dice en Romanos 10:9 "Si confiesas con tu boca que Jesús es el Señor, y crees en tu corazón que Dios lo levantó de entre los muertos, serás salvo."

Para alguna gente esta forma es muy simple. Ellos quieren hacer de la salvación algo mucho más difícil. ¡Pero no lo es! Nuestra salvación, gracias a Dios, depende del amor de Dios por nosotros, no de nuestro amor por Él.

La segunda letra en nuestro acróstico, *A*, ARREPENTIMIENTO. Algunos se arrepienten de sus pecados agradeciéndole al Señor que no son ni la mitad de malos que sus vecinos. ¡Eso no es un verdadero arrepentimiento! El arrepentimiento es como comienza a disfrutar la libertad de su relación de amor con Dios. El verdadero arrepentimiento afecta nuestra nuestro ser y cambia nuestra visión de vida.

El arrepentimiento es tomar el punto de vista de Dios en nuestras vidas en lugar del nuestro.

Para arrepentirse verdaderamente usted necesita dos cosas: Primero, alejarse de sus pecados. Segundo, volverse a Dios. La Biblia tiene mucho que decir acerca del arrepentimiento:

"¡Vuélvanse a Dios y acepten con fe sus buenas noticias!" (Marcos 1:15 DHH)

"Arrepiéntanse y apártense de todas sus maldades, para que el pecado no les acarree la ruina. Arrojen de una vez por todas las maldades que cometieron contra mí, y háganse de un corazón y de un espíritu nuevos." (Ezequiel 18:30–31)

"No imiten la conducta ni las costumbres de este mundo; sean personas nuevas, diferentes, de novedosa frescura en cuanto a conducta y pensamiento. Así aprenderán por experiencia la satisfacción que se disfruta al seguir al Señor." (Romanos 12:2 LBAD)

Parece que la mayoría de la gente se arrepiente de sus pecados más por temor a un castigo que por un verdadero cambio de corazón. Pero, el arrepentimiento no es aborrecerse a uno mismo, sino amar a Dios. ¡Dios no está buscando castigarle! Él está ansioso esperando y anticipando con sus brazos abiertos que usted regrese a Él.

El tercer paso es buscar la MENTE DE CRISTO.

El confiar solamente en nuestro propio entendimiento es lo que nos hizo a la mayoría de nosotros ¡necesitar recuperación en primer lugar! Después que usted decide pedirle a Jesús que entre en su vida, necesita comenzar a buscar Su voluntad en todas las decisiones. Necesita llegar a conocerle y entenderle y saber lo que él quiere para usted.

Proverbios 3:5–6 (DHH) dice: "Confía en el Señor de todo corazón, y no en tu propia inteligencia. Reconócelo en todos tus caminos, y Él allanará tus sendas."

Como ve, nuestro entendimiento es terrenal, es humano hasta la médula, limitado, finito. Nos movemos en una dimensión totalmente diferente a la de nuestro Señor. Él no conoce tales limitaciones. ¡Podemos ver el hoy; Dios ve por siempre!

¿Sabe algo verdaderamente extraño? Me ha tomado toda la vida entender que no es necesario que yo lo entienda todo.

Primera de Corintios 13:9–13 nos dice: "Porque conocemos... de manera imperfecta; pero cuando llegue lo perfecto, lo imperfecto desaparecerá. Cuando yo era niño, hablaba como niño, pensaba como niño, razonaba como niño; cuando llegué a ser adulto, dejé atrás las cosas de niño. Ahora vemos de manera indirecta y velada, como en un espejo; pero entonces veremos cara a cara. Ahora conozco de manera imperfecta, pero entonces conoceré tal y como soy conocido."

Algún día veremos a Jesús cara a cara y el velo de la interpretación será quitado y nuestro entendimiento será perfecto.

Alabemos a Dios, porque no necesitamos comprenderlo a él perfectamente para pedirle a Jesús que entre en nuestra vida como Señor y Salvador. ¿Por qué? Porque Dios no nos va guiando año tras año. Ni siquiera día tras día. Dios dirige nuestro camino paso tras paso.

La cuarta letra es la *B*: BUENAS NUEVAS. ¡Gloria a Dios! No necesitamos un entendimiento perfecto de Él para pedirle a Jesús que entre en nuestras vidas como nuestro Salvador. ¿Por qué? Porque Dios no lo guía año tras año, ni día tras día. Dios dirige su camino paso a paso. ¡Eso es una Buena Noticia!

La quinta letra en el acróstico de hoy dice: INICIAR la Nueva Vida en Cristo.

La nueva vida que usted recibirá es el resultado de llevar a cabo las acciones que recién hemos terminado: Confiar, entender y arrepentirse.

Como pastor, he escuchado algunas definiciones tristes de la vida. Estas son algunas de ellas:

"La vida es una enfermedad hereditaria".

"La vida es una sentencia que debemos seguir por haber nacido".

"La vida es un apuro que precede a la muerte".

"La vida es un asunto difícil; y los primeros cien años son los más duros".

Estas palabras deprimentes quizás usted considere ciertas, si su vida no incluye a Jesucristo. ¡Después que aceptó a Cristo en su corazón, tendrá una vida nueva! Y ya no estará más atado a su vieja naturaleza pecadora. Recibirá una nueva naturaleza amorosa de parte de Cristo que morará en usted.

¡Dios lo ha declarado "sin culpa," y ya no tiene que vivir bajo el poder del pecado! Romanos 3:22 lo dice bien: "Dios dice que nos aceptará, purificará y llevará al cielo si dejamos por fe que Jesucristo nos limpie de pecados." (Romanos 3:22 LBAD)

Segunda Corintios 5:17 (LBAD) dice: "Al volverse cristiano, uno se convierte en una persona totalmente diferente. Deja de ser el de antes. ¡Surge una nueva vida!"

Por último tenemos la letra O: OBEDIENCIA. "No imiten la conducta ni las costumbres de este mundo; sean personas nuevas, diferentes, de novedosa frescura en cuanto a conducta y pensamiento. Así aprenderán por experiencia la satisfacción que se disfruta al seguir al Señor." (Romanos 12:2 LBAD)

Obedecer lo que Dios nos manda es la mejor garantía para una Vida Nueva segura, bajo Su guía y protección.

¿De qué formas la "nueva vida" se demuestra en nosotros?

El "viejo hombre" decía:	**El "nuevo hombre" dice:**
¡Salva tu vida!	Debes perder tu vida para tenerla (Marcos 8:35).
¡Consigue, consigue, consigue!	Da y se te dará (Lucas 6:38).
Dirige a toda costa.	Sirve (Juan 13:12).
Miente, la verdad sólo complica las cosas.	Habla la verdad en amor (Efesios 4:29).
Odia a tus enemigos.	Ama a tu enemigo (Mateo 5:44).

Resumamos esto ahora.

Resumen

Otra vez, el "cambio" del principio 3 incluye acciones muy importantes para caminar hacia una nueva vida en Cristo: Confiar, entender y arrepentirse.

La buena noticia es que entregar su vida a Cristo es un compromiso para toda la vida. Aceptar a Cristo en su vida es un trato hecho. Efesios 1:13 dice que su salvación está "sellada". ¡No puede perderla! Está garantizada por el Espíritu Santo.

El resto del principio, sin embargo, entregar la *voluntad* a Él, requiere de un compromiso diario. Puede comenzar yendo a la Biblia diariamente, comenzar con una oración, leerla con esperanza y ¡vivirla alegremente!

Si no le ha pedido a Jesucristo que sea el poder más grande, el Señor y Salvador de su vida, lo invito a que lo haga esta noche. ¿Qué está esperando? Haga esta oración:

Lección 5: Cambio

Querido Dios, he intentado hacer todo por mí mismo y con mis propias fuerzas, y he fallado. Hoy quiero entregar mi vida a ti. Te pido que seas mi Señor y Salvador. ¡Eres el único Poder Superior! Te pido que me ayudes a pensar menos en mí y en mi voluntad. Quiero diariamente entregar mi voluntad a ti, y diariamente buscar tu dirección y sabiduría para mi vida. Por favor, sigue ayudándome a vencer mis heridas, complejos y hábitos, que la victoria sobre todo eso pueda ayudar a otros a ver tu poder que obra al cambiar mi vida. Ayúdame a hacer tu voluntad siempre. Te lo pido en el nombre de Jesús. Amén.

Lección 6

ACCIÓN

Principio 3: Conscientemente decido comprometer toda mi vida y voluntad al cuidado y control de Cristo.

"Dichosos los humildes, porque recibirán la tierra como herencia." (Mateo 5:5)

Paso 3: Tomamos la decisión de entregar nuestras vidas y nuestra voluntad al cuidado de Dios.

"Por lo tanto, hermanos, tomando en cuenta la misericordia de Dios, les ruego que cada uno de ustedes, en adoración espiritual, ofrezca su cuerpo como sacrificio vivo, santo y agradable a Dios." (Romanos 12:1)

Introducción

Cuando llegamos al Principio 3 hemos trabajado, con la ayuda de Dios, los primeros dos principios al máximo de nuestra habilidad. Admitimos que nuestras vidas estaban fuera de control e inmanejables y llegamos a creer que Dios podía restaurarnos.

Pero hasta después de tomar los primeros dos pasos estamos atrapados en el *ciclo de fallas* que nos mantiene atados por la culpa, el enojo, el temor y la depresión.

Esta noche vamos a ver cómo "desatarnos". ¿Cómo podemos abandonar esas viejas y comunes barreras negativas de orgullo, temor, culpa, preocupación y duda, esas barreras que nos detienen a dar este paso? ¡La respuesta es *acción*!

El principio 3 es todo acerca de ACCIÓN. Declare: "Conscientemente decido comprometer…" Haciendo una elección que requiera acción.

Casi todos conocen la diferencia entre lo correcto y lo incorrecto, pero a la mayoría de la gente no le gusta tomar decisiones. Sólo seguimos a la multitud porque es más fácil que tomar la decisión de hacer lo que sabemos que es correcto. Retrasamos los compromisos que requieren cambios por el dolor de nuestras heridas, complejos y hábitos.

¿Sabía usted que, para algunas personas decidir botar o no su viejo cepillo de dientes es una decisión importante? ¡Otros son tan indecisos que su color favorito es lo estampado a cuadros!

Pero hablando en serio, ¿sabía que no decidir, es decidir?

¿Sabía que al posponer la decisión de aceptar a Jesucristo como su Poder Superior, Señor y Salvador está tomando la decisión de *no aceptarlo*?

El principio 3 es como abrir la puerta: Todo lo que necesita es la voluntad de tomar la decisión. ¡Cristo hará el resto!

Él dijo: "Mira que estoy a la puerta y llamo. Si alguno oye mi voz y abre la puerta, entraré, y cenaré con Él, y Él conmigo." (Apocalipsis 3:20)

Acción

Veamos el acróstico de esta noche: ACCIÓN.

Aceptar
Compromiso
Cambiar
Inicio (es solamente el inicio)
Organice un día a la vez
Notable paso de fe

La primera letra, *A*, significa ACEPTAR a Jesucristo como el Poder Superior y Salvador.

Tome la *decisión* trascendental de pedirle a Jesús que entre en su corazón. Decida establecer esa relación personal con su Poder Superior que Él también desea. Ahora es el momento de elegir comprometer su vida. ¡Dios le está diciendo que lo haga hoy! Satanás dice hágalo mañana.

En Romanos 10:9 la Palabra de Dios nos dice: "Si confiesas con tu boca que Jesús es el Señor, y crees en tu corazón que Dios lo levantó de entre los muertos, serás salvo."

Es solamente después de tomar esta decisión que puede comenzar a COMPROMETERSE a pedir y seguir *¡Su voluntad!* Esa es la *C* de la palabra Acción.

Me atrevería a decir que todos aquí en esta noche hemos intentado dirigir nuestras vidas con nuestra fuerza y voluntad y encontramos que es lo menos exitoso. En el Principio 3 cambiamos nuestra definición de fuerza de voluntad. La fuerza de voluntad se vuelve disposición para aceptar que el poder de Dios guíe su vida. Nos damos cuenta de que no hay lugar para Dios si estamos llenos de nosotros mismos.

Necesitamos hacer la ración que hizo el salmista cuando dijo: "Ayúdame a hacer tu voluntad, pues tú eres mi Dios. Guíame por buenas sendas, pues tu espíritu es bueno." (Salmos 143:10 LBAD)

La otra letra, *C*, significa CAMBIO.

"Abandono y entrega a Dios". Usted ha escuchado esa frase muchas veces en recuperación. No dice que entreguemos sólo algunas cosas a Dios. Tampoco dice que abandonemos y cambiemos solamente las cosas *grandes*.

Proverbios 3:6 (LBLA) nos dice: "Reconócele en *todos* tus caminos, y Él enderezará tus sendas."

"En *todo* lo que haga." No solamente las cosas grandes, no solamente las cosas pequeñas. ¡Todo! Como ve, Jesucristo no solamente quiere una relación con una parte de usted. Él desea una relación con *todo* lo que usted sea.

¿Qué carga está llevando esta noche que desea entregar a Jesús? Él dice: "Vengan a mí los que estén cansados y afligidos y yo los haré descansar. Lleven mi yugo y aprendan de mí, que soy manso y humilde. Así hallarán descanso para el alma. Porque mi yugo es fácil de llevar y no es pesado." (Mateo 11:28–30 LBAD)

La letra siguiente en la palabra acción es la *I*, de INICIO (es solamente el inicio).

En el tercer principio tomamos la decisión inicial de aceptar a Cristo como nuestro Salvador personal. Luego podemos hacer el compromiso de buscar y seguir la voluntad de Dios. La nueva vida que comienza con esta decisión es seguida por un proceso de larga vida en el crecimiento como cristiano.

Filipenses 1:6 (LBAD) lo dice de esta manera: "Y estoy seguro que Dios, que comenzó en ustedes la buena obra, les seguirá ayudando a crecer en su gracia hasta que la obra que realiza en ustedes quede completa en el día en que Jesucristo regrese."

Me gusta comparar el tercer principio con la compra de una casa nueva. Primero usted toma la decisión de comprarla. Pero eso es sólo el principio. Todavía hay más pasos que usted necesita dar antes de que verdaderamente pueda mudarse a su nueva casa. Necesita ir al banco y aplicar para el préstamo. Necesita tener un estimado. Necesita completar el depósito. Necesita comunicarse con las compañías de mudanza y utilidades. Debe hacer todo eso antes de mudarse.

¡La recuperación no es un programa de tres principios! El Principio 3 es solamente el emocionante comienzo de una nueva vida, una vida que vivimos de una manera diferente: ORGANIZANDO UN DÍA A LA VEZ.

Nuestras recuperaciones suceden un día a la vez. Si nos quedamos estancados en el pasado o constantemente preocupados acerca del mañana, gastaremos el precioso tiempo del presente. Y es solamente en el presente que el cambio y el crecimiento pueden ocurrir. No podemos cambiar el pasado y sólo podemos orar por el mañana. Jesús nos dio instrucciones para vivir esta filosofía: "No te afanes por el mañana, que el mañana está en manos de Dios. Confía pues en él." (Mateo 6:34 LBAD)

Créame, si yo pudiera regresar y cambiar el pasado, haría muchas cosas de una manera diferente. Elegiría evitar el dolor y malestar que mi alcoholismo causó a mi familia. Pero no puedo cambiar ni una de las cosas que sucedió en mi pasado. Ni usted tampoco.

Por otro lado, no puedo vivir en el futuro, siempre pensando si "esto o aquello" va a suceder; ¡ni usted tampoco! El futuro lo dejo en manos de Dios.

¡Pero puedo y vivo en el hoy! Y puedo, con la dirección de Jesucristo, hacer una diferencia en la forma en que viva hoy. Y usted también puede hacer una diferencia día tras día.

Resumen

Esto, finalmente nos lleva a la última letra en nuestro acróstico, *N* de NOTABLE PASO de fe.

EL NOTABLE PASO de fe es pedirle a Jesús que entre a su vida para ser su Poder Superior. ¿Cómo? Es muy simple.

El pastor Rick Warren ha desarrollado una forma fácil para establecer una "B.A.S.E" espiritual para su vida. Hágase las siguientes cuatro interrogantes, y si su respuesta es Sí a todas ellas, haga la oración siguiente. Eso es todo. ¡Es todo lo que tiene que hacer!

- ¿**B**ajo convicción, creo que Jesucristo murió en la cruz por mí y mostró que era Dios al resucitar? (1 Corintios 15:2–4)
- ¿**A**cepto el perdón gratuito de Dios por mis pecados? (Romanos 3:22)
- ¿**S**igo los planes de Dios para mi vida? (Marcos 1:16; Romanos 12:2)
- ¿**E**xpreso mi deseo de que Cristo sea el que dirija mi vida? (Romanos 10:9)

Si ya está listo para dar este NOTABLE PASO de fe, oraremos juntos en un minuto. Si lo ha dado, entonces use esta oración para comprometerse a seguir buscando y haciendo la voluntad de Dios.

Querido Dios, hay muchos aquí esta noche que necesitan tomar la decisión de entregar sus vidas en tus Manos, y aceptarte en sus corazones como Señor y Salvador. Dales el valor de hacerlo silenciosamente en este momento. Es la decisión más importante que van a tomar en su vida.

Ore conmigo. Voy a decir una frase y usted la repetirá en su corazón.

Querido Dios, creo que enviaste a tu Hijo, Jesús, para morir por mis pecados y así ser perdonado. Perdóname por mis pecados, quiero vivir el resto de mi vida en la forma que tú lo deseas para mí. Por favor, pon tu Espíritu en mi vida para dirigirme. Amén.

Si tomó la decisión de invitar a Cristo a su vida, cuénteselo a alguien. Me gustaría hablar con usted luego de nuestro momento de compañerismo.

TESTIMONIO DEL PRINCIPIO 3

Me llamo Marta, creo en Jesucristo y le estoy agradecida; lucho con la adicción al sexo.

Nací y me crié en una familia típica de clase media, en un pequeño pueblo situado en el alto desierto del Sur de California. Soy la más joven de cinco hijos. Mi padre era el que ganaba el pan para la familia, y mi madre trabajaba en la casa como esposa y madre a tiempo completo. Tengo una gran cantidad de recuerdos maravillosos sobre mi niñez. Mi padre siempre nos hacía reír, contándonos cautivantes historias de carreras de velocidad entre lagartijas atravesando el lecho seco de un río, o de cómo una vez Papá Noel le había robado sus juguetes en la víspera de la Navidad. En el vecindario teníamos juegos de fútbol en medio de la calle, frente a nuestra casa, hasta bien entrada la noche. Y además teníamos a mi madre, que cargaba con un montón de nosotros en la furgoneta y nos llevaba a correr las aventuras más fantásticas que se podrían imaginar. Fueron buenos tiempos aquellos.

Algunos de los recuerdos de mi niñez no son tan agradables. Cuando yo tenía seis años, dos varones adolescentes comenzaron a abusar sexualmente de mis hermanas y de mí. Cuando estábamos montando bicicleta o patines de un lado para el otro de la acera, ellos dos nos llevaban engañadas a su garaje y comenzaban a tocarnos de una manera incorrecta. Después del segundo o tercer incidente, se lo dije a mis padres. Mi padre, sin titubear, salió caminando de inmediato hasta la casa de ellos, y se enfrentó con los muchachos y con sus padres. Nunca volvieron a darnos problemas. Por razones que no puedo entender, había tenido valor suficiente para contarles a mis padres la situación con los muchachos del vecino, pero estaba demasiado asustada para hablarles del abuso que se estaba produciendo dentro de nuestra propia familia. Mi hermano mayor también estaba abusando sexualmente de mí. Aquello se convirtió en algo bastante corriente: Mis padres salían de la casa, y mi hermano abusaba de mí. No recuerdo cuándo aquello comenzó, ni por qué terminó finalmente. Nunca me pareció que se lo podría contar a mis padres.

Éramos una familia muy "emocionalmente disfuncional". Por una parte estaba mi madre, que nos enseñó a hallar buen humor prácticamente en todo. Por otro estaba mi padre, que nos enseñó a "nunca enseñarle a nadie nuestra ropa sucia", ni permitir que nadie nos viera sufrir. En lugar de permitirlo, nos enfocábamos en algo que nos hacía reír; de esa manera podíamos evitar el sufrimiento y no teníamos necesidad de llorar.

No recuerdo la última vez que les dije a mis padres que los amaba, u oí a uno de ellos decírmelo a mí. El amor era siempre una de esas cosas que "se daban por supuestas". Puedo recordar que cuando era pequeña, besaba a mis padres para despedirme de ellos por la noche, y me apresuraba a irme a la cama. En cambio, no recuerdo haber abrazado a ninguno de ellos. Sencillamente, era algo que no hacíamos. Yo sabía que me amaban, y pensaba que con eso era suficiente.

Tuve mi primer encuentro con la pornografía cuando tenía siete años. Estaba jugando con las herramientas de mi padre en el garaje, cuando encontré debajo del banco algunas revistas para adultos. Me dejaron intrigada las imágenes que vi. Cuando era un poco mayor, me iba a la farmacia local y me llevaba a escondidas una revista de adultos hasta el fondo de la tienda, para poder mirar las fotografías sin que nadie lo supiera. Aun a tan tierna edad, era discreta, porque no quería que nadie descubriera mis secretos.

Comencé a asistir a la iglesia con una amiga mía cuando tenía quince años. Después de cerca de un año, oré para recibir a Cristo como mi Señor y Salvador personal. Mi relación con el Señor comenzó realmente a crecer cuando estaba en la escuela secundaria. Cuando me gradué de aquella escuela cristiana, pensaba ingenuamente que estaría "exenta" de los desafíos típicos de los adultos jóvenes. Varios años más tarde, a mi madre le diagnosticaron una enfermedad neurológica. Se me hizo muy difícil aceptar la idea de ver cómo aquella enfermedad le iba robando a mi madre la independencia. Me sentía totalmente indefensa. No sabía expresar los sentimientos de dolor o de temor, así que acudí al alcohol y comencé a beber, en un intento por erradicar mi sufrimiento.

Cuando mi estilo de vida adictivo estaba comenzando a tomar forma, acepté un puesto de encargada de seguridad en la información en mi trabajo. Mi nuevo trabajo consistiría en vigilar las redes sociales e investigar los casos de aquellos miembros del personal que entraran a la pornografía usando las redes de la corporación. Durante más de ocho años, de ocho a cinco, mi trabajo consistía en ir viendo todas y cada una de las imágenes que habían bajado y evaluar su contenido.

También tenía un segundo trabajo como encargada del bar en un restaurante local. Al cabo de algún tiempo, empecé a citarme con algunos de mis clientes. Al principio, me decía a mí misma que solamente iría a cenar de manera informal, y eso sería todo. Pero terminé ignorando los límites que me había establecido, y comencé a llevar clientes a mi casa.

Cuando no estaba trabajando, estaba en mi casa, bebiendo o recorriendo portales del internet. Me pasaba entre cuatro y cinco horas cada noche, visitando los servicios de citas en línea, los cuartos de conversación para adultos, y el teléfono para comportarme mal con gente de todo el país. Mientras todo aquello estaba pasando, yo seguía manteniendo las apariencias que me habían sostenido a lo largo de los años.

En el trabajo, era la profesional. Para mi familia, era una joven fuerte y responsable. Para mi iglesia, era una cristiana entregada que nunca se perdía un servicio de domingo. Tenía engañado a todo el mundo, incluyéndome a mí misma. Creía sinceramente que podría dejar de obrar mal en cualquier momento que lo decidiera.

Me fijé muchos "límites", diciéndome a mí misma que haría "esto", pero decididamente, no haría "aquello". Atravesé todos y cada uno de esos límites y finalmente entré en un nuevo ámbito de fingimiento. Comencé a tener relaciones sexuales con otras mujeres. Me había desconectado tanto de la realidad, que no me importaba quién fuera aquella persona, de dónde habría venido, si había un cónyuge involucrado, o incluso si la persona estaba sana. La realidad, tal como yo la conocía, había desaparecido.

Cuando las cosas parecieron tomar una espiral descendente sin control alguno, comencé a darme cuenta de que necesitaba ayuda, pero no sabía dónde acudir. Poco tiempo después, vino a mi iglesia un pastor de fuera de la ciudad. Lo irónico es que aquella noche predicó sobre "la mujer en el pozo". Al principio pensé que solo se trataba de una rara coincidencia; esto es, hasta que llamaron a su esposa al púlpito y ella mencionó que era terapeuta cristiana de familia. Sentí que Dios acababa de dejar caer del cielo a aquellas dos personas para que me ayudaran. Cuando el nuevo pastor, y su esposa Susan, se mudaron a la ciudad, yo comencé a buscar consejo. Desde el principio fui sincera en cuanto a la situación que tenía en mi vida, y lo que estaba haciendo. Después de cerca de un año, se veía con claridad que mi consejera y yo veíamos de manera distinta el dilema que yo misma me había creado. Yo sabía que tenía "problemas", pero estaba totalmente convencida de que podía parar en el momento en que yo quisiera. En cambio, mi consejera tuvo la audacia de preguntarme si me parecía que yo era adicta al sexo. Sin titubear, le respondí: "¿Se ha vuelto loca? ¡Eso es ridículo!" Y a pesar de que estaba buscando consejería, tomé la decisión de marcharme de la iglesia.

Bebía más que nunca, y estaba teniendo un número incalculable de encuentros con personas que ni siquiera conocía. La culpa que creaba este estilo de vida se estaba volviendo insoportable, pero terminé dándome cuenta de que tal vez mi consejera tuviera razón. Yo estaba luchando con la adicción al sexo. Pasaron varios meses, y comencé de nuevo a asistir a la iglesia, pero mi relación con el Señor era nula. No podía aceptar que Cristo todavía pudiera amarme. Estaba claro que mis pecados no solo habían interrumpido mi comunión con Dios, sino que también habían distorsionado la visión que yo tenía de Él. Las verdades de las Escrituras eran aplicables al resto del mundo, pero no a mí.

En medio de este período de descubrimiento en mi vida, comenzó a funcionar en mi iglesia el ministerio de Celebremos la Recuperación. Yo asistí unas pocas veces, pero no me sentí segura. Vivía en una zona rural, y le tenía miedo a la murmuración que se produce con frecuencia en una población pequeña. Sencillamente, no podía correr ese riesgo. Al poco tiempo me di por vencida en cuanto a la posibilidad de una recuperación.

Así que seguí actuando mal y llegué a un punto en el cual el temor a detenerme era mucho mayor que el temor a que "me descubrieran". Ya no me importaba. La adicción que tenía en mi vida me había llevado por un camino que nunca habría pensado que fuera posible. Recuerdo la cita de las Escrituras que aparece en Deuteronomio 30:4: *"Aunque te encuentres desterrado en el lugar más distante de la tierra, desde allá el Señor tu Dios te traerá de vuelta, y volverá a reunirte."* Sabía que haría falta algo realmente grande para que yo cambiara.

Entonces, en el fin de semana de mi cumpleaños, hace ya tres años, mi mundo pareció desmoronarse hasta convertirse en una nube de engaños y mentiras. La persona con la que estaba involucrada me hizo sentirme destruida. A lo largo de los años, me había aislado de casi todas mis amistades cristianas. No tenía fuerzas para llamar a nadie para explicarle mis circunstancias. Comencé a sentir una agonía que me destrozaba el corazón, así que me encerré en mi casa durante tres días seguidos, cerré las persianas y no hice otra cosa más que beber alcohol y ver pornografía. Sinceramente, no me importaba si vivía o si moría. Finalmente, había tocado fondo.

Pocos días más tarde me encontré con mi consejera, y ella me sugirió que fuera a la Iglesia de Saddleback y asistiera a Celebremos la Recuperación. Me llevó unas cuantas semanas más decidirme, pero a regañadientes acepté ir a ver aquello. Aquello no era una hazaña pequeña para mí, porque sigo viviendo en esa misma población pequeña, a casi trescientos kilómetros de distancia. A pesar del viaje de tres horas y media, yo sabía que había agotado todas mis otras opciones. Finalmente había llegado a darme cuenta de que no podía dejar de actuar así yo sola, sin ayuda de nadie. Sabía que necesitaba ayuda, y tenía que hacer cuanto fuera necesario para conseguirla.

En mi primera visita a la Iglesia de Saddleback, Celebremos la Recuperación me pareció algo aterrador. Me daba miedo sentarme en un salón con unas cuantas gentes que no conocía. Recuerdo vívidamente haberme sentado allí y haber escuchado al líder del grupo pequeño mientras leía la definición de la adicción sexual en las mujeres, mientras pensaba: *Me está describiendo a mí*. Cuando por fin acabé de darme cuenta, sentí ganas de arrastrarme hasta debajo de una silla para esconderme. Lo único que me consoló fue escuchar mientras las mujeres del grupo iban compartiendo, sabiendo que ellas comprendían lo que me estaba pasando por la cabeza, y dándome cuenta de que no estaba sola. Aunque aquella noche no compartí nada, sabía que había llegado al lugar correcto. Sin embargo esto, en sí mismo era una terrible admisión por mi parte. Mientras salía del estacionamiento aquella noche, recuerdo haberme dicho a mí misma que nunca más iba a regresar.

A la mañana siguiente, mientras iba conduciendo rumbo a mi casa, tuve una gran cantidad de tiempo para pensar acerca de la noche anterior, y no pude menos que reflexionar sobre mi vida y lo que me había llevado a la Iglesia de Saddleback. La vida que había estado llevando no era más que una caja de Pandora repleta de mentiras. Durante las semanas que siguieron, pensé mucho en mi viaje a Celebremos la Recuperación y decidí que iba a regresar.

En mi segunda o tercera visita, me conseguí una *Biblia de Celebremos la Recuperación* y un juego de guías del participante para Celebremos la Recuperación.

Cuando comencé a estudiar las lecciones en las guías del participante, recuerdo que sentía que era un esfuerzo verdaderamente inútil. Cada vez que me parecía estar "ganando terreno" en mi recuperación, inevitablemente un antiguo compañero de aventura me tocaba a la puerta, un correo electrónico tentador me llegaba a la computadora, o una voz del pasado me llamaba por teléfono. Durante varios meses, me encontraba sola en mi casa por las tardes, o a altas horas de la noche, con un inmenso deseo de actuar mal. Sentía como si mi propio hogar no fuera seguro para estar yo en él. En cambio, sí me sentía segura con las piadosas mujeres que había conocido en Celebremos la Recuperación. Se me hacía relativamente fácil levantar el teléfono y darle a saber a una de mis compañeras de responsabilidad mutua que estaba sosteniendo una lucha. La única cosa que no podía hacer, era orar. No podía soportar el pensamiento de mirar a Dios de frente para decirle dónde había estado. Durante años, me había llenado la cabeza de imágenes, y ahora, eso era todo lo que podían ver mis ojos. No importaba la hora del día o de la noche que fuera, o con quién estaba, porque todo lo que veía era aquella inmundicia de mi pasado. Era como si me estuviera torturando mi propia vida mental. Eran aquellos mismos pensamientos los que me impedían que experimentara sanidad alguna en la primera parte de mi recuperación.

El principio 3 dice: Conscientemente decido comprometer toda mi vida y voluntad al cuidado y control de Cristo. "Dichosos los humildes, porque recibirán la tierra como herencia." (Mateo 5:5)

En ese punto estaba cuando supe que tenía que decidirme: Podía escoger la vida, o podía escoger la muerte. Y escogí la vida. Tomé la decisión de poner mi vida y mi voluntad bajo el cuidado de Dios. Finalmente había aceptado que es cierto que Él me ama. A Pesar de mis fallos del pasado, Él hizo lo que había prometido: Fue a mi encuentro en el lugar donde yo me encontraba, y me ofreció abundante perdón y gracia. *"Él nos salvó, no por nuestras propias obras de justicia sino por su misericordia. Nos salvó mediante el lavamiento de la regeneración y de la renovación por el Espíritu Santo." (Tito 3:5)*

Cuando pasé por aquellas puertas, hace tres años y medio, nunca soñé que los años siguientes de mi vida fueran de tanta actividad. Ciertamente, este camino ha tenido sus altibajos. Sin embargo, el Señor siempre me recuerda algo sumamente importante: *"Porque yo sé muy bien los planes que tengo para ustedes —afirma el Señor—, planes de bienestar y no de calamidad, a fin de darles un futuro y una esperanza." (Jeremías 29:11)*

Durante el pasado año, me he visto llevada en silla de ruedas hasta un quirófano en más de una ocasión. Cada una de esas veces, me he visto forzada a reflexionar en toda mi vida, pero más importante aún, en pensar cómo el Señor había usado una disfunción tan increíble en mi vida para llevarme a un programa de recuperación centrado en Cristo que volvería a fijar en mi corazón y mi mente las verdades tan importantes y eternas de las Escrituras. Celebremos la Recuperación me llevó a un punto en el cual las ansias por ser pura y estar en una relación correcta con el Señor se volvieron mucho mayores que mis débiles y egoístas apetitos. De no haber pasado nunca por el sufrimiento de mis fallos del pasado, no creo que hubiera llegado a un punto en el que estuviera lo suficientemente segura como para confiarme al Señor mi salud física y espiritual, y más importante aún, mi futuro, cualquiera que sea el aspecto que tenga.

Durante estos tres años y medio, mis dos viajes semanales a la Iglesia de Saddleback se han convertido en parte integral de mi recuperación. Y en los meses recientes, he tomado el modelo de Celebremos la Recuperación a mi iglesia y colaborado con los líderes del ministerio para revitalizar el programa, creando un ambiente de seguridad, donde pueden llegar las personas de mi propia comunidad y experimentar una genuina recuperación por ellas mismas. He comenzado el primer grupo de mujeres para el estudio de los pasos, que se reúne en mi sala de estar los jueves por la noche. Recientemente, me sentí llamada a comenzar Nuevos Asistentes 101, y he descubierto que es una emocionante oportunidad para compartir acerca de este ministerio y sobre la forma en que ha transformado literalmente mi vida.

El mes pasado celebré tres años de sobriedad. Nunca me habría sido posible alcanzar este aniversario sin todas y cada una de las mujeres increíblemente valerosas que forman mi grupo abierto para compartir, y quienes están tan dedicadas a trabajar en sus programas y a compartir los viernes por la noche. Se debe a cada una de ellas, a su propia manera personal y significativa el que yo pueda compartir mi historia de recuperación.

Puedo decir con toda seguridad que yo no estaría aquí, si no fuera por Tina y Marnie. Durante tres años ya, he sido su sombra, caminando calladamente tras ellas y observando el milagro de la recuperación en acción. Muchas veces me han abierto sus hogares, lo cual ha hecho que la logística de mis viajes a Saddleback se haya simplificado. Ambas desempeñan muchos papeles en mi vida, como patrocinadoras, compañeras de responsabilidad mutua, enfermeras y amigas, pero por sobre todo, se han convertido en mi familia lejos del hogar.

Gracias por haberme permitido compartir.

Principio 4

Una apertura para un autoexamen y confesión de mis faltas a Dios y a alguien en quien confío.

"Dichosos los de corazón limpio, porque ellos verán a Dios." (Mateo 5:8)

Lección 7

MENTOR

Principio 4: Una apertura para un autoexamen y confesión de mis faltas a Dios y a alguien en quien confío.

"Dichosos los de corazón limpio, porque ellos verán a Dios." (Mateo 5:8)

Paso 4: Hacemos un minucioso y audaz inventario de nosotros mismos.

"Hagamos un examen de conciencia y volvamos al camino del Señor." (Lamentaciones 3:40)

Introducción

El mes pasado hablamos acerca de la importancia de tener una relación personal con Jesucristo, la cual encontró cuando tomó la decisión de entregar su vida y voluntad al cuidado de Él.

Ahora verá que el camino a la recuperación no tiene como propósito que usted camine solo. Usted encontrará que realmente necesita tres clases de amistades. La más importante es su relación personal con Jesucristo. Además, necesita una relación con su grupo de recuperación o su familia de la iglesia. Finalmente, necesita relacionarse con una persona llamada mentor y/o compañero a quien rendir cuentas. Identificar un mentor es especialmente importante antes de comenzar los Principios desde el 4 hasta el 6, en los cuales trabajará al ponerse a cuentas con Dios, con usted mismo y con otros.

El Principio 4, inicia el proceso de "hacerse transparente" Proverbios 15:14 nos dice: "El corazón entendido va tras el conocimiento; la boca de los necios se nutre de tonterías." ¿Está listo para alimentarse de la verdad de su vida? Bueno, entonces es tiempo de sacar la basura.

La basura puede volverse bastante pesada por momentos, así que no deseo que trate con eso usted solo. Necesita un tutor genuino, un maestro o, en los términos que usamos en recuperación, un mentor y/o compañero de rendición de cuentas. Puede que usted todavía no esté convencido de que realmente necesita esa persona conocida como mentor, así que esta noche vamos a responder las siguientes cinco preguntas:

1. ¿Por qué necesito un mentor y/o compañero de rendición de cuentas?
2. ¿Cuáles son las cualidades de un mentor?
3. ¿Qué hace un mentor?

4. ¿Cómo encuentro un mentor y/o compañero de rendición de cuentas?

5. ¿Cuál es la diferencia entre un mentor y un compañero a quien rendir cuentas?

¿Por qué necesito un Mentor?

Hay tres razones por las que usted necesita un mentor.

Tener un mentor o un compañero a quien rendir cuentas es bíblico

Eclesiastés 4:9–12 (LBLA) nos dice: "Más valen dos que uno solo, pues tienen mejor remuneración de su trabajo. Porque si uno de ellos cae, el otro levantará a su compañero; pero ¡ay del que cae cuando no hay otro que lo levante!... Y si alguien puede prevalecer contra el que está solo, dos lo resistirán. Un cordel de tres hilos no se rompe fácilmente."

Proverbios 27:17 (LBLA) nos dice: "El hombre sensato se anticipa a los problemas y se prepara para enfrentárseles. El simple no prevé y sufre las consecuencias." La frase "uno a otro" es usada en el Nuevo Testamento ¡más de cincuenta veces!

Tener un mentor o compañero a quien rendir cuentas es una clave importante de su programa de recuperación

¿Sabe que su programa de recuperación tiene cuatro elementos clave para tener éxito? Si su programa incluye cada una de estas áreas, usted va bien en su camino a la solución, a la integridad.

La primera clave es mantener una perspectiva honesta de la realidad al trabajar cada paso. Todavía no he visto que este programa haya fallado con alguien que fue completamente honesto consigo mismo. Sin embargo, he visto algunos que se rinden en su recuperación porque no pudieron salir de su negación y entrar a la verdad de Dios. Tener a alguien que le ayude a mantenerse honesto, es una verdadera ventaja al trabajar los pasos.

El segundo elemento importante es hacer de su asistencia a las reuniones de grupo de recuperación una prioridad en su horario. Esto no incluye tomarse el verano libre o no asistir a la reunión porque está lloviendo. No me mal interprete, es excelente tomarse unas vacaciones, pero luego que las dos semanas hayan terminado, regrese a sus reuniones. Recuerde, sus heridas, complejos y hábitos no se toman vacaciones. Usted necesita hacer una prioridad de las noches de los viernes aquí en Celebremos la Recuperación y de otras reuniones a las que asiste. Un mentor y/o compañero de rendición de cuentas puede animarle a asistir a sus reuniones.

El tercer elemento es mantener su programa espiritual con Jesucristo por medio de la oración, meditación y estudio de Su Palabra. Nos enfocaremos más en esto en el Principio 7, pero no tiene que esperar hasta que llegue allí para desarrollar su relación personal con Cristo. Su mentor puede orar por usted y ayudarle a mantenerse centrado en la Palabra de Dios.

El último elemento clave para lograr un programa exitoso es involucrarse en el servicio a otros. Una vez que haya completado el Principio 8 estará listo para servir como mentor. Sin embargo, hasta ese momento, hay gran cantidad de oportunidades para servir en las que puede comenzar.

Como usted sabe, el servicio no es nada más que el amor en acción, hay gran cantidad de oportunidades para llevarlas a cabo en Celebremos la Recuperación. Necesitamos ayuda en Barbacoa, y el Café Roca Sólida, entregando boletines y mucho más. Si desea involucrarse búsqueme, llámeme, o hable con el líder de su grupo. Su mentor también puede sugerirle formas en las que usted puede servir.

Sin ninguna excepción todos aquí necesitan un mentor o un compañero a quien rendir cuentas.

Tener un mentor y/o compañero de rendición de cuentas es lo mejor contra las recaídas.

Al brindarle retroalimentación para mantenerlo en el camino, un mentor y/o compañero de rendición de cuentas puede darse cuenta cuando sus antiguos patrones disfuncionales y de autodestrucción comienzan a aparecer y señalárselos rápidamente. Él o ella pueden confrontarle con la verdad en amor, sin hacerle sentir culpa o vergüenza.

Eclesiastés 7:5 nos dice que: "Vale más represión de sabios que lisonja de necios." El problema con la mayoría de nosotros es que preferimos estar en ruina por la alabanza que ser salvos por la crítica."

¿Cuáles son las cualidades de un mentor?

"Por oculto que esté el buen consejo en el corazón del consejero, el sabio lo obtendrá." (Proverbios 20:5 LBLA)

Cuando usted esté seleccionando un mentor busque las siguientes cualidades:

1. **¿Está de acuerdo lo que dice con lo que hace? ¿Está viviendo los ocho principios?** He conocido mucha gente que conoce cada parte de los 12 pasos. Pueden citar de memoria el Gran Libro de los Alcohólicos Anónimos y aun dar referencias de los números de páginas. Pero su estilo de vida no concuerda con lo que hablan. Asegúrese que la persona que usted elija como mentor sea alguien cuyo ejemplo de vida es digno de imitar.
2. **¿Tiene una relación personal con Jesucristo que denote crecimiento?** ¿Ve el carácter de Cristo desarrollarse en esta persona?
3. **¿Expresa el deseo de ayudar a otros en el camino a la recuperación?** Hay una diferencia entre ayudar a otros e intentar corregir a otros. Todos necesitamos ser cuidadosos para proteger que la relación con el mentor no se vuelva dañina y codependiente.
4. **¿Muestra esta persona compasión, cuidado y esperanza, pero no lástima?** Usted no necesita a alguien que se sienta mal por usted, pero sí necesita de alguien que sea sensible a su dolor. Como el pastor Rick Warren dice: "A la gente no le interesa cuánto usted sabe hasta que ellos sepan ¡cuánto se interesa por ellos!"
5. **¿Es un buen oyente?** ¿Siente que esta persona está interesada honestamente en lo que usted tiene que decir?
6. **¿Es esta persona lo suficientemente fuerte para confrontar su negación o indecisión?** ¿Se interesa lo suficiente en usted y su recuperación como para desafiarle?

7. **¿Ofrece sugerencias?** A veces necesitamos ayuda para encontrar opciones o alternativas que no podemos encontrar por nosotros mismos. Un buen mentor puede dar un punto de vista objetivo y ofrecer sugerencias. ¡No debe dar órdenes!
8. **¿Puede compartir su propia experiencia con otros?** ¿Está dispuesto a franquearse y ser vulnerable y transparente? No sé si usted, pero yo no deseo un mentor que diga que ha trabajado los principios. Yo quiero alguien que esté viviendo y trabajando los principios cada día.

¿Cuál es el papel de un mentor?

Permítame darle seis aspectos de lo que su mentor puede hacer:

1. **Esta persona puede estar allí para discutir aspectos en detalle que son muy personales o que tomarían mucho tiempo en una reunión.** Esto es especialmente cierto con el Principio 4. Usted no explica todo su inventario en una reunión de grupo.

   "Soy la forma más lenta de vida en la tierra" es una frase frecuentemente repetida por los que están trabajando en su inventario. Otros niegan, racionalizan y culpan: "Está bien, admito que hice tal y tal cosa, pero no es como si hubiese matado a alguien"; "Por supuesto, hice a, b y c, pero mi cónyuge hizo hasta la z; comparado con mi cónyuge, soy un santo"; "Está bien, lo admito, pero nunca lo hubiera hecho si mi jefe no fuera tan idiota".

   El mentor puede estar ahí para comentar sus experiencias, ofrecer fortaleza y esperanza: "Piensa que se siente como un inútil. ¡Déjeme decirle cómo me sentí cuando hice mi inventario!" El papel que desempeña un mentor es modelar la gracia y el perdón de Cristo y dar un sentido de perspectiva.

2. **Está disponible en tiempos de crisis o posibles recaídas.** Siempre les he dicho a los nuevos miembros que he ayudado (de quienes he sido mentor): "Llámame antes de que tomes ese primer trago. Si quieres te lo puedes tomar luego de que hablemos, si esa es tu decisión. ¡Pero, por favor, llámame antes!" Recuerde Eclesiastés 4:12 (LBLA) "Y si alguien puede prevalecer contra el que está solo, dos lo resistirán."

3. **Esta persona sirve como un portavoz al proveer un punto de vista objetivo.** Esto es especialmente cierto en el Principio 6. Cuando está tratando el área sensitiva de hacer enmiendas y ofrecer perdón, usted necesita un buen portavoz.

4. **Está ahí para animarle a trabajar los principios a su propio ritmo.**

   ¡No es su trabajo hacer los principios por usted! Él puede estar pendiente de su progreso, animarle cuando se detenga en su proceso y detenerle cuando vaya muy rápido.

5. **Lo más importante es que esta persona intenta modelar el estilo de vida que da por resultado trabajar los ocho principios.** Es difícil inspirar a otros para que logren lo que usted no ha estado dispuesto a intentar. Un buen mentor vive los principios.

6. **Un mentor puede renunciar o ser despedido.** Ayudar a alguien no es una posición para toda la vida.

¿Cómo encuentro un mentor y/o compañero de rendición de cuentas?

La responsabilidad de encontrar un mentor y/o compañero de rendición de cuentas es suya, pero déjeme darle unas pocas directrices finales que le ayuden en su búsqueda.

1. **Lo primero y más importante: Su mentor DEBE ser de su mismo sexo.** SIN EXCEPCIONES. Creo que no necesito hablar más sobre este punto.
2. **¿Puede identificarse con el testimonio de esta persona?** Si está eligiendo a alguien para ser su mentor ¿Reúne esta persona las cualidades de un buen mentor que recién estudiamos?
3. **Vaya a la Barbacoa y al Café Roca Sólida.** Dedique tiempo para relacionarse y conocer a otros en su grupo. Esa es la razón principal por la cual tenemos estas actividades de compañerismo.
4. **Si le pide a alguien ser su mentor y/o compañero de rendición de cuentas y esta persona dice "no", no lo tome como un rechazo personal.** Recuerde que su propia recuperación tiene que ocurrir primero. Sé que muchos de ustedes han pedido a su líder de grupo ser su mentor. Todos ellos son mentores de otros y la responsabilidad de liderazgo es grande. Si ellos le rechazan, no es algo personal. ¡Su plato está simplemente lleno! Si alguien le dice que no, ¡pídaselo a alguien más! Hasta puede pedir un mentor y/o compañero de rendición de cuentas "temporal". Recuerde, el ser mentor de alguien no es un compromiso eterno.
5. **Lo más importante, pídale a Dios que le guíe al mentor y/o compañero de rendición de cuentas que él ha escogido para usted.** Él lo conoce a usted y a todos en este lugar. Él ya tiene a alguien en mente para usted. ¡Todo lo que necesita hacer es pedir!

¿Cuál es la diferencia entre un mentor y un compañero de rendición de cuentas?

El mentor es alguien que ha terminado las cuatro guías del participante en Celebremos la Recuperación y ha ido trabajando a lo largo de los ocho principios y los 12 Pasos. Reúne las seis exigencias de las que hablamos en "El papel del mentor". La meta principal de esta relación es escoger a alguien para que lo guíe a través del programa. Un compañero de rendición de cuentas es alguien a quien usted le pide que le haga rendirle cuentas a él en ciertos aspectos de su recuperación, o problemas como la asistencia a las reuniones, el diario y otras cosas. Esta persona puede estar en el mismo nivel de recuperación en el que está usted, a diferencia de un mentor, el cual deberá haber terminado los ocho principios o 12 Pasos. La meta principal de esta relación es darse ánimo mutuamente. Pueden formar incluso un equipo de rendición de cuentas entre tres o cuatro.

El compañero o grupo de rendición de cuentas actúa como el "equipo", mientras que el papel del mentor es el de "entrenador".

Esta noche puede comenzar a formar grupos a quienes rendir cuentas en su grupo pequeño. Cuando lo diga, solamente pregunte si alguien está interesado. Deje que Dios obre y luego vea qué pasa. Le puedo garantizar esto, nada sucederá si no lo pide.

¡Comience a buscar y a edificar su equipo de apoyo esta misma noche!

Oremos.

Querido Dios, te agradezco por este grupo de personas que están aquí para romper con sus heridas, hábitos y complejos que los han tenido atados. Gracias por los líderes que has provisto. Gracias por amarnos a todos, no importa en el lugar que nos encontremos en nuestra recuperación. Muéstrame la persona que has preparado para ser mi mentor. Ayúdanos a establecer una relación honesta y cariñosa que te honre y ayude tanto a mi mentor como a mí mismo a crecer fuertes en ti. En el nombre de Jesús. Amén.

Lección 8

MORAL

Principio 4: Una apertura para un autoexamen y confesión de mis faltas a Dios y a alguien en quien confío.

"Dichosos los de corazón limpio, porque ellos verán a Dios." (Mateo 5:8)

Paso 4: Hacemos un minucioso y audaz inventario moral de nosotros mismos.

"Hagamos un examen de conciencia y volvamos al camino del SEÑOR." (Lamentaciones 3:40)

Introducción

Esta noche realmente vamos a ahondar y comenzar en el proceso de crecimiento de la recuperación. Ahora, aunque el principio 4 traiga consigo algunos dolores, veremos las formas de maximizar el crecimiento y minimizar el dolor.

Desearía decir que usted puede escapar del dolor de su pasado al obviarlo o evadirlo. Pero enfrentarlo es la única forma que conozco de deshacerse del dolor de su pasado. Se ha dicho que "necesitamos usar nuestro pasado como un trampolín, no como un sofá — un indicador y no como algo a que aferrarnos".

Conozco personas que pasan sus vidas racionalizando el pasado, renegando acerca del presente y temiendo acerca de lo porvenir. Ellos, claramente, no están dirigiéndose al camino de recuperación. Sin embargo, al venir esta noche, usted ha escogido seguir adelante. Y si escoge embarcarse en la aventura de su propio descubrimiento que comienza con el Principio 4 y sigue a través del Principio 5, le puedo garantizar que el crecimiento ocurrirá.

El Principio 4 inicia el proceso de "hacerse transparente". El pastor Rick Warren le llama a esto "la descomposición de la verdad". Es allí donde abiertamente examinamos y confesamos nuestras faltas a nosotros mismos, a Dios y a otra persona en quien confiamos. Desechamos y limpiamos lo podrido de nuestro pasado que se ha acumulado todos estos años y que nos ha mantenido ciegos ante la verdad de nuestro pasado y las situaciones presentes.

Un inventario moral

Usted se estará preguntando: ¿Cómo hago esto llamado un "inventario moral"?

La palabra *moral* asusta a algunas personas. Me asustó cuando tuve que trabajar en este paso en los Alcohólicos Anónimos. En realidad, la palabra *moral* simplemente significa ¡honesto!

En este paso necesita hacer una lista o un inventario de todos los sucesos significativos, buenos o malos, en su vida. Necesita ser tan honesto como pueda para permitir que Dios muestre su papel en cada suceso y cómo eso le afectó a usted y a otras personas.

El acróstico de esta noche le explicará los cinco pasos que necesita seguir para hacer un inventario MORAL.

Meditar
Osadamente abrirse
Reposar
Analizar
Lista

Primero necesita Meditar. Programe una cita con usted mismo. ¡Asigne un día o un fin de semana y reúnase con Dios! Él nos dice en Job 33:33 (LBAD): "Escúchame. ¡Mantén silencio, y yo te enseñaré sabiduría!"

La próxima letra en MORAL es *O*, de OSADAMENTE ABRIRSE.

¿Recuerda que cuando era niño iba al dentista y él decía: "Abre bien" con voz graciosa como de canción? Bueno usted necesita "abrir osadamente" su corazón y su mente para confesar los sentimientos de dolor del pasado que lo han bloqueado o causado que los niegue. La negación quizás ha protegido sus sentimientos y reprimido su dolor por un momento. Pero ahora también lo bloquea e impide su recuperación de heridas, complejos y hábitos. Necesita "abrirse ampliamente" para ver la verdad real.

Una vez que haya visto la verdad, necesita expresarla. Esto es lo que Job tiene que decir acerca de ser abiertos: *"Debo expresar mi angustia. Mi alma llena de amargura debe quejarse."* (Job 7:11 NTV) Tal vez las siguientes preguntas lo ayuden a "despertar" sus sentimientos y ¡a comenzar su inventario!

Pregúntese: *¿De qué me siento culpable?* La primera cosa que vino a su mente es lo primero que necesita anotar en el inventario.

¿Conoce y entiende el propósito de Dios respecto a la culpabilidad? Dios usa la culpabilidad para corregirnos a través de su Espíritu cuando estamos equivocados. Eso se llama convicción. ¡Y la convicción duele!

Ahora, no confunda convicción con condenación. Romanos 8:1 (LBAD) nos dice: "Así que a los que pertenecen a Jesucristo ya no les espera ninguna condenación." Una vez que hemos tomado la decisión de aceptar a Jesús en nuestro corazón, que confesamos nuestros pecados, aceptamos el perfecto perdón de Cristo y nos volvemos de nuestros pecados, en cuanto a Dios respecta, el propósito de la culpa, hacernos sentir mal acerca de lo que hicimos en el pasado, ha terminado. Pero nos gusta mantenernos en eso, dañarnos una y otra vez en nuestra mente, repetidamente, ¡con ello!

Eso es condenación. Pero no proviene de Dios, sino de nosotros mismos. El principio 4 lo ayudará a salir de su culpa una vez y para siempre.

La siguiente pregunta que necesita hacerse es *¿qué resiento?*

El resentimiento es el resultado de enterrar nuestras heridas. Si los resentimientos son reprimidos, abandonados hasta descomponerse, causarán enojo, frustración y depresión. Lo que no decimos creativamente, lo hacemos destructivamente.

Otra gran pregunta que abiertamente necesita hacerse durante este paso es: *¿Cuáles son mis temores?*

Personalmente mi temor es ir al dentista; pero aunque me duela mientras estoy en la silla, cuando el doctor ha terminado de sacar la caries (lo podrido) me siento mucho mejor.

El temor nos impide expresarnos honestamente y hacer un inventario moral, honesto. Josué 1:9 (LBAD) nos dice: "Sí, esfuérzate y sé valiente, no temas ni desmayes, porque Jehová tu Dios estará contigo en dondequiera que vayas."

La siguiente pregunta en la lista es: *¿Estoy atrapado en autocompasión, excusas, o pensamientos deshonestos?* Recuerde, ¡la verdad no cambia, sus sentimientos sí cambian!

Estas preguntas son solamente el principio de su inventario, ¡pero no se desanime! La siguiente letra lo invita a recordar que no tiene que enfrentar esta tarea solo.

La próxima letra es *R*, que indica REPOSAR en Dios.

Confiar en Jesús para darle el ánimo y la fortaleza que este paso requiere. Aquí hay una sugerencia: Cuando sus rodillas le estén indicando que hay que orar, es de ayuda ponerse de rodillas ¡y hacerlo!

Isaías 40:29 nos dice que Jesús: "Él fortalece al cansado, y acrecienta las fuerzas del débil." Usted *puede* hacer eso con la ayuda de Dios.

Antes de seguir, quiero recordarle que los principios y pasos están en orden por causa de que si estuvieran enumeradas de otra forma no tendríamos un acróstico tan formidable. Usted necesita completar el Principio 3, entregar su voluntad y su vida a Dios, antes de trabajar con éxito el Principio 4.

Una vez que conoce el amor y el poder del único Poder Superior, Jesucristo, ya no hay más necesidad de temer a este principio. Salmos 31:23–24 (LBAD) nos dice: "¡Amen al Señor, ustedes los que constituyen su pueblo! El Señor protege a quienes le son leales... Alégrense pues, anímense, si confían en el Señor." Y recuerden, ánimo no es la ausencia de temor sino ¡su conquista!

Ahora está listo para ANALIZAR su pasado honestamente.

Para hacer un inventario "minucioso y audaz," debe salir de su negación, porque no podemos olvidar nuestras faltas hasta que las afrontemos. Debe ver a través de la negación de su pasado la verdad del presente, sus verdaderos sentimientos, motivos, pensamientos, como en la película *La guerra de las galaxias* ObiWan Kenobi dice: Su "lado oscuro".

Proverbios 20:27 (TLA) dice: "Dios nos ha dado la conciencia para que podamos examinarnos a nosotros mismos." Créeme, ¡lo sé! ¡Lo intenté! Mi abuela solía decirme: "Johnny, no es suficiente ser honesto durante el día. Debes portarte bien por la noche también."

Algunos de ustedes escucharon la palabra *analizar* y se emocionaron porque les gusta detallar una situación y mirar los hechos desde todos los ángulos.

¡Otros han sudado frío al pensar en analizarlo todo! Para aquellos de ustedes cuyos corazones están latiendo y cuyas manos están húmedas, escuchen atentamente mientras hablamos de la *L* en la palabra moral: Hacer una LISTA.

Su inventario es básicamente una lista escrita de los sucesos del pasado, tanto buenos como malos (el balance es importante). Ver el pasado escrito en un papel lo llevará a enfrentarse con la realidad de los defectos de su carácter. Su inventario se vuelve un descubrimiento en blanco y negro de quien realmente es usted en lo más profundo de su ser.

Pero si solamente mira todas las cosas *malas* de su pasado, alterará el inventario exponiéndose a un dolor innecesario. Lamentaciones 3:40 nos dice: "Hagamos un examen de conciencia y volvamos al camino del Señor." El versículo no dice: "Solamente examinen sus caminos malos y negativos." ¡Usted necesita enfocarse honestamente en los "pro" y los "contra" de su pasado!

Sé de gente que se ha negado a hacer un balance en su inventario y se han estancado en su recuperación. O aún peor, han dicho que el programa es muy difícil y doloroso y también han detenido su caminar de recuperación. Han vuelto a sus heridas, complejos y hábitos del pasado.

Una palabra de precaución importante: NO comience este paso sin un mentor, o un compañero de rendición de cuentas. Necesita alguien en quien confiar para que lo ayude a mantenerse en balance durante este paso, no para que haga su trabajo. ¡Nadie puede hacer esto excepto usted mismo! Pero necesita el apoyo de alguien que lo ayude en su progreso y que comparta su dolor. De eso se trata este programa.

Resumen

En la mesa de información encontrará algunas hojas de trabajo para llenar el Principio 4. En unas semanas estaremos hablando de cómo ponerlas en uso al ayudarlo a trabajar en este paso clave.

Lo animo a obtener su Guía 2 del Participante esta noche si ya completó el Principio 3.

Comience a trabajar en el Principio 4. ¿Qué está esperando? Empiece a trabajar en serio en este programa.

Si es nuevo en recuperación o si está es su primera reunión, nos alegra que esté aquí. Recoja la primera guía del participante, *Cómo ir de la Negación a la Gracia de Dios*, y comience este sorprendente viaje con Jesucristo. Un caminar sanador que lo guiará a la libertad y a la verdad. Y al escuchar, durante las siguientes dos semanas, cuando esté listo para comenzar el Principio 4, estará adelantado. Y también tendrá una excelente compresión de la importancia del principio 4.

Oremos.

Querido Dios, tú conoces nuestro pasado, todas las cosas buenas y malas que hemos hecho. En este principio, te pedimos que nos des la fortaleza y el ánimo de hacer una lista de todo eso para que podamos "volvernos transparentes" y afrontarla como la verdad. Por favor, ayúdanos a alcanzar a otros que has puesto a lo largo de nuestro "camino a la recuperación". Gracias por proveerlos para ayudarnos a seguir equilibrados al hacer nuestros inventarios. En el nombre de Cristo oro. Amén.

Lección 9

INVENTARIO

Principio 4: Una apertura para un autoexamen y confesión de mis faltas a Dios y a alguien en quien confío.

"Dichosos los de corazón limpio, porque ellos verán a Dios." (Mateo 5:8)

Paso 4: Hacemos un minucioso y audaz inventario moral de nosotros mismos.

"Hagamos un examen de conciencia y volvamos al camino del SEÑOR." (Lamentaciones 3:40)

Introducción

Esta noche veremos cómo comenzar su inventario, así que prepárese para escribir. Sí, así es. Su inventario necesita estar escrito en papel. Escribir (a mano o a máquina) le ayudará a organizar sus pensamientos y a enfocarse en recordar sucesos que usted haya reprimido. Recuerde que usted no va a hacer esto solo. Usted está formando su equipo de ayuda para guiarle; pero más importante aún, ¡usted está creciendo en su relación con Jesucristo!

Inventario

Efesios 4:31 (LBLA) nos dice que: "Sea quitada de vosotros toda amargura, enojo, ira, gritos, maledicencia, así como toda malicia."

Las hojas de inventario de cinco columnas en la Guía del Participante fueron hechas para ayudarle con esta tarea. Demos un vistazo a cada una de las columnas.

Si su inventario se parece en algo al mío, va a necesitar más de una página para escribirlo completo. Tiene permiso para copiar las "Hojas de trabajo para el Inventario del Principio 4 de Celebremos la Recuperación", que se encuentran en las páginas 37 y 38 de la Guía 2 del Participante en Celebremos la Recuperación, *Cómo hacer un Inventario Honesto y Espiritual*.

Columna 1: "La Persona"

En esta columna usted hace una lista de personas u objetos con los que está resentido o a los que teme. Revise su pasado y llegue lo más lejos que pueda. Recuerde que el resentimiento es más que todo, la ira y el temor que no ha sido expresado.

"Sea quitada de vosotros toda amargura, enojo, ira, gritos, maledicencia así como toda malicia." (Efesios 4.31 LBLA)

La buena noticia es que al trabajar completamente a través del Principio 4, verá que sus resentimientos se desvanecen mientras permite que la luz de su fe en Jesucristo ¡brille en otros!

Recuerde hacer una lista de *todas* las personas y cosas contra las cuales usted tiene resentimiento.

Columna 2: "La Causa"

Se ha dicho que "la gente herida hiere a la gente". En esta columna va a hacer una lista de las acciones específicas que alguien hizo para dañarle.

¿Qué hizo la persona para causarle resentimiento y/o temor? Un ejemplo sería el padre alcohólico que no estuvo emocionalmente disponible para usted cuando era joven. Otro ejemplo sería el padre que intentó controlar y dominar su vida. Esta búsqueda reflexiva puede ser dolorosa, pero por eso es que tener un mentor y un equipo a quien rendir cuentas es tan esencial. Esta gente estará ahí para caminar con usted a través del dolor. Por supuesto, Jesús estará con usted también. Dios promete en Isaías 41:10:

"No temas, porque yo estoy contigo; no te angusties, porque yo soy tu Dios.
Te fortaleceré y te ayudaré; te sostendré con mi diestra victoriosa." (Isaías 41:10)

Columna 3: "El efecto"

En esta columna escriba cómo esa dolorosa situación específica afectó su vida, tanto en el pasado como en el presente.

Columna 4: "El Daño"

¿Cuáles de sus instintos básicos fueron dañados?

- Social —¿Ha sufrido ruptura de relaciones, calumnias o chisme?
- Seguridad —¿Ha sido amenazada su seguridad física? ¿Ha enfrentado pérdidas financieras?
- Sexual —¿Ha sido una víctima de abuso? ¿Ha sido rota o dañada la confianza o intimidad?

No importa cómo haya sido dañado, no importa cuán perdido se sienta, Dios quiere consolarle y restaurarle. Recuerde Ezequiel 34:16: "Buscaré a las ovejas perdidas, recogeré a las extraviadas, vendaré a las que estén heridas y fortaleceré a las débiles."

Columna 5: "Mi parte"

Lamentaciones 3:40 declara: "Hagamos un examen de conciencia y volvamos al camino del Señor." No dice: "Examinemos *sus* caminos". Ya hizo eso en las primeras cuatro columnas. Ahora necesita determinar honestamente la parte de resentimiento (o cualquier pecado o daño) del cual *usted* sea responsable. Pídale a Dios que le muestre la parte en la cual usted es responsable de un matrimonio o relación rota o dañada, un hijo o padre distante o tal vez un trabajo perdido. Además, en esta columna liste todas las personas a quien usted ha herido y como las ha herido. (Usted usará la Columna 5 en el Principio 6 cuando trabaje en el punto de estar dispuesto a hacer enmiendas por sus ofensas.)

Salmos 139:23–24 nos dice: "Examíname, oh Dios, y sondea mi corazón; ponme a prueba y sondea mis pensamientos. Fíjate si voy por mal camino, y guíame por el camino eterno."

Por favor tome nota: Si han abusado de usted, especialmente cuando era niño, puede encontrar gran libertad en esta parte del inventario. Como puede ver usted **NO** tiene parte **NI** responsabilidad por la causa del resentimiento. Al simplemente escribir las palabras **"NINGUNA"** o **"SIN CULPA"** en la Columna 5, usted puede comenzar a ser libre de la vergüenza y la culpa que ha estado llevando consigo.

Celebremos la Recuperación ha escrito nuevamente el Paso 4 para aquellos que han sido sexual o físicamente abusados:

Hicimos un audaz y minucioso inventario moral de nosotros mismos, dándonos cuenta de que todas nuestras faltas pueden ser perdonadas. Renunciamos a la mentira que nos dice que el abuso sufrido fue nuestra culpa.

Resumen

Hay cinco herramientas para ayudarle a preparar su inventario:

1. Memorice Isaías 1:18 (LBAD): "¡Vengan y aclaremos las cosas!, dice el Señor; por profunda que sea la mancha de sus pecados, yo puedo quitarla y dejarlos tan limpios como nieve recién caída. ¡Aunque sus manchas sean rojas como el carmesí, yo puedo volverlas blancas como la lana!"
2. Lea los versículos del principio 4 "Balanceando la Escala" en la página 36 de la Guía 2 del Participante.
3. Mantenga su inventario en balance. ¡Haga una lista tanto de lo bueno como de lo malo! ¡Esto es muy importante! A medidas que Dios revele cosas buenas que usted ha hecho en el pasado, o que está haciendo en el presente, enumérelas en la parte de atrás de sus copias de la "Hoja de trabajo del principio 4 de Celebremos la Recuperación".
4. Siga desarrollando su equipo de apoyo.
5. Ore continuamente.

No espere más para empezar su inventario. No deje que algún obstáculo se ponga en su camino. Si no tiene un mentor o un compañero de rendición de cuentas todavía, hable con alguien esta noche. Si necesita una guía del participante, tome una en la mesa de información. ¡Designe un tiempo y un lugar y empiece a trabajar! ¡Usted *puede* hacerlo!

Lección 10

INVENTARIO ESPIRITUAL PARTE I

Principio 4: Una apertura para un autoexamen y confesión de mis faltas a Dios y a alguien en quien confío.

"Dichosos los de corazón limpio, porque ellos verán a Dios." (Mateo 5:8)

Paso 4: Hacemos un minucioso y audaz inventario moral de nosotros mismos.

"Hagamos un examen de conciencia y volvamos al camino del SEÑOR." (Lamentaciones 3:40)

Introducción

Esta noche comenzamos la primera de dos lecciones en las cuales veremos nuestro inventario espiritual, usando la "Evaluación Espiritual" que el pastor Rick Warren preparó para este paso.[1]

El principio 4 comienza el proceso de volverse transparente, al abiertamente examinar y confesar sus faltas a usted mismo, a Dios y a otra persona en quien confía.

A la mayoría de nosotros no nos gusta mirarnos por dentro de nosotros por la misma razón que no nos gusta abrir una carta que sabemos que tiene malas noticias. Pero recuerde lo que dijimos en la Lección 9: Usted necesita mantener un balance en su inventario, su evaluación. Necesita que éste incluya tanto lo bueno como lo malo que hay en usted. Veamos lo que es un inventario o evaluación espiritual.

La palabra de Dios nos dice: "Examíname, oh Dios, y sondea mi corazón; ponme a prueba y sondea mis pensamientos. Fíjate si voy por mal camino, y guíame por el camino eterno." (Salmos 139:23–24)

¿Sabía usted que todos tenemos tres "caracteres diferentes"?

1. El carácter que mostramos.
2. El carácter que *pensamos* que tenemos.

---

1. Las ocho áreas del inventario espiritual fueron escritas por el pastor Rick Warren. Con permiso de éste, he agregado mis notas y comentarios de enseñanza.

3. El carácter que *verdaderamente* tenemos.

No hay duda de que cada uno de nosotros tiene buenas y malas cualidades. Esta noche vamos a ver algunas de las malas, algunos de nuestros defectos de carácter y pecados que nos impiden recibir todo el gozo que Dios ha deseado darnos. Trabajaremos en cuatro áreas de nuestro carácter esta noche y en cuatro más en la próxima sesión. ¡Este ejercicio le ayudará a que empiece su inventario al examinar su corazón!

Relaciones con otros

En Mateo 6:12 (LBAD) Jesús nos dice que oremos así: "Y perdona nuestros pecados, así como nosotros perdonamos a los que nos han hecho mal. No nos dejes caer en tentación, más líbranos del mal."

Pregúntese lo siguiente en cuanto a sus relaciones con otros:

1. ¿Quién le ha herido?
2. ¿Contra quién ha estado guardando rencor?

No se necesita ser un doctor para decirle que es mejor quitar un rencor que tratarlo. No importa cuánto tiempo lo ha tratado, no se mejorará. Escribir ese rencor en su inventario es el primer paso para despojarse de él.

3. ¿Contra quién está todavía buscando venganza?

¿Sabía que buscar revancha es como morder a un perro simplemente porque el perro le mordió a usted antes? No le ayudará ni a usted ni a su perro.

4. ¿Está celoso de alguien?

En Cantar de los Cantares 8:6 se dice que los celos son tan inflexibles como la muerte. ¡Y queman como el fuego ardiente!

5. ¿Ha intentado justificar su mala actitud al decir que "es culpa de otros"?

He descubierto que cuando ando buscando a alguien a quien culpar, es mejor que ver en el espejo que a través de binoculares. Oseas 4:4 nos dice: "¡Que nadie acuse ni reprenda a nadie!"

La gente que usted nombre en esta área irán en la columna 1 de su Inventario de Celebremos la Recuperación (ver la Guía 2 del Participante).

Luego, veamos lo que es importante para usted.

6. ¿A quién ha herido?

¿Cómo lo hirió? Es posible que no haya tenido la intención de herirlo. Pero también puede haber sido intencional.

7. ¿A quién ha criticado o de quién ha chismeado?

No es tan difícil hacer una montaña de una insignificancia. Solamente agregue un poco de basura sobre él. Eso es chismear, ¡solamente un poco de basura!

Encuentro sorprendente que una lengua de cuatro pulgadas de largo pueda destruir un hombre de 1.90m de altura. Es por eso que Santiago 1:26 nos dice que "pongamos freno a nuestras lenguas."

La gente que usted nombre en esta área irán en la columna 5 de su "Hoja de trabajo de inventario de Celebremos la Recuperación."

Ahora veamos lo que es importante para usted.

Prioridades en su vida

Hacemos lo que es importante para nosotros. Otros ven nuestras prioridades por nuestras acciones, no por nuestras palabras. Personalmente yo prefiero ver un sermón que escucharlo un día cualquiera.

¿Cuáles son las prioridades en su vida?

Mateo 6:33 (LBAD) nos dice lo que sucederá si hacemos de Dios nuestra prioridad número uno: "Recuerda que tu Padre celestial sabe lo que necesitas, y te lo proporcionará si le das el primer lugar en tu vida".

1. Luego de tomar la decisión de volver nuestras vidas y voluntad a Dios ¿en qué áreas de su vida no le está dando el primer lugar a Dios?

¿A qué lugar no le está dejando entrar y limpiar?

2. ¿Qué cosas de su pasado están interfiriendo para que usted haga la voluntad de Dios?

¿Su ambición? ¿Lo motiva el servicio a Dios o lo motiva la envidia?

¿Sus placeres? Si ha encontrado su placer en el mundo, Proverbios 21:17 advierte: "El que ama el placer se quedará en la pobreza." ¿Encuentra su placer en Jesucristo? Salmos 16:11 nos dice: "Me has dado a conocer la senda de la vida; me llenarás de alegría en tu presencia, y de dicha eterna a tu derecha."

3. ¿Cuáles han sido sus prioridades? ¿Su trabajo? ¿Amistades? ¿Metas personales?

¿Eran ellas egocéntricas o egoístas? El egoísmo hace que la vida se vuelva una carga. La generosidad convierte las cargas en vida.

4. ¿A quién afectaron sus prioridades?

Usted sabe, nunca se volverá tan rico como para poder pagar la pérdida de un verdadero amigo.

5. ¿Qué era lo bueno de sus prioridades?

6. ¿Qué era lo malo de las mismas?

La próxima área de nuestro inventario espiritual es examinar nuestras actitudes.

Su actitud

Efesios 4:31 (LBLA) dice: "Sea quitada de vosotros toda amargura, enojo, ira, gritos, maledicencia así como toda malicia."

1. ¿Procura siempre tener una "actitud de gratitud" o algunas veces se sorprende quejándose de sus circunstancias?

Cuando se siente cansado por la noche, ¿ha pensado alguna vez que podría ser porque ha gruñido todo el día?

2. ¿En qué áreas de su vida es usted desagradecido?

Si no podemos ser agradecidos por las cosas malas que han pasado en nuestras vidas, podemos al menos ser agradecidos por las cosas de las que hemos escapado.

De lo que todos sí podemos estar agradecidos se encuentra en 1 Corintios 15:57: "¡Pero gracias a Dios, que nos da la victoria por medio de nuestro Señor Jesucristo!"

3. ¿Se ha enojado y molestado fácilmente con la gente?

4. ¿Ha sido sarcástico?

¿Sabía que el sarcasmo puede ser una forma de abuso verbal?

5. ¿Qué hay en su pasado que todavía le causa temor o ansiedad?

Como lo hemos dicho antes, su temor lo aprisiona; su fe lo libera. El temor paraliza; ¡la fe lo llena de poder! El temor desanima; ¡la fe lo anima! El temor enferma; ¡la fe sana! La fe en Jesucristo le permitirá enfrentar sus temores del pasado y por medio de la fe usted puede ser libre de las cadenas del temor. 1 Juan 4:18 dice: "Sino que el amor perfecto echa fuera el temor. El que teme espera el castigo, así que no ha sido perfeccionado en el amor."

La última área de la que vamos a hablar esta noche es su integridad.

Su integridad

Colosenses 3:9 (DHH) nos dice: "No se mientan los unos a los otros, puesto que ya se han despojado de lo que antes eran y de las cosas que antes hacían."

1. ¿En qué negocios del pasado fue deshonesto?

Un hombre honesto cambia sus ideas para que se ajusten a la verdad. Un hombre deshonesto cambia la verdad para que se ajuste a sus ideas.

2. ¿Ha robado?

Le dije que su inventario no iba a ser fácil.

3. ¿Ha exagerado algo de usted mismo para verse mejor?

¿Sabía que no hay grados de "honestidad?" ¡O es o no es!

4. ¿En qué áreas de su pasado ha usado falsa humildad?

¿Sabía que la humildad nunca se gana buscándola? Pensar que la tenemos es la prueba segura de que no es así.

5. ¿Ha pretendido vivir de una forma enfrente de sus amigos cristianos y de otra forma en el trabajo o en casa?

¿Es usted un "cristiano dominguero" o un seguidor de Cristo los siete días, a tiempo completo? ¿Trata de practicar los ocho principios los siete días a la semana o solamente aquí en Celebremos la Recuperación los viernes por las noches?

Resumen

Bueno, eso es suficiente para trabajar durante una semana; para la próxima indagaremos esto otra vez y veremos la segunda parte de nuestro inventario espiritual. Exploraremos nuestras antiguas formas de pensar: Nuestras mentes, las formas en las que hemos tratado o maltratado el templo de Dios, nuestros cuerpos, cómo caminamos o no en fe en el pasado, nuestra relación anterior con nuestra familia e iglesia, etc.

Al comenzar a trabajar en su inventario espiritual, recuerde dos cosas. Primero, en Isaías 1:18 (LBAD) Dios nos dice: "¡Vengan y aclaremos las cosas!, dice el Señor... ¡Aunque sus manchas sean rojas como el carmesí, yo puedo volverlas blancas como la lana!"

Segundo, no puedo recalcarlo lo suficiente, mantenga su inventario en balance. Haga una lista de las nuevas relaciones positivas que tiene, las áreas de su vida que ha podido entregar a

Dios, cómo ha mejorado su actitud desde que ha estado en recuperación, las formas en las que ha salido de su negación a la verdad de Dios.

Oremos para terminar.

Padre, gracias por cada persona que está en este lugar esta noche. Gracias por darles el ánimo de comenzar este difícil paso de hacer un inventario. Dales el deseo y la fuerza que necesitan para proceder. Anímales e ilumínales su caminar con tu verdad. En el poderoso nombre de Jesús oro. Amén.

Lección 11

Inventario espiritual Parte 2

Principio 4: Una apertura para un autoexamen y confesión de mis faltas a Dios y a alguien en quien confío.

"Dichosos los de corazón limpio, porque ellos verán a Dios." (Mateo 5:8)

Paso 4: Hacemos un minucioso y audaz inventario moral de nosotros mismos.

"Hagamos un examen de conciencia y volvamos al camino del Señor." (Lamentaciones 3:40)

Introducción

Esta noche veremos la segunda parte de nuestro inventario espiritual, donde oramos: "Examíname, oh Dios, y sondea mi corazón; ponme a prueba y sondea mis pensamientos. Fíjate si voy por mal camino, y guíame por el camino eterno." (Salmos 139:23–24)

En la primera parte hablamos, la semana pasada, de nuestros inventarios espirituales para cuatro áreas de nuestra vida. Nos hicimos algunas preguntas difíciles.

Vimos nuestras relaciones con otros, nuestras prioridades, nuestras actitudes y nuestra integridad. Hablamos de cómo nuestras acciones anteriores en cada una de estas áreas tuvieron un efecto positivo o negativo en nuestras vidas y en las de otros.

Esta noche vamos a finalizar nuestro inventario espiritual. Buscaremos algunos de nuestros defectos o pecados que le impiden a Dios trabajar adecuadamente en nuestras vidas y en nuestra recuperación.

Evaluar cada área le ayudará a completar su inventario.

Su Mente

¿Sabía usted que la cosa más difícil de abrir es una mente cerrada?

Romanos 12:2 nos da una dirección clara acerca de nuestras mentes: "No se amolden al mundo actual, sino sean transformados mediante la renovación de su mente. Así podrán comprobar cuál es la voluntad de Dios, buena, agradable y perfecta."

He aquí algunas preguntas para hacerse en esta área:

1. ¿Cómo guardó su mente en el pasado? ¿Qué negaba?

Una vez más usted necesita ver y examinar cómo sus habilidades de disfrazar "su negación" le protegieron del dolor y heridas del pasado. Usted pudo haber hecho eso, pero privándose de vivir y tratar con la realidad.

¿Sabe que dos pensamientos no pueden ocupar su mente al mismo tiempo? Es su elección que sus pensamientos sean constructivos o destructivos, positivos o negativos.

2. ¿Ha llenado su mente con películas, programas de televisión, revistas o libros dañinos e impuros?

Los oídos y los ojos son puertas y ventanas de su alma. Por lo tanto, recuerde "basura entra, basura sale".

Una vida íntegra no puede surgir de pensamientos corruptos. Simplemente no va a suceder.

Recuerde Proverbios 15:14: "El corazón entendido va tras el conocimiento; la boca de los necios se nutre de tonterías."

3. ¿Ha fracasado usted en concentrarse en las verdades positivas de la Biblia?

Creo que tres de los pecados más grandes de hoy en día son la indiferencia, la negligencia y la falta de respeto a la Palabra de Dios. ¿Se ha propuesto tener un tiempo diario a solas para conocer el manual de instrucción de Dios para su vida?

Ahora veamos cómo hemos tratado nuestros cuerpos. ¿Sabía que con el cuidado adecuado el cuerpo humano duraría una vida?

Su Cuerpo

"¿No saben que el cuerpo del cristiano es templo del Espíritu Santo que Dios le dio, y que el Espíritu Santo lo habita? El cuerpo no es nuestro, porque Dios nos compró a gran precio. Dediquemos íntegramente el cuerpo y el espíritu a glorificar a Dios, porque a Él pertenecen." (1 Corintios 6:19–20 LBAD)

1. ¿De qué formas ha maltratado su cuerpo?

¿Ha abusado del alcohol y otras drogas, comida o sexo? Esto era, y todavía es, algo difícil para mí. En lo profundo de mi alcoholismo, mi peso llegó a los 72 kg. (mi peso normal es de 100 kg). ¡Estaba casi muerto! Mandé a arreglar mis pantalones y finalmente el sastre me explicó que ya no podía seguir arreglándolos porque los bolsillos de atrás se estaban juntando. Le pedí a Dios que me ayudara a recuperar mi fuerza y mi peso. Él verdaderamente me bendijo.

¡De verdad que sí lo hizo! Ahora tengo que moderar mi alimentación.

Es a través de nuestros cuerpos o carne que Satanás obra, pero gracias a Dios que el cuerpo del creyente es el templo del Espíritu Santo. Dios libremente nos da la gracia de Su Espíritu. Él nos valora tanto que decidió poner Su Espíritu en nosotros. Necesitamos respetarnos tanto como nuestro Creador nos respeta.

2. ¿Qué actividades o hábitos le causaron daño a su salud física?

Recuerde, fue el Dios de la creación quien le hizo. Mire Salmos 139:13–14, 16: "Tú creaste mis entrañas; me formaste en el vientre de mi madre. ¡Te alabo porque soy una creación admirable! ¡Tus obras son maravillosas, y esto lo sé muy bien! Tus ojos vieron mi cuerpo en gestación:

Todo estaba ya escrito en tu libro; todos mis días se estaban diseñando, aunque no existía uno solo de ellos."

Mucha gente dice tener el derecho de hacer lo que quiere con su cuerpo. Aunque piensen que esto es libertad, realmente se vuelven esclavos de sus propios deseos, los cuales al final les causan gran daño.

Su Familia

En el Antiguo Testamento el líder de Israel, Josué, hizo una declaración intrépida con relación a su casa: "Pero si les parece mal servir a Jehová, escojan hoy a quien van a servir, si a los dioses que sus antepasados adoraban más allá del Éufrates o a los dioses de los amorreos de esta tierra. Pero yo y los de mi casa serviremos a Jehová." (Josué 24:15 LBAD)

1. ¿Ha maltratado a alguien en su familia? ¿Cómo?

Tal vez usted haya maltratado física o emocionalmente a su familia. El abuso emocional no tiene que tomar la forma de ira o gritos. Dañar la autoestima de un hijo o cónyuge y no estar emocionalmente disponible para ellos también son formas en las que pudo haber dañado a sus seres queridos.

Dios diseñó a las familias para que sean nuestro refugio ante las tormentas de la vida. En tanto dependa de usted, debe proveer el cielo para su familia. Si eso no es posible y usted mismo no se siente seguro allí, permita que Celebremos la Recuperación sea su familia.

2. ¿Contra quién tiene resentimiento en su familia?

Esta puede ser un área difícil para admitir sus verdaderos sentimientos. Es más fácil admitir los resentimientos que tiene en contra de un extraño o de un compañero de trabajo que contra alguien en su familia. La negación puede ser una muy densa neblina para romper en este punto. Pero usted necesita hacerlo si va a completar su inventario con éxito.

3. ¿A quién le debe disculpas?

Identifíquelos ahora y dispóngase a tratar con las enmiendas en el Principio 6. Todo lo que usted está realmente buscando es su parte de responsabilidad en una relación dañada.

4. ¿Cuál es el secreto de familia que ha estado negando?

¿Cuál es el "elefante rosado" (tabú) en el centro de la sala de su familia del cual nadie habla? ¡Ese es el secreto de la familia! Recuerde Jeremías 6:14: "No se puede sanar una herida con sólo decir que no existe."

Su Iglesia

Una de las razones principales por las que inicié el programa de Celebremos la Recuperación fue porque descubrí que la mayoría de los miembros de los grupos seculares (no cristianos) de 12 Pasos sabían la Oración del Señor mucho mejor que los que sí conocían al Señor.

"No descuidemos, como algunos, el deber que tenemos de asistir a la iglesia y cooperar con ella. Animémonos y exhortémonos unos a otros, especialmente ahora que vemos que el día del regreso del Señor se acerca." (Hebreos 10:25 LBAD)

1. ¿Ha sido fiel a su iglesia en el pasado?

Su iglesia es como un banco: Mientras más invierte en ella, más intereses gana.

2. ¿Ha sido crítico en lugar de activo?

Si no le gusta algo en su iglesia, involúcrese para que así pueda ayudar a cambiarlo o al menos entenderlo mejor. ¡Cambie su murmuración en servicio!

3. ¿Ha desanimado a su familia para que reciba apoyo de la iglesia?

Si no está listo para involucrarse en su iglesia, esa es su decisión. ¡Pero no evite que el resto de su familia experimente el gozo y el apoyo de la familia en la iglesia de Cristo!

Resumen

Hemos cubierto las diferentes áreas para ayudarle a comenzar y completar su inventario.

Una vez más, escuche a Isaías 1:18. ¡Memorícelo! Dios dice: "...Por profunda que sea la mancha de sus pecados, yo puedo quitarla y dejarlos tan limpios como nieve recién caída."

Un par de recordatorios para terminar:

- Use los versículos "Balanceando la Escala" que se encuentran en la Guía 2 del Participante.
- Mantenga su inventario en balance. Haga una lista tanto de sus fortalezas como de sus debilidades.
- Encuentre un compañero a quien rendir cuentas o un mentor. NO me cansaré de recalcar la importancia de esto: ¡El camino a la recuperación no es un viaje para hacerlo solo!

Dios le bendiga al enfrentar valientemente su propio pasado. ¡Dios estará viéndolo!

Lección 12

Confesar

Principio 4: Una apertura para un examen y confesión de mis faltas a Dios y a alguien en quien confío.

"Dichosos los de corazón limpio, porque ellos verán a Dios." (Mateo 5:8)

Paso 5: Admitimos ante Dios, a nosotros mismos y ante otro ser humano, la naturaleza exacta de nuestros pecados.

"Por eso, confiésense unos a otros sus pecados, y oren unos por otros para que sean sanados." (Santiago 5:16)

Introducción

La siguiente ilustración es parte de un mensaje del Paso 5 el cual, por supuesto, corresponde al Principio 4. Lo escuché en la Iglesia Willow Creek y sin duda es el mejor ejemplo que he encontrado para representar este principio.

> ¿El nombre Jessica McClure le trae algunos recuerdos a su mente? Era la niña de dieciocho meses de edad en Midland, Texas, que cayó en una profunda y abandonada tubería de pozos hace unos años. Aproximadamente, unas cuatrocientas personas participaron en el intento de rescate que duró por lo menos 58 horas, el cual fue motivado por los gritos de angustia que se oían claramente en la superficie a través de toda la cañería.
>
> Ahora encuentro fascinante que en un momento se tomara una decisión crítica. Los rescatadores decidieron hacer el rescate en dos fases: La fase uno era simplemente llevar a alguien hasta allí, cerca de ella, tan pronto como fuera posible; la fase dos era sacarla del pozo.
>
> La fase uno fue llevada a cabo reconociendo que las personas tienden a hacer y pensar cosas extrañas cuando están atrapadas y solas en un lugar oscuro y aterrador por mucho tiempo. Se desorientan y sus temores se vuelven desproporcionados. Sus mentes les engañan. Y a veces llegan a hacerse daño ellas mismas. ¡Otras veces se dan por vencidas! Así que los expertos en rescate decidieron que necesitaban tener una persona abajo para estar con ella prontamente. Luego pondrían su atención en sacarla del pozo. El plan funcionó y finalmente Jessica fue rescatada.
>
> Ahora, ¿cómo se relaciona el rescate de Jessica McClure con el Paso 5? Cuando la gente como nosotros toma con seriedad la recuperación, o el crecimiento espiritual, cuando vamos a la aventura espiritual de los 12 Pasos y damos el primero de esos pasos, admitimos que tenemos

algunos problemas que hacen nuestras vidas inmanejables. Cuando nos volvemos a Dios y decimos: "Dios, necesito ayuda con estos problemas," entonces podemos sentirnos como en una caída libre. En cierto sentido, así es. Estamos, de alguna manera, fuera de control. No podemos continuar viviendo en la forma en que estamos acostumbrados. Las maneras antiguas no funcionan.

Para complicar las cosas en esta caída, usted encuentra que el problema que admitió en el Paso 1 está siendo llevado por una colección de defectos de carácter que han estado creciendo un metro y medio de la superficie de su vida. Y tiene que identificar esos defectos. Tiene que hacer un inventario de ellos, así como lo hemos hablado en los últimos dos meses. Tiene que enumerarlos, admitirlos y confesarlos. Usted necesita ser responsable de su orgullo, ira, envidia, lujuria, glotonería, gula y pereza. Usted sabe, "los 7 grandes".

Así que durante los últimos dos meses, si trabajó el Paso 4 honesta y minuciosamente, debe sentirse como si *usted* estuviera atrapado en el fondo de un pozo profundo y oscuro. Si se queda allí mucho tiempo, entonces se puede sentir desorientado y preguntándose por qué usted tomó este viaje de recuperación. Debe sentir como si quisiera escaparse en este momento.

Quizás comience a hacer declaraciones como estas: "Usted sabe que realmente soy un desastre de hombre". "La verdad acerca de mí es que soy una calamidad de mujer". "Ninguna colección de defectos de carácter y pecados es tan mala como la mía". "Si alguna vez alguien descubriera la verdad de mi vida, no querría tener nada que ver conmigo por el resto de su vida".

Algunos de ustedes llegan a ese momento y dicen: "¿Por qué simplemente no abandono este programa? ¿Por qué no vuelvo a proyectar una imagen adecuada de mí a los demás en lugar de tratar con toda esta desagradable verdad de mí mismo?"

Es en este punto crítico del proceso que necesitamos a otro ser humano que esté con nosotros en ese pozo lo más pronto posible. Necesita tener a alguien cerca de usted antes que se dé por vencido y regrese a la negación. En cierto modo el Quinto Paso dice que usted, hasta este punto, lo puede hacer solo; luego llega al nivel en el cual el continuo crecimiento y sanidad requerirán de la asistencia de alguien más.

Esta noche estamos exactamente en ese momento crucial. Estamos en el punto donde se nos pide ser transparentes al contarle a otro ser humano la verdad acerca de quiénes somos. Pero, ¿cómo?

Confesar

El primer paso es CONFESAR mis faltas. El acróstico de esta noche le mostrará sencillamente cómo hacer eso.

Confiese sus fracasos, resentimientos y pecados
Obedezca la dirección de Dios
No más culpabilidad
Fomente la recuperación
Enfrente la verdad
Sabiamente acepte el perdón
Alivie el dolor
Renuncie a culpar

La *C* en confesar es CONFIESE sus fracasos, resentimientos y pecados. Dios quiere que *seamos transparentes,* que admitamos que lo malo es malo y que somos "culpables y responsables". Necesitamos "confesar" los pecados que descubrimos en nuestro inventario.

Para la persona que confiesa, la vergüenza termina y la realidad comienza. Proverbios 28:13 (LBLA) nos dice: "El que encubre sus pecados no prosperará; más el que los confiesa y los abandona hallará misericordia." La confesión es necesaria para la comunión. Nuestros pecados han construido una barrera entre nosotros y Dios.

La *O* en confesar significa OBEDEZCA la dirección de Dios.

Confesión significa que estamos de acuerdo con Dios referente a nuestros pecados. La confesión restaura nuestro compañerismo. El Principio 4 resume cómo obedecemos a la dirección de Dios al confesar nuestros pecados. Primero, confesamos [admitimos] nuestras faltas a Dios y a alguien en quien confiamos. "Tan cierto como que yo vivo —dice el Señor— ante mí se doblará toda rodilla y toda lengua confesará a Dios." (Romanos 14:11)

Entonces hacemos lo que se nos ha instruido hacer en Santiago 5:16: "Confiesen sus pecados unos a otros y oren unos por otros para que puedan ser sanados."

La próxima letra es *N*: No más culpabilidad.

Este principio puede restaurar nuestra confianza, nuestras relaciones y permitir que salgamos de nuestra forma de vivir mirando hacia atrás por "el espejo retrovisor", viendo al pasado y dudando de nosotros mismos y de otros.

En Romanos 8:1 nos aseguramos de que: "Así que a los que pertenecen a Jesucristo ya no les espera ninguna condenación." ¡El veredicto está ahí! "Sí, todos hemos pecado… Pero Dios nos declara inocentes del delito de haberlo ofendido si confiamos en Jesucristo, quien gratuitamente borró nuestros pecados." (Romanos 3:23–24 LBAD)

Así que esa es la "C-O-N" de confesar. Todo lo que estaba en "**con**tra" terminó. Hemos seguido las directrices de Dios acerca de cómo confesar nuestras faltas.

La letra siguiente es la *F*, FOMENTE la recuperación.

Si me pidiera que resuma los beneficios del Principio 4 en una sola oración, sería de esta forma: Al confesar nuestros pecados estamos fomentando en nuestra vida la sanidad, la reconciliación y la recuperación por la incomparable gracia de Jesucristo, quien nos ama a pesar de nosotros mismos.

Luego que confesamos, tendremos cuatro cambios positivos en nuestras vidas. El primero es que seremos capaces de ENFRENTAR la verdad. Se ha dicho que "el hombre ocasionalmente se tambalea ante la verdad, pero la mayoría de las veces se levanta y sigue adelante." La recuperación no funciona de esa forma. ¡La recuperación *requiere* honestidad! "Jesús se dirigió a la gente, y les dijo: 'Yo soy la luz del mundo. El que me sigue no andará en tinieblas, sino que tendrá la luz de la vida.'" (Juan 8:12)

¿Ha notado alguna vez que el hombre que habla la verdad está siempre tranquilo?

La *S* es para SABIAMENTE ACEPTAR EL PERDÓN DE DIOS.

Una vez que lo hacemos somos capaces de mirar a los demás directamente a los ojos. Nos vemos a nosotros mismos y a nuestras acciones con una nueva luz. Estamos listos para encontrar la humildad, para intercambiarla por nuestros fracasos en el Principio 5.

"Dios ha dado al mundo la oportunidad de reconciliarse con Él por medio de Cristo, no tomando en cuenta los pecados del hombre." (2 Corintios 5:19 LBAD)

Primera de Juan 1:9 nos recuerda que: "Si confesamos nuestros pecados, Dios, que es fiel y justo, nos los perdonará y nos limpiará de toda maldad."

El próximo cambio positivo que trae la confesión es ALIVIAR el dolor.

¡Estamos enfermos por nuestros secretos! Cuando damos a conocer nuestros secretos más profundos comenzamos a dividir el dolor y la culpa. El desarrollo de una sana autoestima no está basado en los principios de este mundo, sino en la verdad de Jesucristo.

El dolor es inevitable para todos nosotros, pero la miseria es opcional. Salmos 32:3–5 (LBAD) dice: "Hubo un tiempo en que yo rehusaba reconocer lo pecador que era. Pero mi falsedad me torturaba y llenaba mis días de frustración. Día y noche su mano pesaba sobre mí. Mi fuerza se evaporaba como agua en día de sol. Pero un día reconocí ante ti todos mis pecados y no traté de ocultarlos más. Dije para mí: 'Se los voy a confesar al Señor'. ¡Y tú me perdonaste! Toda mi culpa se esfumó."

Finalmente, la última letra, la *R* en confesar nos dice RENUNCIE a culpar.

Se ha dicho que un hombre que puede sonreír cuando las cosas van mal probablemente pensó en alguien a quien culpar. Pero la verdad es que no podemos encontrar paz y serenidad si continuamos culpándonos a nosotros mismos o culpando a otros. ¡Nuestros secretos nos han alejado unos de otros durante suficiente tiempo! Nos han impedido la intimidad en todas nuestras relaciones importantes.

Jesús nos dice en Mateo 7:3 "¿Por qué te fijas en la astilla que tiene tu hermano en el ojo, y no le das importancia a la viga que está en el tuyo?"

Resumen

Quizás esta noche usted vino algo temeroso al pensar que tiene que compartir su inventario. Espero que lo hayamos animado y confío que haya podido ver los beneficios de esta tarea para usted. En la próxima reunión hablaremos de cómo encontrar una persona a quien usted pueda mostrarles su inventario. Terminemos en oración.

Querido Dios, gracias por tu promesa de que si confesamos nuestros pecados tú nos escucharás y limpiarás, aliviando nuestro dolor y culpa. Gracias por siempre hacer lo que es correcto. En el nombre de Jesús. Amén.

Lección 13

Admitir

Principio 4: Una apertura para un autoexamen y confesión de mis faltas a Dios y a alguien en quien confío.

"Dichosos los de corazón limpio, porque ellos verán a Dios." (Mateo 5:8)

Paso 5: Admitimos ante Dios, a nosotros mismos y ante otro ser humano, la naturaleza exacta de nuestros pecados.

"Por eso, confiésense unos a otros sus pecados, y oren unos por otros para que sean sanados." (Santiago 5:16)

Introducción

Esta semana nos enfocaremos en confesar (admitir) nuestros pecados, todos los secretos oscuros de nuestro pasado, a alguien más.

Todos hemos escuchado que la paga del pecado es muerte, pero quizás no han escuchado que la paga del pecado nunca se congela o que nunca está sujeta a impuestos. ¡Una de las razones principales para eso es que la mayoría de las pagas del pecado no son reportadas! Y, a propósito, si la paga del pecado es muerte, ¿no deberías renunciar antes del día de pago?

¿Por qué admitir mis faltas?

Dejando a un lado las bromas, esta parte del Principio 4 es frecuentemente difícil para la gente. A menudo me preguntan: "¿Por qué tengo que admitir mis faltas a otro?"

Muchos de nosotros hemos estado guardando secretos durante casi toda nuestra vida. Cada día esos secretos nos ponen recargos. El recargo que pagamos es la pérdida de nuestro propio respeto y energía y nos atamos a antiguos hábitos codependientes. Al admitir verbalmente esos secretos, los despojamos de todo poder. Pierden mucho de su posesión sobre nosotros cuando hablamos de ellos.

Y aun así tenemos temor de revelar nuestros secretos a otra persona, aunque sea alguien en quien confiamos. De alguna manera sentimos que tenemos todo para perder y nada para ganar.

Quiero que escuchen la verdad esta noche. ¿Sabe lo que *realmente* tenemos que perder al contar nuestros secretos y pecados a otros?

1. Perdemos nuestro sentido de aislamiento. Alguien va a bajar a ese pozo del que hablamos la semana pasada y estará a nuestro lado. Nuestro sentido de soledad comenzará a desaparecer.

2. Comenzaremos a perder nuestra indisposición para perdonar. Cuando la gente nos acepta y perdona, comenzamos a ver que podemos perdonar a otros.

3. Perderemos nuestro falso y excesivo orgullo. Al ver y aceptar quiénes somos, comenzamos a ganar verdadera humildad, la cual incluye vernos a nosotros mismos como realmente somos y ver a Dios como Él realmente es.

4. Perderemos nuestro sentido de negación. Ser veraz con otra persona romperá nuestra negación. Comenzamos a sentirnos transparentes y honestos.

Ahora que sabe lo que *pierde* cuando admite sus faltas a otra persona, déjeme contarle de los tres beneficios que usted *obtendrá*.

1. Obtenemos la sanidad que la Biblia promete. Vuelva a leer Santiago 5:16: "Por eso, confiésense unos a otros sus pecados, y oren unos por otros para que sean sanados." La palabra clave aquí es *sanados*. El versículo no dice: "Confiesen sus pecados unos a otros y serán perdonados." Dios le *perdonó* cuando usted confesó sus pecados a *Él*. Ahora Él dice que comenzará el proceso de sanidad cuando usted confiese sus pecados a *otra* persona.

2. Obtenemos libertad. Nuestros secretos han estado mantenidos con cadenas, atados, congelados, sin poder moverse hacia delante en ninguna de nuestras relaciones con Dios y otros. Admitir nuestros pecados *rompe* nuestras cadenas y así el poder sanador de Dios puede comenzar.

"Clamaron al Señor en su tribulación, y Él los libró. Los sacó de las tinieblas y la sombra de muerte, y rompió sus cadenas." (Salmos 107:13–14 LBAD)

Por otro lado los pecados no confesados supuran. En Salmos 32:3–4 (LBAD) David nos dice lo que le sucedió cuando intentó esconder sus pecados: "Yo rehusaba reconocer lo pecador que era. Pero mi falsedad me torturaba y llenaba mis días de frustración. Día y noche su mano pesaba sobre mí. Mi fuerza se evaporaba como agua en día de sol." Recuerde: "La apertura lleva a la integridad así como los secretos a la enfermedad." Mi abuelo acostumbraba decir: "Si quieres limpiar el arroyo necesitas sacar el cerdo de la fuente." Admita y vuélvase de sus pecados. Recuerde que el único pecado que Dios no puede perdonar es el que no se confiesa.

3. Obtenemos apoyo. ¡Cuando usted comparte su inventario con otra persona, obtiene apoyo! La persona puede estar pendiente de usted y proveerle respaldo. Cuando sus viejos amigos aparecen con "negación" y usted escucha la lista de excusas de Satanás: "Realmente no es algo tan malo"; "Se lo merecían"; "Realmente no era mi culpa". Esa persona de apoyo puede estar allí para animarle con la verdad. Pero la mayoría de ustedes necesitan otra persona para que simplemente les escuche y oiga lo que tienen que decir.

¿Cómo elijo a alguien?

A diferencia de la pequeña Jessica, la niña atrapada en el pozo de quien hablamos en la lección 12, usted puede elegir la persona que descenderá hasta su pozo y estará con usted, así que ¡elija cuidadosamente! No creo que desee tener a alguien que diga: "¿Tú hiciste qué?" O "No debiste haber hecho eso." Usted no necesita un juez y un jurado. Ya hablamos del veredicto. Recuerde Romanos 3:23–24 (LBAD) "Sí, todos hemos pecado... Pero Dios nos declara inocentes del delito de haberlo ofendido si confiamos en Jesucristo, quien gratuitamente borró nuestros pecados." y 1 Juan 1:9: "Si confesamos nuestros pecados, Dios, que es fiel y justo, nos los perdonará y nos limpiará de toda maldad."

Usted solamente necesita alguien para que le escuche. Encuentro que funciona mejor escoger a alguien que sea un cristiano maduro en la fe y que esté familiarizado con los ocho principios o los 12 Pasos.

1. Elija a alguien de su mismo sexo en quien usted confíe y respete. Lo cual ya se ha dicho.

2. Pregúntele a su mentor o compañero de rendición de cuentas si ya ha terminado el Principio 4 o los Pasos 4 y 5. El proceso debe seguir más suavemente si la persona está familiarizada con lo que usted está haciendo. Dicha persona también debe tener un sentido de empatía y si esta persona puede compartir experiencias, usted tendrá un intercambio saludable.

3. Programe una cita con la persona, un tiempo sin interrupciones. Deshágase de los teléfonos, niños, todas las interrupciones al menos durante dos horas. He escuchado de algunos inventarios que han durado ocho horas al ser compartidos con alguien. Eso quizás es un poco dramático.

Lineamientos para su reunión

1. Comience con una oración. Pida valor, humildad y honestidad. Aquí hay un ejemplo de oración a considerar:

   Dios, te pido que me llenes con tu paz y fuerza al confesar mi inventario. Sé que has perdonado mis antiguas faltas y mis pecados. Gracias por enviar tu Hijo a pagar el precio por mí, para que mis pecados puedan ser perdonados. Durante esta reunión ayúdame a ser humilde y completamente honesto. Gracias por proveerme este programa y por_____ (el nombre de la persona con quien está compartiendo su inventario). Gracias por permitir que las cadenas de mi pasado sean rotas. En el nombre de mi Salvador oro. Amén.

2. Lea los versículos del Principio 4 que se encuentran en la página 27 en la Guía 3 del Participante. *Cómo mejorar su Relación con Dios, con Usted mismo y con Otros.*
3. Mantenga los comentarios equilibrados —¡debilidades y fortalezas!
4. Termine en oración. Agradezca al Señor las herramientas que Él le ha dado y el completo perdón que encontró en Cristo.

TESTIMONIO DEL PRINCIPIO 4

Me llamo Mirna, creo en Jesucristo y le estoy muy agradecida; lucho con la adicción sexual y problemas con la comida.

Querría poder comenzar esta historia diciendo: "Había una vez", o "Érase una niñita pequeñita". Sin embargo, comienza de esta manera: Un hogar deshecho, abusos y torturas, ataques de rabia y ser separada de todos aquellos a quienes amaba con el corazón. Y esto fue solo una fracción de mi niñez que comenzó mi estilo prohibido de vida, lleno de fantasías, sexo y lujuria.

Mi camino a la recuperación comenzó en la Iglesia de Saddleback en noviembre del año 2000. Recuerdo bien aquella noche. Entré arrastrándome, y totalmente ajena a la realidad. Mi visión de la vida se había vuelto tan distorsionada, y mis acciones tan descontroladas, que no creo que el Enemigo mismo hubiera podido ir a la par mía. Aquella noche observé cómo la gente sonreía, se abrazaba y celebraba, porque era el noveno aniversario de Celebremos la Recuperación. Yo llegué una hora temprano, totalmente ignorante de que el servicio de adoración no comenzaba hasta las siete en punto. Así que me senté para escuchar mientras el conjunto musical ensayaba.

Recuerdo haber estado allí sentada, *casi* sola por completo, con solo un puñado de gente yendo de un lado para otro, preparando las cosas. Cuando miré a mi alrededor, los ojos se me comenzaron a llenar de lágrimas, y parpadeé en un esfuerzo por retenerlas. No sabía lo que estaba haciendo allí. Mis pensamientos divagaban, y se habían vuelto muy desarticulados. Todo lo que había dentro de mí quería que me levantara para marcharme. Era evidente que aún estaba en negación. Oía una y otra vez los mismos pensamientos, que se repetían en mi mente: *¡Lo que anda mal en esta gente es mucho peor que todo lo que yo haya podido hacer!* y *haya hecho lo que haya hecho, estoy segura de que lo puedo arreglar yo sola*. Pero por alguna razón, no lograba levantarme de aquella silla para irme.

Me sorprendí cuando un hombre se me acercó, me puso una mano en el hombro y me dijo: "Disculpe, pero este asiento está ocupado". Mientras miraba a mi alrededor a todo aquel salón vacío, me llevó un tiempo darme cuenta de que estaba bromeando. Pero, sabe una cosa, me hizo sentir cómoda y aliviada. Me sentí bienvenida, y un poco menos "fuera de lugar".

Aquella noche asistí a Nuevos Asistentes 101, donde por vez primera, confesé mis secretos. Me las arreglé para pronunciar las palabras que nunca había dicho en años, *"Yo engañé a mi esposo"*, y un momento después, comencé a sollozar. Eso fue todo. La mujer que dirigía 101 aquella noche se inclinó hacia delante, tomó mis manos en las suyas y me dijo por vez primera: "Todo va a estar bien. Viniste al lugar correcto". La sinceridad que había en su voz me hizo sentir acogida.

Mucho tiempo antes de que yo naciera, ya se estaba formando la tormenta en mi familia. Antes de mi primer cumpleaños, mis padres habían terminado su plan para divorciarse. Mi hermana mayor y yo fuimos enviadas a vivir con mi padre y mis abuelos en Hawai. Una vez que llegamos nosotras, mi padre desapareció muy oportunamente de la escena. A mis abuelos les fue asignada extraoficialmente la tarea de cuidar de nosotras como si fuéramos hijas suyas. Mis recuerdos más queridos de mi niñez son de los años que pasé con mis abuelos en Hawai. Ellos me enseñaron acerca de Jesús, y también con su ejemplo, aprendí los valores cristianos. Gracias a Dios, me demostraron lo que era vivir en una familia "normal". En cambio, mis padres eran enemigos diabólicos de mis abuelos.

Mi padre es alcohólico activo, y también muy mujeriego. Yo lo veía como pasaba de una relación a otra, y veía crecer su adicción a la pornografía y el alcohol. Su completa desconsideración por su llamado como padre me permitía a mí una gran cantidad de tiempo para explorar la vida como niña. Recuerdo haber estado agachada en una esquina con mi hermana, mientras tratábamos de fumar cigarrillos y beber de la cerveza de mi padre. Siendo aún pequeña, la curiosidad me tomó por sorpresa un día, cuando estaba registrando por la casa y encontré la colección de revistas *Playboy* de mi padre, escondida en las gavetas de su cómoda. Sentí como si hubiera tropezado con un secreto, y salí corriendo del cuarto. Pero al mismo tiempo, me intrigaron las imágenes que vi. Con frecuencia, mi padre nos llevaba a mi hermana y a mí a la casa de su amante, donde nos abandonaban en la sala de estar y nos decían que viéramos televisión mientras mi padre se encerraba en la alcoba con su amiga. Aun a una edad tan temprana, yo estaba muy consciente de lo que estaban haciendo. Lo consideraba como un estilo de vida totalmente aceptable. Mi último encuentro con mi padre tuvo lugar cuando yo tenía ya más de veinte años. Aquel día entré al patio de su casa para encontrarme a un hombre borracho y furioso que me agitaba un cuchillo de carnicero frente a la cara.

A los cinco años, me mudé de vuelta a California para vivir con mi madre. Ella tiene la personalidad de un alcohólico furioso, pero sin el alcohol. Me viene a la mente la película *Mommy Dearest* ["Queridísima mamá"]. Era abusadora física, verbal y emocionalmente. El desagradable incidente que se me ha quedado más en la memoria fue un día, cuando yo estaba empacando para irme a un paseo de acampada con unos amigos de la familia. Me tropecé con ella en uno de sus arranques de furia, y me dio un bofetón tan fuerte en la cara, que un diente se me enterró en el labio. Ni qué decir tiene que al día siguiente tenía un labio inmensamente hinchado y un ojo morado. Le dije a todo el mundo que mientras comía, se me había deslizado el tenedor. Ella siempre me pedía disculpas y me decía que detestaba lo que había hecho, pero a continuación seguía hablando para decirme que me lo tenía bien merecido. Siendo niña, no recuerdo cuántas veces fui a parar al hospital. Recuerdo vívidamente cómo sacaban a mi madre del cuarto para preguntarme: "¿Te pegó tu madre?", y yo, poniendo una cara estoica, siempre respondía con un simple movimiento de cabeza diciendo que no. A lo largo de toda mi niñez, me convertí en la piñata humana de mi madre, víctima frecuente de intentos por asfixiarme, y evadiendo los espejos que ella me tiraba. También me golpeaba con lámparas, perchas y zapatos de tacón alto, y cualquier otra cosa que tuviera al alcance de su mano. Para sobrevivir en aquella vida disfuncional, me solía quedar tirada en la cama durante horas, fantaseando acerca de actos sexuales, repitiendo en mi cabeza una y otra vez los mismos sueños. Mi crianza estuvo tan llena de agitación, que no tuve más remedio que escapar a aquella locura. Inmediatamente antes de comenzar mi último año en la escuela secundaria, me emancipé. A los diecisiete años fui legalmente reconocida como adulta. Me mudé fuera de la casa, y me las arreglaba sola. Estaba decidida a romper el ciclo de disfunción en el que había estado metida durante toda la vida. Pero me había convertido en un producto de mi ambiente.

Me casé con mi novio de la escuela secundaria en junio de 1998. Nuestro matrimonio comenzó en medio de dificultades. Aunque habíamos sido novios durante ocho años antes de casarnos, casi parecía que en un instante habíamos puesto kilómetros de distancia entre nosotros, como si los años que habíamos pasado juntos se hubieran invertido de alguna manera. Nuestras conversaciones ya no tenían nada de familiares. Nos manteníamos en los temas superficiales. Los tiempos difíciles comenzaron a materializarse. Estábamos luchando económicamente, y vivíamos con sus padres. El enemigo me hundió los colmillos y comencé a ver mi matrimonio como un error; un "grave error verbal", por así decirlo; una penitenciaría rural. La amargura, el resentimiento y el odio comenzaron a dibujar una fea imagen, y mis visiones de un estilo de vida "normal" quedaron tiradas en la cuneta. Pasamos meses de peleas, y de un montón de promesas rotas. Yo sentía como si estuviera corriendo detenida en el mismo sitio. Sentía que se estaban aprovechando de mí, que no me respetaban ni me valoraban. Sentía que no tenía voz ni control de nada. Sentía que me habían robado mis sueños. Y lo peor de todo, sentía que estaba en una bancarrota emocional. Era entonces cuando mi carácter estallaba con una furia incontrolable; mi solución, el adulterio. Solo diez cortos meses después de casada, ya había engañado a mi esposo.

A medida que mi estilo de vida adictivo comenzaba a cobrar forma, tomé en mi trabajo un nuevo puesto que me exigía que volara a la Zona de la Bahía todos los lunes y volviera todos los jueves. Todo aquel tiempo libre lejos de mi esposo me daban la libertad que necesitaba para tomar mis propias decisiones, las cuales solo alimentaban mis formas enfermizas de conducta. En mi negación, nunca me había ido tan bien en la vida. Estaba atrayendo la atención de hombres que yo apenas conocía, y que apenas me conocían a mí. Todos los días me iba haciendo cada vez menos dependiente de mi matrimonio. Me sentía en control de la situación. Por fin estaba haciendo algo que yo pensaba que quería hacer, en lugar de tener que vivir de acuerdo a las normas de otra persona. Pero en mi corazón, sabía que había algo que andaba desesperadamente mal. Luchaba con mi confusión acerca de los valores cristianos que me habían enseñado de niña, opuestos a aquello que el mundo consideraba como una conducta aceptable. De repente sentí que solo conocía aquellos valores de la niñez de una manera intelectual. Por primera vez en mi vida, mi fe en Dios había sido puesta a prueba y sacudida, porque en aquel momento de mi vida, no tenía relación alguna con el Señor. Ignoré aquellos sentimientos y los reemplacé con el alcohol, la anorexia y el adulterio. Ahora me hallaba en una misión suicida, *"dedicada a una vida de engaño"*. Mi vida se fue enredando con las mismas mujeres sobre las cuales se me había advertido en las enseñanzas bíblicas de mi niñez: Jezabel, la esposa de Potifar y Dalila. Mi vida se había convertido en el reflejo de la mujer *"cuyo mayor logro en la vida era la destrucción del hombre que más la amaba"*. Mi estilo de vida prohibido progresó hasta convertirse en una doble vida. Seguí manteniendo un conjunto de apariencias que me habían sostenido a lo largo de los años. En el trabajo era una mujer equilibrada, serena y profesional. Entraba con una sonrisa en el rostro, iba a mi oficina, cerraba la puerta y actuaba con maldad usando la pornografía del internet y los cuartos de charla. Cuando estaba con mis amigos de la universidad, yo era la bebé. Hacía el papel de Mirna, la codependiente "inocente", la Mirna que nunca bebía, pero que cuidaba del resto del grupo cuando ellos lo hacían. En la iglesia, era la cristiana consagrada, escuchando a medias desde el banco de hormigón del exterior, pero asegurándome de que mis amigos y mi familia supieran que yo estaba presente y visible. Pero la Mirna real, la Mirna sin inhibiciones, salía a la superficie después de las horas de trabajo, cuando pasaba la mayor parte del tiempo en los bares, con el "club de los buenos viejos amigos". Podía contar un chiste sucio, o un par de ellos, y así ser una más del grupo. Mientras más bebía, más hablaba. Mientras más hablaba, más empezaba a culpar a las circunstancias por mi conducta. Mis amigos bebedores escuchaban la historia sin adornos de lo dura que era la vida para mí en mi hogar. Me volví una total despreocupada, con una desconsideración y una falta de respeto totales por mí misma y por los que me rodeaban. Mi vida era un libertino desastre.

Mi insaciable apetito por más, se manifestaba cuando trataba de llenar el vacío que llevaba dentro, solo para descubrir que no había manera alguna de satisfacer a aquella fea bestia. La forma en que me castigaba a mí misma y me controlaba, era pasar hambre, tanto espiritual como física. Mi imagen corporal se volvió para mí más importante que ninguna otra cosa en mi vida, incluyendo a la gente que más amaba. Ahora andaba en busca de la figura perfecta, costara lo que costara. Pasar hambre me hacía sentir como si estuviera tomando mis propias decisiones. Me ponía en una rígida dieta que consistía en un puñado de uvas al día y unas cantidades excesivas de Coca-Cola de dieta. Yo decidía lo que entraba en mi cuerpo. Yo decidía el aspecto que quería tener. Comencé a hacer ejercicios de una manera obsesiva, corriendo entre veinte y veinticuatro kilómetros al día. Este estilo de vida, unido a mi adicción sexual, dejaba mi cuerpo débil y sin alimento. Pesaba solamente cuarenta y dos kilos, tenía el rostro hundido y me estaba autodestruyendo con rapidez. En esos momentos, mi adicción iba a toda velocidad.

Mientras veía desarrollarse las escenas de mi vida, me volví desesperada por liberarme de mi "red de engaños". Tomé el teléfono y llamé a la Iglesia de Saddleback. Ellos me sugirieron que probara con Celebremos la Recuperación. Durante aquel tiempo, recordé los valores cristianos que me habían enseñado de niña mis abuelos, los cuales yo había sepultado a causa de mi ira y mi resentimiento con Dios. Finalmente, él había captado mi atención. Fue entonces cuando me di cuenta de algo: *"Yo no me entiendo a mí mismo, porque quiero sinceramente hacer lo bueno, pero no puedo. Hago lo que no quiero hacer, lo que aborrezco. Sé bien que no estoy actuando correctamente y la conciencia me dice que las leyes que estoy quebrantando son buenas. Más de nada me sirve, porque no soy yo el que lo hace. Es el pecado que está dentro de mí, que es más fuerte que yo, el que me hace cometer perversidades. Sé que en cuanto a mi vieja y malvada naturaleza soy un hombre corrupto. Haga lo que haga, no me puedo corregir. Lo deseo, pero no puedo. Cuando quiero hacer el bien, no lo hago; y cuando trato de no hacer lo malo, lo hago de todos modos. Entonces, si hago lo que no quiero hacer, está claro cuál es el problema: El pecado tiene aún clavadas en mí sus perversas garras."* (Romanos 7:15–20 LBAD) En aquel punto me sentí como si me hubieran vaciado por dentro, y estuvieran borrando lentamente el mundo, como yo lo conocía. No sabía de qué manera reconciliar aquellas piezas en conflicto de mi pasado. El sufrimiento se había vuelto al fin más fuerte que el temor. Había tocado fondo. Dos meses después de aquella fatídica noche en Celebremos la Recuperación, abrieron un grupo de estudio de los pasos para mujeres. Así que me conseguí una *Biblia para Celebremos la Recuperación* y un juego completo de guías del participante de Celebremos la Recuperación, y comencé mi peregrinaje a través de los 12 Pasos centrados en Cristo con unas mujeres con las cuales me podía identificar, y que también se podían identificar conmigo… y en un ambiente en el cual los secretos parecían no tener nada de imposibles. Al principio me mantuve a una distancia segura. Me guardaba mis secretos, de manera que nadie pudiera usar lo que sabía para hacerme daño. También me sentía horrorosamente fea, y pensaba que las cicatrices que me habían ido quedando eran visibles para todo el mundo. Pero cuando comencé a compartir, vi por vez primera a unas mujeres que se limitaban a guardar silencio todo el tiempo, escuchándome sin juzgarme. Comencé a comprender que aquella lucha interna que yo tenía, no era nada raro. Fue entonces cuando comencé a comprender que los sufrimientos de mi pasado desempeñaban un papel de máxima importancia en mi conducta. Comencé a darme cuenta de que me hallaba en un ciclo de adicción. Toda mi vida había visto a los hombres como objetos y estaba imitando lo que había aprendido en mi niñez. Había estado guardando un inmenso número de secretos: Secretos de mi niñez, secretos de mi vida adulta, secretos en el matrimonio. Pero decirlos en voz alta traía algo de realidad a mi vida. Hallé consuelo en la verdad de que no podía ser perfecta; que el matrimonio perfecto y el cuerpo perfecto eran cosas que no existían. Y lo más importante de todo es que vi lo lejos de mi relación con Cristo que había ido a caer. *"Problemas demasiado grandes se amontonan sobre mi cabeza. Me han alcanzado mis numerosísimos, mis incontables pecados, y siento vergüenza de alzar la vista." (Salmos 40:12 LBAD)*

El Principio 4 dice: Una apertura para un autoexamen y confesión de mis faltas a Dios y a alguien en quien confío. "Dichosos los de corazón limpio, porque ellos verán a Dios." (Mateo 5:8)

Comencé a explorar este nuevo territorio desconocido en Celebremos la Recuperación a base de trabajar con este principio, y así comenzó mi verdadera sanidad. Fue entonces cuando escuché hablar sobre la libertad prometida por Dios, y dejé de actuar incorrectamente. *"Y nada hay encubierto que no haya de ser revelado, ni oculto que no haya de saberse. Por lo cual, todo lo que habéis dicho en la oscuridad se oirá a la luz." (Lucas 12:2–3 LBLA)*

Cuando deposité mis pecados al pie de la cruz y me alejé de mis adicciones, Dios me declaró inocente. *"Él los vivificó con Cristo y les perdonó sus pecados; la prueba acusatoria que había contra ustedes, es decir, la lista de mandamientos que no habían obedecido, quedó anulada, clavada en la cruz de Cristo. De esta manera despojaba a Satanás del poder de acusarlos de pecado y proclamaba al mundo el triunfo de Cristo en la cruz." (Colosenses 2:13–15 LBAD)*

He logrado una reconciliación en mi relación con mi esposo, y hoy en día mis relaciones se basan en la sinceridad y la confianza. Mi matrimonio ha sido restaurado. Los desafíos siguen presentes. El matrimonio exige esfuerzo. Y mi visión del matrimonio es que cada pareja necesita discutir de vez en cuando, solo para probar que la relación es lo suficientemente fuerte para sobrevivir a las discusiones. Hemos sido bendecidos con los dones más preciosos de todos: Dos hermosas niñas. Mi nuevo ministerio en la vida es mi familia. Mientras que antes ocupaba un segundo lugar, después de mi trabajo y de mi comportamiento adictivo, ahora es mi prioridad. De hecho, en los tiempos que corren, en los cuales las personas se hallan tan accesibles con los teléfonos inteligentes, los iPads, iPods y demás, nuestra familia tiene una norma: "En la mesa, nada electrónico". Lo más importante de todo es que les estoy enseñando a mis hijas que no hay NADA más importante que el tiempo que paso con ellas. Nada de correos electrónicos, mensajes de texto, tweets, llamadas telefónicas y todo lo demás.

En cuanto a mi madre y mi padre he encontrado fuerzas en mi corazón para perdonarlos, aunque todavía no tengo una relación con ninguno de los dos. A pesar de haber hecho intentos durante años, sigo firme en la realidad de que ninguno de ellos es una persona que es seguro tener cerca de mí, de mi esposo o de mis niñas. Ninguno de los dos ha cambiado su manera de actuar y, lamentablemente, se han quedado solos para vivir en medio de su propia tristeza. He aprendido a aceptar mi dolor y tomado la decisión de abandonar mi vida de engaño y destrucción.

Al reflejar ahora en mi vida, le doy gracias a Dios porque su verdad y su comprensión nunca fallan. Recuerdo el camino que tuve que andar por medio de Celebremos la Recuperación para traer el equilibrio al caos de mi vida, y veo en el presente las bendiciones que se reciben cuando se puede ayudar a las personas a usar Celebremos la Recuperación como herramienta para hacer reales la paz y el gozo en su propia vida. He usado estas mismas herramientas para continuar obediente y sumisa a Cristo como esposa, madre y empleada. Dios ha tomado mi tragedia y la ha usado como testimonio de mi fe. Sobre todo, le doy gracias a Dios porque, a diferencia de la vida de Dalila, la vida no es "una vida desperdiciada" y Él escogió liberarme en lugar de borrarme de la historia, como hizo con Dalila. Ya no son mis errores y fallos del pasado los que me definen. Por la gracia de Dios únicamente, hoy, cuando me miro en el espejo, ya no me veo como alguien que trata de llegar a la perfección, o como una adúltera, una alcohólica o una anoréxica. Me veo a mí misma como una madre, esposa e hija de Dios increíblemente bendecida.

En la vida de las corporaciones estadounidenses, yo solía volar cada semana, y encontrarme en situaciones comprometedoras debido a la ausencia de mi esposo. Irónicamente, Dios está usando ese mismo patrón de los vuelos, que tanto hizo para destruir virtualmente mi vida, pero ahora me está restaurando a la integridad total. Hoy en día sirvo en el equipo de conferencias de Celebremos la Recuperación, y tengo el privilegio de viajar cada dos semanas a diferentes ciudades de la nación y del extranjero para ayudar a coordinar los seminarios de un día de duración de Celebremos la Recuperación. Mi equipo de rendición de cuentas se extiende ahora por toda la nación, puesto que he ido llenando mi vida de mujeres y hombres de Dios en los cuales busco orientación todos los días. Con una compañera de rendición de cuentas en casi cada estado, ya no tengo manera de esconderme.

Esto me recuerda la promesa de Dios que dice: *"Aunque te encuentres desterrado en el lugar más distante de la tierra, desde allá el Señor tu Dios te traerá de vuelta, y volverá a reunirte"* (Deuteronomio 30:4).

¿Sabe? *"Hubo un tiempo en que yo rehusaba reconocer lo pecador que era. Pero mi falsedad me torturaba y llenaba mis días de frustración. Día y noche su mano pesaba sobre mí. Mi fuerza se evaporaba como agua en día de sol… Dije para mí: 'Se los voy a confesar al Señor'. ¡Y tú me perdonaste! Toda mi culpa se esfumó."* (Salmos 32:3–5 LBAD)

Gracias por haberme permitido compartir con ustedes.

Principio 5

Para que Dios pueda hacer los cambios en mi vida, me someto voluntariamente a Él y con humildad le pido que remueva mis defectos de carácter.

"Dichosos los que tienen hambre y sed de justicia, porque serán saciados." (Mateo 5:6)

Lección 14

Listo

Principio 5: Para que Dios pueda hacer los cambios en mi vida, me someto voluntariamente a Él y con humildad le pido que remueva mis defectos de carácter.

"Dichosos los que tienen hambre y sed de justicia, porque serán saciados." (Mateo 5:6)

Paso 6: Estamos completamente listos para que Dios remueva todos nuestros defectos de carácter.

"Humíllense delante del Señor, y él los exaltará." (Santiago 4:10)

Introducción

¡Felicidades! Si está listo para el Principio 5 ya ha dado algunos pasos grandes en el camino a la recuperación. Admitió que tenía un problema y que no tenía autoridad sobre él; llegó a creer que Dios podía e iba ayudarle; le buscó y entregó su vida y voluntad a Su cuidado y dirección; escribió un inventario espiritual y se lo confesó a Dios y a otra persona. ¡Ha estado ocupado! Eso es mucho trabajo, ¡trabajo difícil!

Tal vez esté pensando que ya es tiempo de tomar un descanso y relajarse por un momento. ¡Piénselo otra vez!

El Paso 6 (Principio 5) ha sido referido como el paso "¡que separa a los hombres de los niños!" También me gustaría agregar, "¡separa a las mujeres de las niñas!" Así que esta noche vamos a contestar la pregunta: "¿Qué significa estar completamente LISTO?"

Listo

Una de las razones por las que el Principio 5 "separa a los hombres de los niños", o a las mujeres de las niñas, según corresponda, es porque se declara que estamos listos para que "voluntariamente nos sometamos a cada cambio que Dios quiera hacer en nuestras vidas."

La mayoría de nosotros, si no todos, estaríamos muy dispuestos a permitir que *ciertos* defectos de carácter desaparecieran. ¡Mientras más rápido, mejor! Pero admitámoslo, algunos defectos son difíciles de abandonar.

Soy un alcohólico, pero llegó un tiempo en mi vida, un momento de claridad, cuando supe que había tocado fondo y estaba listo para dejar de tomar. Pero, ¿estaba listo para dejar de mentir? ¿Dejar de ser codicioso?

¿Listo para dejar ir los resentimientos? Había estado haciendo estas cosas por mucho tiempo. ¡Como la maleza en un jardín, habían echado raíces!

Hemos formado nuestros defectos de carácter, nuestros complejos, nuestros hábitos durante períodos de diez, veinte o treinta años. En este principio usted y Dios, juntos, van a tratar todos estos defectos. ¡*Todos* ellos!

El acróstico de esta noche le mostrará cómo estar **LISTO** para permitir que Dios haga eso.

Liberar el control
Iniciar con calma
Someterse al cambio
Trabajar en reemplazar sus defectos de carácter
Objetivamente dar lugar al crecimiento

La primera letra de esta noche, la *L*, se refiere a LIBERAR el control. Eso me recuerda una historia que escuché.

Un hombre se acercó a un viejo amigo en un bar y le dijo: "Pensé que habías dejado de beber. ¿Qué pasó, no hay autocontrol?" El amigo respondió: "Claro que tengo mucho autocontrol. ¡Sólo que estoy demasiado decidido como para usarlo!"

Dios es muy cortés y paciente. En el principio 3 él no impuso su voluntad en usted. ¡El esperó que usted lo invitara!

Ahora, en el Principio 5 usted necesita estar "completamente listo," dispuesto para dejar que Dios trate con cada área de su vida. Él no entrará y limpiará un área al menos que usted esté dispuesto a pedírselo.

Se ha dicho que "la disposición es la llave que entra en la cerradura y abre la puerta que permite a Dios comenzar a eliminar sus defectos de carácter". Me gusta la forma en que el salmista invita a Dios a obrar en su vida: "Ayúdame a hacer tu voluntad, pues tú eres mi Dios. Guíame por buenas sendas, pues tu espíritu es bueno." (Salmos 143:10 LBAD)

Entonces, la L de Liberar el control significa: "¡Soltar y dejar que Dios obre!"

La segunda letra, *I*, quiere decir INICIAR CON CALMA. ¡Estos principios y pasos no son arreglos rápidos! Usted necesita darle tiempo a Dios para obrar en su vida.

Los principios van más allá de solamente ayudarle a dejar de hacer lo malo. Recuerde, el pecado es el *síntoma* del defecto de carácter.

Déjeme explicarle. El pecado es como la maleza en un jardín: Seguirá reapareciendo al menos que sea cortada desde la raíz. Y las raíces son los actuales defectos de carácter que *causan* el pecado particular. En mi caso, el mayor pecado en mi vida era abusar del alcohol. Ese era el acto, el pecado, el defecto de carácter era mi falta de una completa imagen personal. Así que cuando trabajé el Principio 5 traté mi defecto, mi falta de imagen personal que me causó pecar abusando del alcohol.

Eso toma tiempo, pero Dios lo hará. ¡Él prometió! "Encomienda al Señor todo cuanto haces, confía en que Él te ayudará a realizarlo." (Salmos 37:5 LBAD)

La próxima letra es *S*: De SOMETERSE al cambio.

Ver la necesidad de cambiar y permitir que el cambio ocurra son dos cosas diferentes y el espacio entre reconocimiento y disposición pueden ser lleno con temor. Además de eso, el temor puede provocar nuestra vieja dependencia en nuestro propio control. Pero este principio no funcionará si todavía estamos atrapados por nuestra voluntad. Necesitamos estar preparados para aceptar la ayuda de Dios a través de la transición. La Biblia lo deja bien claro en 1 Pedro 1:13–14: (LBAD) "Por tanto, ceñid vuestro entendimiento para la acción; sed sobrios en espíritu, poned vuestra esperanza completamente en la gracia que se os traerá en la revelación de Jesucristo. Como hijos obedientes, no os conforméis a los deseos que antes teníais en vuestra ignorancia."

Como dije, todos los pasos que ha dado en el camino a la recuperación le han ayudado a construir el fundamento para la "última rendición" que se encuentra en el Principio 5.

Santiago 4:10 dice: "Humíllense delante del Señor, y él los exaltará." Todo lo que necesitamos es tener la disposición para dejar que Dios nos guíe en nuestro camino a la recuperación.

Vamos a la siguiente letra en Listos, la cual es extremadamente importante: ¡TRABAJAR en reemplazar sus defectos de carácter!

Usted gastó mucho tiempo en sus complejos, compulsiones, obsesiones y hábitos. ¡Cuando Dios quite uno, usted necesitará reemplazarlo con algo positivo, como reuniones de recuperación, actividades de la iglesia, servicio de 12 pasos y ser voluntario! Si usted no lo hace, se expone a volver al defecto de carácter.

Escuche a Mateo 12:43–45 (DHH): "Cuando un espíritu impuro sale de un hombre, anda por lugares secos buscando descanso; y si no lo encuentra, piensa: 'Regresaré a mi casa, de donde salí.' Cuando regresa, encuentra a ese hombre como una casa desocupada... Entonces va y reúne otros siete espíritus peores que él, y todos juntos se meten a vivir en aquel hombre."

Dije que uno de mis más grandes defectos de carácter era una imagen negativa de mí mismo, una inexistente autoestima, para ser más exacto. Gasté mucho tiempo en bares, intentando obviarlo. Cuando comencé a trabajar los 12 Pasos, descubrí que tenía mucho tiempo en mis manos. Intenté llenarlo haciendo cosas positivas que construyeran mi autoestima, en lugar de dañar la misma.

Además de trabajar mi programa y asistir a reunión tras reunión, tuve comunión y trabajé con gente "saludable". Fui voluntario. Y al pasar los meses, también me involucré más en la iglesia. Entonces Dios me llamó a empezar a formar Celebremos la Recuperación. Comencé a estudiar en el seminario.

No tiene que comenzar un ministerio, pero usted tiene que reemplazar su defecto negativo de carácter con algo positivo. Hay muchas, muchas oportunidades para servir e involucrarse en la iglesia.

La última letra es *O*: OBJETIVAMENTE dé lugar al crecimiento.

Al principio, sus propias dudas y vaga imagen personal pueden decirle que usted no es merecedor del crecimiento y progreso que está haciendo en el programa. ¡No las escuche! Dé lugar al crecimiento. Es el trabajo del Espíritu Santo en usted.

"El que ha nacido a la familia de Dios no practica el pecado, porque la vida de Dios está en él; no puede vivir entregado al pecado porque en él ha *nacido una nueva vida.*" (1 Juan 3:9 LBAD)

Resumen

La pregunta es: "¿Está completamente listo para voluntariamente someterse a cualquiera de todos los cambios que Dios quiere hacer en su vida?"

Si lo está, entonces lea los versículos del Principio 5a que se encuentran en la Guía 3 del Participante en la página 34, y haga la siguiente oración:

Querido Dios, gracias por llevarme tan lejos en mi viaje de recuperación. Ahora oro para que me ayudes a estar completamente listo para cambiar todos mis fracasos. Dame la fuerza para tratar con todos mis defectos de carácter que he entregado ante ti. Permíteme aceptar todos los cambios que quieres hacer en mí. Ayúdame a ser la persona que quieres que sea. En el nombre de tu Hijo oro. Amén.

Lección 15

VICTORIA

Principio 5: Para que Dios pueda hacer los cambios en mi vida, me someto voluntariamente a Él y con humildad le pido que remueva mis defectos de carácter.

"Dichosos los que tiene hambre y sed de justicia, porque serán saciados." (Mateo 5:6)

Paso 6: Estamos completamente listos para que Dios remueva todos nuestros defectos de carácter.

"Humíllense delante del Señor, y él los exaltará." (Santiago 4:10)

Paso 7: Humildemente le pedimos a Dios que remueva todas nuestras deficiencias.

"Si confesamos nuestros pecados, Dios, que es fiel y justo, nos los perdonará y nos limpiará de toda maldad." (1Juan 1:9)

Introducción

Esta noche vamos a repasar el Principio 5. Vamos a contestar la pregunta: ¿Cómo puede tener victoria sobre sus defectos de carácter?

Victoria

Usaremos el acróstico VICTORIA.

Voluntariamente sométase
Identifique los defectos de carácter
Cambie su mente
Total entrega de los defectos de carácter
Obre un día a la vez
Recuperación es un proceso
Inicie
Admita que necesita cambiar

La *V* es VOLUNTARIAMENTE someterme a cada cambio que Dios quiera que haga en mi vida y humildemente pedirle que quite mis defectos. La Biblia dice que debemos hacer una ofrenda de nuestras propias vidas a Dios. "Por lo tanto, hermanos, tomando en cuenta la misericordia de Dios, les ruego que cada uno de ustedes, en adoración espiritual, ofrezca su cuerpo como sacrificio vivo, santo y agradable a Dios." (Romanos 12:1)

Cuando aceptó el Principio 3 usted tomó la decisión más importante de su vida al escoger entregar su vida a la voluntad de Dios. Esa decisión lo puso en buena relación con Dios; usted aceptó y determinó seguir a Su Hijo Jesucristo como a su Salvador y Señor.

Luego comenzó a trabajar en usted mismo. Hizo un inventario moral minucioso y audaz de su vida. El primer paso en una victoria es reconocer al enemigo. Mi inventario me mostró que yo era mi mayor enemigo.

Se volvió limpio al admitir y confesarse a usted mismo, a Dios y otra persona sus fallas y sus pecados. Probablemente por primera vez en su vida usted fue capaz de quitarse los lentes empañados de la negación y ver la realidad con un enfoque limpio y claro.

¿Cómo inicia el proceso de permitir que Dios haga los cambios positivos en su vida que tanto usted como él desean?

Empiece por hacer la *I* en victoria: IDENTIFICAR en cuáles defectos de carácter desea trabajar primero. Regrese a las fallas, defectos y pecados que descubrió en su inventario. Caer no lo hace un fracasado, ¡quedarse ahí, sí! Dios no solamente desea que admitamos nuestras faltas; ¡Él desea hacernos perfectos! Dios desea darnos un futuro y una esperanza. Él no solamente desea perdonarnos, ¡desea cambiarnos! Pídale primero a Dios que elimine esos defectos de carácter que le están causando más dolor. ¡Sea específico! "La mente del hombre planea su camino, pero el Señor dirige sus pasos." (Proverbios 16:9 NBLH)

Vamos a la letra *C*, la cual significa que CAMBIE su mente.

Segunda de Corintios 5:17 nos dice que cuando usted se vuelve cristiano, es una nueva criatura, una nueva persona en su interior. La vieja naturaleza se va. Los cambios que van a suceder son el resultado de un esfuerzo de equipo. Su responsabilidad es actuar para seguir la dirección de Dios para el cambio. Debe permitirle a Dios que le transforme (cambie) al renovar su mente.

Veamos Romanos 12:2 (LBAD): "No imiten la conducta ni las costumbres de este mundo; sean personas nuevas, diferentes, de novedosa frescura en cuanto a conducta y pensamiento. Así aprenderán por experiencia la satisfacción que se disfruta al seguir al Señor."

Transformar algo significa cambiar su condición, su naturaleza, su función y su identidad. Dios quiere cambiar más que solo nuestro comportamiento. Él desea cambiar la forma en que pensamos. Simplemente cambiar el comportamiento es como cortar la maleza en un jardín en lugar de sacarla. La maleza siempre vuelve a crecer al menos que sea arrancada de raíz. ¡Necesitamos permitir que Dios transforme nuestras mentes!

Cuando comienzo a quejarme del pasado o a temer el futuro, recuerdo Éxodo 3:14 donde Dios nos dice que Su nombre es "Yo soy."

No sé quién tiene el crédito de la siguiente ilustración, pero es buena. Dios me dice que cuando vivo en el pasado con sus errores y quejas, la vida es dura. Puedo regresar a Dios para sanarme, para perdonarme, para perdonar mis pecados. Pero Dios no dice: Mi nombre es "Yo era". Dios dice: Mi nombre es "Yo soy."

Cuando vivo en el hoy, este momento, iniciando un día a la vez, la vida no es dura. Dios dice: "Vengan a mí los que estén cansados y afligidos y yo los haré descansar." (Mateo 11:28 LBAD)

¿Cómo? A través de la *T* en victoria: TOTAL entrega de nuestros defectos de carácter a Jesucristo. Descansar en su fuerza de voluntad, en su propia obstinación, ha bloqueado su recuperación. Sus esfuerzos anteriores para cambiar usted solo sus heridas, complejos y hábitos, no tuvieron éxito. Pero si usted hace lo que dice Santiago 4:10: "Humíllense delante del Señor, y él los exaltará" sí lo tendrá.

Humildad no es una mala palabra y ser humildes no quiere decir que sea débil. La humildad es como la ropa interior: Debemos usarla, pero no tenemos que mostrarla. La humildad es tener un concepto correcto de sí mismo, es decir, vernos como Dios nos ve.

Usted no puede proseguir en su recuperación hasta que entregue sus defectos de carácter a Jesús. Déjelos ir. ¡Permita que Dios obre!

La letra siguiente es la *O*: OBRE un día a la vez.

Sus defectos de carácter no se desarrollaron de un día para otro, así que no espere que desaparezcan al instante. ¡La recuperación se produce *un día a la vez!* Es necesario que trabaje con las heridas, los complejos y los hábitos de toda una vida en incrementos de veinticuatro horas. Tal vez haya oído un refrán que dice: "La vida por metros es dura; por centímetros, un paseo". Esto mismo fue lo que dijo Jesús: "No te afanes por el mañana, que el mañana está en manos de Dios. Confía pues en él." (Mateo 6:34 LBAD)

Cuando comienzo a lamentarme por el pasado, o le temo al futuro, leo Éxodo 3:14, donde Dios nos dice que su nombre es "Yo soy".

No estoy seguro sobre quién se llevará el crédito por la siguiente ilustración, pero es muy certera. Dios me dice que cuando vivo en el pasado, con sus errores y remordimientos, la vida es dura. Yo puedo ir con Dios hasta él para que me sane, me perdone a mí y perdone mis pecados. Pero Dios no dice que su nombre es "Yo era". Dios dice que su nombre es "Yo soy".

Cuando trato de vivir en el futuro, con sus problemas y temores desconocidos, la vida se hace difícil. Yo sé que Dios estará conmigo cuando ese día llegue. Pero Dios no dice que su nombre es "Yo seré". Lo que dice es que su nombre es "Yo soy".

Cuando vivo en el día de hoy, este momento, un día a la vez, Dios me dice: "Aquí estoy". "Vengan a mí todos ustedes que están cansados y agobiados, y yo les daré descanso." (Mateo 11:28)

Veamos la letra *R*: RECUPERACIÓN es un proceso, "un día a la vez" luego "otro día a la vez."

Una vez que usted le pide a Dios que le quite sus defectos de carácter, usted comienza un viaje que lo llevará a una nueva libertad de su pasado. No busque perfección, al contrario regocíjese en un proceso seguro. Lo que necesita buscar es "mejorar pacientemente". Oiga estas expresiones de ánimo de la Palabra de Dios: "Y estoy seguro que Dios, que comenzó en ustedes la buena obra, les seguirá ayudando a crecer en su gracia hasta que la obra que realiza en ustedes quede completa en el día en que Jesucristo regrese." (Filipenses 1:6 LBAD)

Seguimos con la letra *I* en el acróstico: INVARIABLE disposición.

Necesita disponerse a que Dios obre juntamente con usted. Ahora está considerando lo que el Paso 6 dice: Usted está "completamente listo para que Dios remueva todos sus defectos de carácter". Usted está en un lugar en su recuperación en el cual dice: "Ya no quiero vivir de esta forma. Quiero deshacerme de mis heridas, complejos y hábitos. Pero, ¿cómo lo hago?

¡La buena noticia es que *usted* no es quien lo hace!

El paso 6 NO dice: "Está completamente listo para quitarse *usted* mismo todos sus defectos de carácter" ¿Verdad que no? ¡NO! Lo que dice es: "Usted está completamente listo para que *Dios* remueva todos sus defectos de carácter".

La última letra en Victoria es *A*: ADMITA que necesita cambiar.

Mientras mantenga la confianza en usted mismo, es imposible una verdadera confianza en Jesucristo. Usted debe voluntariamente someterse a cada cambio que Dios desea que usted haga en su vida y humildemente pedirle que quite sus defectos. Dios está esperando cambiar sus debilidades en fortalezas. Todo lo que necesita hacer es *¡pedirlo humildemente!*

"Dios da fuerzas al humilde y se opone a los orgullosos y soberbios. Sométanse humildemente a Dios. Resistan al diablo y huirá de ustedes. Acérquense a Dios y Él se acercará a ustedes." (Santiago 4:6–8 LBAD)

Resumen

Para hacer cambios en nuestras vidas todo lo que tenemos y necesitamos hacer es estar *completamente* preparados para permitir que Dios sea el que nos haga cambiar. No somos el comité del "cómo" y "cuándo". Somos el comité de preparación: Todo lo que tenemos que hacer es ¡estar *listos*!

Esta noche Jesús le está preguntando: "¿Desea ser sanado, quiere cambiar?" Usted debe elegir cambiar. ¡De eso se trata el Principio 5!

Terminemos con una oración.

Querido Dios, muéstrame tu voluntad cuando trate con mis defectos. Ayúdame a no resistirme a los cambios que tú has planeado para mí. Necesito que "dirijas mis pasos". Ayúdame a estar en el hoy, no a escarbar en el pasado o perderme en el futuro. Te pido que me des el poder y la sabiduría para hacer lo mejor que pueda hoy. En el nombre de Cristo oro. Amén.

TESTIMONIO DEL PRINCIPIO 5

Me llamo José, creo en Jesucristo y le estoy muy agradecido. Lucho con la codependencia.

Mis primeros recuerdos se remontan probablemente al jardín de la infancia y a los comienzos de la primaria. Yo era un niño muy feliz y extrovertido. Era muy activo, estaba lleno de gozo y de energía, y me sentía seguro y cómodo dentro de mi propia piel. Mi familia estaba compuesta por mi madre, mi padre, mi hermano tres años mayor que yo y después dos hermanas gemelas un año más jóvenes que yo. Vivíamos todos juntos en Duluth, Minnesota. Mis padres eran salvos y pertenecían a una emocionante iglesia pentecostal independiente que era nueva. Ellos eran jóvenes y llenos de celo, y tenían amigos jóvenes y llenos de celo, y un pastor joven y lleno de celo. Mi padre trabajaba en una tienda de ropa para hombres, y mi madre se quedaba en casa con nosotros, sus hijos. Algunas de las familias de nuestra iglesia joven y llena de celo se reunieron y decidieron comprar una propiedad en las afueras de los límites de la ciudad, en una encantadora zona boscosa. Querían construir algunas casas que estuvieran juntas y formar un vecindario cristiano donde hubiera niños cristianos, montando bicicletas cristianas en un camino cristiano donde unos perros cristianos perseguían a unos gatos cristianos.

Nuestra familia firmó enseguida el proyecto, y pronto estábamos viviendo en una cabaña de troncos recién construida en Morning Star Drive. Supongo que estaría en segundo grado o así, cuando nos fueron llamando uno por uno a los hermanos, que no teníamos ni idea de lo que estaba sucediendo, al dormitorio de mis padres para darnos la noticia de que se divorciaban. Así fue como mi madre nos lo quiso comunicar a nosotros. Este es uno de los pocos recuerdos que se han quedado grabados. Recuerdo la textura sin terminar de los balostres de madera del balcón, cómo mi mano iba detrás de mí en el barandal para tratar de hacer más lenta como pudiera mi llegada al cuarto de mis padres. Mi hermano mayor salió sollozando, y yo seguí caminando hacia su cuarto, tratando de mirar a través de una rendija de la puerta. Detrás de aquella puerta había algo malvado agazapado: Depresión, sufrimiento… un cambio que nadie había pedido y que no era bien recibido.

Yo me quedé muy callado después del anuncio del divorcio. Mis padres solían pelear mucho antes del anuncio, pero ahora mi padre no sentía deseos de pelear, se había dado por vencido. Nuevamente, la comprensión de las peleas a gritos del pasado vino *después* que el silencio cayó sobre aquella gran casa de troncos. Mi padre, uno de los héroes, si es que hay alguno en este testimonio, estaba infinitamente triste. Mi madre sabía el dolor que estaba causando, así lo creo, pero al mismo tiempo, he llegado a comprender que en realidad no lo sabía. No estaba tomando unas decisiones basadas en la verdad. Se estaba mintiendo a sí misma, y mintiéndonos a nosotros, acerca de lo divertida que sería su nueva vida, *nuestra* nueva vida. Eran unos nuevos comienzos, una aventura nueva y emocionante. Su mundo era una fantasía inteligentemente construida a base de la idea de que la hierba del otro lado de la cerca era más verde.

Empacó nuestras cosas y nos mudó lejos de mi padre, a una granja donde nos esperaba una nueva familia. Recuerdo que volvió la cabeza hacia nosotros, que íbamos en el asiento del frente y el de atrás, mientras seguía conduciendo y repitiendo una y otra vez: "¿Verdad que esto es emocionante?"

En la primera reunión de la que pronto sería nuestra familia política, recuerdo una gran cantidad de perros y el olor de una granja lechera. Me convencí: Aquello SÍ parecía emocionante. Mis hermanas también tomaron las cosas como venían, pero mi hermano mayor no. Yo *me adapté* a esa nueva vida. Hacía todo lo que me decían; era dócil; me divertía; montaba motocicletas; ayudaba con el trabajo del heno; salía de acampada con mi hermanastro; disparaba una pistola, montaba en el vehículo de tres ruedas, me atrevía a agarrar con la mano una cerca electrificada para ver quién la podía tener agarrada más tiempo. Lo hice. Me adapté. Mi hermano no.

En medio de la caótica relación entre mi madre y el nuevo esposo, mi hermano se volvió un poco loco. Nuestro hermanastro mayor era un bestial adolescente abusador que tenía el mal carácter de su padre. Estaba lleno de odio, y yo me mantenía lejos de él, me reía con sus chistes sucios y hacía lo que me decían. Mi hermano no se reía, no hacía lo que le decían, ni se alejaba del camino de nadie.

Una noche, estando en el granero, mi hermano se acabó de cansar de nuestro "hermanastro abusador" y trató de romperle la cabeza con un tubo de plomo. Falló malamente. Vi cómo mi hermano pagaba un terrible precio por enfrentársele a un abusador. Fue una experiencia aterradora, que nos llevó a mí y a mi hermano a mudarnos de vuelta con nuestro padre. Mi hermano y yo llevábamos una nueva existencia en la casa de mi padre, que se había vuelto una inmensa tumba vacía hecha de troncos. Mi padre no estaba superando muy bien la situación, y nosotros no nos bastábamos para animarlo a seguir adelante. Había visto desplomarse su iglesia unos cuantos meses antes por un escándalo. Su iglesia, su matrimonio y su vida le habían sido robados; no tenía nada en qué apoyarse; esa era su nueva realidad, y también la nuestra.

En algún punto de la transición de la escuela primaria a la escuela media, la depresión se apoderó de mí como anestesia. Recuerdo cuándo comenzó y cuándo salí de ella. Comía mucho, eso lo sabía. Era como una aspiradora eléctrica a baja velocidad. Todas las cosas de comer que me caían cerca, me las devoraba; con lentitud pero continuamente, comencé a ver todo lo que la televisión ofrecía en las horas posteriores a las clases, mientras otros niños estaban fuera jugando. Comencé a saltarme las clases, fingiendo constantemente que tenía una migraña. Mi madre se divorció de nuevo y se marchó de la granja. *A mí no me importaba; yo estaba deprimido.* Ella se había arrepentido de su falta de juicio, y mi hermano y yo íbamos a vivir de nuevo con ella y con mis hermanas en una hermosa casa adosada. *A mí no me importaba; yo estaba deprimido.* Estaba de nuevo con mi madre, mis hermanas y mi hermano, y me estaban llevando a consejería. Ahora sí me importaba aquello. Lo odiaba. Tal vez fuera el odio que le tenía a la consejería el que me hiciera despertar de mi depresión. La consejería me asustaba fuertemente.

Cuando por fin desperté del estupor de mi depresión, me encontré dentro del cuerpo de un niño mayor introvertido, obeso y asustado. Mi madre estaba recibiendo ayuda del gobierno para tratar de hacer unos estudios, de manera que yo tenía que usar una gran cantidad de ropas de segunda mano. Los abusadores me aterraban. Yo era mucho más grande que la mayoría de los niños de mi edad, pero les tenía miedo a todos. Era lo que los demás decían que era. En mi mente no cabía la menor duda. Todo lo que quería era desaparecer. Así era como iba saliendo adelante. Comencé a enfrentarme a los problemas por medio de la invisibilidad. La mejor manera de describirme en aquellos momentos de mi vida era decir que se trataba de un niño muy voluminoso que quería que todas las partes de su cuerpo desaparecieran en el aire. Estaba llevando una vida de "callada desesperación". Mis compañeros de clases me torturaban y atormentaban, abusaban de mí física y emocionalmente, y yo sentía que me lo merecía.

Estaba indefenso, impotente y paralizado a diario por el miedo, silenciado continuamente por una devastadora inseguridad. A veces, esta abrumadora inseguridad trata de apoderarse de mí. Me quedan residuos de un extraño miedo social, pero he aprendido a confiar en que esos residuos han quedado porque Dios tiene un propósito. Decido aceptar mi debilidad y decir con Pablo: *"Su poder se perfecciona en mi debilidad. Cuando soy débil, entonces soy fuerte."*

Un día, todo comenzó a cambiar. El cambio comenzó cuando me le enfrenté a un chico de mi clase que quería tomar mi asiento y, qué le parece: Él se echó atrás. Yo comencé a levantar pesas, después me fui solo a pedir que me admitieran en el equipo de fútbol, y lo logré. Entonces me fui al grupo de jóvenes de la iglesia, y comencé a hacer chistes y a hablar con las chicas. Cuando llegó el penúltimo año de la escuela secundaria, estaba comenzando a jugar para el equipo de fútbol en los torneos universitarios, y DISFRUTANDO de la escuela por primera vez en la vida.

Mis notas eran horribles, pero yo estaba feliz y era independiente. Me había estado involucrando cada vez más en el grupo de jóvenes, y comencé a desarrollar una vibrante relación con Dios. Había orado para ser salvo a los cinco años con mi padre, pero ahora estaba comenzando a comprender el llamado a servirle, y a responderle. A los quince años, me comprometí seriamente con Jesucristo. Prometí vivir para Él todo el resto de mi vida. Me gradué de la secundaria y terminé mudándome con mi madre a las Ciudades Gemelas, donde volví a ser "un don nadie". Un par de universidades locales me habían reclutado con pocas ganas para que jugara fútbol y había recibido una pequeña beca en una universidad cristiana de Missouri, pero aquella inseguridad regresó más fuerte que nunca, convenciéndome de que todos mis esfuerzos por triunfar eran inútiles. Comencé a caer de nuevo lenta, pero continuamente en la depresión. No estaba en la iglesia ni en la escuela. Estaba de vuelta a una existencia cotidiana carente de sentido, sin propósito alguno, trabajando en las horas de la noche en una gasolinera local. Mi madre hizo muchas relaciones en los años posteriores a la granja, todos unos holgazanes, pero en St. Paul, Minnesota, se buscó al rey de todos ellos en un bar una noche de verano.

Él le dijo que era hijo de un director ejecutivo adinerado, y que le devolvería lo que ella gastara si decidía ir a un fin de semana de fiestas en Duluth. No tenía intención alguna de pagar nada; no era hijo de ningún director ejecutivo. Era un timador que utilizaba al máximo las tarjetas de crédito de ella, acabando con sus ahorros, hasta que por fin demostró quién era realmente. Una noche tomó el Cadillac rentado que mi madre había pagado para su espléndida fantasía de fin de semana, y desapareció. Después que mi madre llamó a la policía unos pocos días después de su desaparición, yo lo encontré a altas horas de la noche sin conocimiento en el asiento del Cadillac robado. Todo el tiempo, yo quería salvar a mi madre de esos personajes. Ella siempre se las arreglaba para hacerme creer que eran buenas personas, y entonces, cuando se volvía contra ellos, allí estaba yo con ella, consolándola y animándola. Yo estaba ciego en cuanto a la responsabilidad que tenía ella en esas situaciones. Quería ser el favorito de alguien; salvar a alguien, y ella estaba comenzando a confiar en mi hombro para llorar sobre él. Me hiciera ella lo que me hiciera a mí, o a la familia a lo largo de los años, yo la amaba, aún creía en ella, ella confiaba en mí, y a eso era a lo que yo me aferraba con desesperación. Así que llamé a la policía para que se llevara al inútil del Cadillac, y fui el héroe… hasta que mi madre decidió pagar la fianza y sacar a aquel estafador de la cárcel. Cuando entró con él por la puerta, faltó poco para que yo me cayera de la silla. El rey estaba de regreso. Le di a mi madre un ultimátum. Estaba asombrado, histérico y lleno de ira cuando ella me dio la respuesta: No. Aquel hombre se quedaría, y yo me tendría que marchar. Allá me fui, de vuelta a la casa de mi padre.

Poco después de mudarme de vuelta con mi padre, tuve la oportunidad de mudarme al norte para jugar fútbol en una universidad comunitaria. En aquella institución tan remota y escondida fue donde conocí los maravillosos efectos adormecedores del alcohol. Me era fácil soltarme por completo allí en Virginia, Minnesota. Estaba solo, estaba deprimido y era un verdadero desperdicio. Mi vida consistía en el fútbol, un infeliz horario de clases, alcohol donde fuera y como fuera que lo pudiera conseguir, y una novia escogida para que estuviera a la altura de mis cambios de humor y mi costumbre de beber. Me había conectado con una iglesia local en el momento de llegar, pero la iglesia no me pudo aguantar; estaba demasiado envuelto en mi sufrimiento, en mi manera de sobrellevar la vida. El descubrimiento del alcohol había sido una revelación. Me había deprimido más, pero en un sentido agridulce de compasión por mí mismo y melancólico.

Después del primer año, dejé los estudios, y terminé viviendo en Duluth con mi mejor amigo de la escuela secundaria. Empecé a trabajar en otro turno de la noche, esta vez limpiando suelos en una tienda de víveres. Dormía durante el día, tenía el anaquel lleno de botellas de alcohol y tenía un trabajo sin futuro con el que apenas podía cumplir. Andaba siempre buscando pleitos. Ahora era *yo* el que me estaba convirtiendo en un abusador. Bebía en la casa, y después salía a beber, conducía ebrio de vuelta a la casa, y seguía bebiendo. No había nada más en mi futuro. Aquella era mi vida por el resto de mis días.

Una noche estaba solo, y estaba sobrio, o borracho, o en algún punto intermedio. Lo que sí recuerdo es que tenía un rifle en las manos. Tenía el rifle de doble cañón de mi abuelo atravesado sobre los muslos. Traté de llevármelo a la cabeza, pero me inundó el miedo. ¿Era tan infeliz, que ni siquiera me podía suicidar?

Comencé a jugar con él, cargándolo y tratando de mirar por el cañón para ver si podía reunir el valor para tomarme aquello en serio. Lloré y grité en el suelo de mi cuarto para que Dios me salvara, pero estaba solo. Posiblemente Él se habría cansado de mí y me había abandonado; no lo podía culpar. Quería que me dejara tranquilo. Yo no merecía amor. Iba a morir, e iba a ser tan insignificante en mi muerte como lo era en mi vida.

Por fin estuve listo. Sereno y decidido, secándome las últimas lágrimas, hice mi última oración con muy poco entusiasmo: "Señor, si estás aquí, es hora de que me lo hagas saber, o todo habrá terminado para mí". Otro ultimátum ridículo.

Pero en aquel pequeño apartamento del segundo piso, Dios me respondió. El cuarto se inundó de luz, y yo estaba en una cueva. Unas costillas formaban parte de la infraestructura del cuarto, y yo me hallaba dentro de algo. Era una visión. La única que he tenido en mi vida. Y no había ángeles ni arpas. Me vi claramente dentro de las entrañas de un pez. Me aferré a aquella visión con dos manos desesperadas; hallé y abrí mi vieja Biblia del grupo de jóvenes. No tenía ni idea de dónde estaría la historia de Jonás. Formaba ella sola un libro. Era una historia familiar, pero ¿qué tenía que ver conmigo? Entonces lo vi. Era la oración del segundo capítulo. La oración de Jonás es lo que había en mí. Mi espíritu había estado diciéndolo con gemidos, en medio de una intensa agonía. *"En mi angustia clamé al Señor, y él me respondió. Desde las entrañas del sepulcro pedí auxilio, y tú escuchaste mi clamor... Y pensé: 'He sido expulsado de tu presencia'... Las aguas me llegaban hasta el cuello, lo profundo del océano me envolvía... arrastrándome a los cimientos de las montañas. Me tragó la tierra, y para siempre sus cerrojos se cerraron tras de mí. Pero tú, Señor, Dios mío, me rescataste de la fosa. Al sentir que se me iba la vida, me acordé del Señor, y mi oración llegó hasta ti... Cumpliré las promesas que te hice. ¡La salvación viene del Señor!" (Jonás 2:1–9)*

En aquel mismo momento, me consagré al Señor, diciéndole que aquello que le había prometido en mi juventud, cuando era un cristiano comprometido, lo iba a cumplir.

Me matriculé para ir en el otoño a la universidad cristiana de Missouri, donde después de graduarme había recibido inicialmente una pequeña beca parcial para el fútbol. No tenía idea de dónde vendrían los demás fondos, pero estaba claro que aquel era el lugar donde Dios me quería. Allí era donde siempre había querido que yo estuviera. Había estado huyendo de un llamado. Igual que Jonás.

Fui aceptado en la universidad, y de alguna manera apareció el dinero para que asistiera. La vida fue muy serena en aquellos años de estudios. Estaba lejos de casa, en una universidad, y jugando fútbol. Tenía clases centradas en Cristo y amigos cristianos. Entonces, ¿por qué estaba batallando tanto para mantenerme sobrio? Había reglas que prohibían beber alcohol. Hasta había firmado un pacto según el cual me abstendría de tomar alcohol. Pero eso no significara que las oportunidades no se me presentaran solas, ni significaba que no creara esas oportunidades. Mi última borrachera terminó una noche tarde, después de mirar los decepcionados ojos de la mujer más hermosa que Dios había creado. Mi novia había logrado que desaparecieran algunas de las paredes que se estaban levantando a mi alrededor; hasta comenzamos a hablar del matrimonio, de los hijos, de todo, pero nunca antes habíamos hablado acerca de mi problema con la bebida.

Otro recuerdo que se me ha quedado grabado como con fuego es el momento en que pasé por el apartamento de ella fuera del recinto universitario después de haber tomado unos cuantos tragos, y seguí tomando con unos amigos que vivían en el mismo complejo de apartamentos. Mi novia no lo dijo, pero se le notaba en la cara cuando me vio. Se sentía desilusionada. No creo que nunca haya pensado realmente en cambiar de opinión con respecto a nuestra relación. Estábamos enamorados e íbamos con toda rapidez hacia nuestro futuro juntos, confiados y felices. Pero en aquel instante, vi una pérdida de respeto… incluso algo de duda. Ella me amaba por las razones correctas; por el hombre cristiano que yo quería ser… y que en aquel momento no lo era. Fue en aquel momento, al enfrentarme con esa estrategia de supervivencia usada en el pasado y ahora presente de nuevo, cuando me vino a la mente el doble estándar que yo estaba cultivando entre mi ascenso cristiano y mi descenso mundano. *O bien* me iba a convertir en el hombre que Dios había creado y llamado, *o* volvía al desespero, la soledad, la muerte y el infierno. Escogí la vida, y en más de una década de sobriedad, nunca jamás he lamentado el haber tomado esa decisión.

Mi novia y yo nos casamos, y yo recibí un grado en justicia criminal, pero terminé disfrutando tanto de un grupo de consejería en el cual me habían situado durante mis prácticas, que comencé a explorar la consejería y el trabajo social como carrera. Nos mudamos juntos a Delaware, el estado del cual era oriunda mi esposa. Allí comencé a trabajar para la División de Servicios Familiares del estado como terapeuta de crisis familiares.

Durante los cinco años que estuve en ese empleo, trabajé duro para obtener una maestría en trabajo social, y comencé un trabajo de grupo e individual en una agencia privada de consejería además del otro trabajo, con el fin de ganar las horas necesarias para obtener mi licencia clínica. Me encantaba el trabajo. Me encantaba la consejería, y me encantaba el proceso seguido en los grupos.

De lo que no me estaba dando cuenta era que al trabajar en dos o tres trabajos distintos para ministrarles a otros, estaba descuidando mi ministerio en mi hogar con mi familia. A veces, los tres trabajos me mantenían fuera de la casa constantemente, e incluso estaba trabajando como voluntario en la iglesia, usando las horas que me quedaban. Era agotador, y fue un tiempo de prueba para nuestro matrimonio.

Traté de convencer a mi esposa, sin lograrlo, de que aquel trabajo era mi campo misionero. Lo estaba entregando todo, en respuesta al "llamado". Pero mi ausencia le estaba haciendo daño a ella; nos lo estaba haciendo a todos. Teníamos dos hijas, y yo no las veía mucho. La explicación que les daba a ellas, me daba a mí mismo y le daba a Dios era que allá afuera me necesitaban; la gente me necesitaba; necesitaban la salvación. Ella tenía a sus padres que la apoyaban, y mis hijas tenían a sus abuelos. Aquellos a los que yo ayudaba no tenían a nadie más que a mí. ¿Acaso ser cristiano no tiene que ver con ayudar a los indefensos AL PRECIO QUE SEA?

Lo que yo no comprendía por completo era que en la universidad, mientras trabajaba para obtener un título jugando fútbol y ahora, con mis metas en la carrera, mi maestría, mi lucha por triunfar al aconsejar a otros, estaba sucumbiendo ante la presión de tratar de volverme a ganar mi valor. El valor que había perdido siendo un don nadie gordo y sin carácter que no tenía respuestas para nada. Mi vida profesional era un tenue equilibrio entre mantener a todo el mundo contento conmigo y darle vueltas a todo lo negativo, huyendo del conflicto, culpando a los demás, justificando mi propia existencia, corriendo y corriendo, para mantener esa distancia… para que el indefenso fracasado que había sido se quedara muy detrás de mí.

Un día, Dios me llamó a ayunar. Un ayuno de una semana. Me las arreglé para dudar de aquello y lo estuve peleando durante todo un mes, pero al final cedí. Al terminar mi ayuno, estaba increíblemente desanimado. No había caído ningún trueno, ni nadie había escrito en la pared con letras gigantescas.

¡Qué estafa! Bueno. Ya lo había hecho, y había sido obediente. Unas pocas semanas más tarde, mi cuñado, pastor de jóvenes en una iglesita de West Virginia, me llamó para preguntarme si estaría dispuesto a viajar hasta West Virginia para hablarle al ministerio de hombres de su iglesia acerca del alcance a las personas de afuera.

Su pastor había sentido que Dios estaba guiando a la iglesia para que hiciera más por los que estaban más allá de sus cuatro paredes. Yo le dije que lo haría con todo gusto, y pronto me encontré hablándole a un pequeño grupo de hombres en Clarksburg, West Virginia, acerca de Celebremos la Recuperación, y otros programas de alcance que yo estaba dirigiendo en nuestra iglesia de Delaware.

Una semana más tarde, me estaban preguntando si consideraría la posibilidad de entrevistarme con ellos en esta misma iglesia para realizar un ministerio de alcance a tiempo entero. Dios estaba coordinando un milagroso cambio de vida, y pronto iba avanzando a través de las montañas en un U-Haul, meditando en aquella nueva dirección que tomaban mi vida y mi ministerio.

Ahora bien, el programa de recuperación que yo había comenzado en Delaware no se basaba demasiado en el currículo de Celebremos la Recuperación, y yo tenía planes de alejarme más aún en West Virginia del curso Celebremos la Recuperación. Después descubrí por qué estaba reacio a adaptarme al programa. Así llevaría mi propio programa, a mi manera; todo tenía que ver con el orgullo. El hecho de preparar a la medida mi propio programa de recuperación me elevaba a la posición de amo de todas las llaves, dándome la ilusión de que estaba en un control total de las cosas, y ayudándome a mantenerme distante en un papel de "terapeuta". Hacía que la gente acudiera siempre a mí en busca de las respuestas. Yo quería ser su salvador.

"Yo, yo soy el SEÑOR, fuera de mí no hay ningún otro salvador." (Isaías 43:11)

Después de varios meses de utilizar el programa de recuperación "de José" en mi nuevo papel ministerial de West Virginia, con un frustrante éxito mínimo, mi maravillosa iglesita me envió a mi primera Cumbre de Celebremos la Recuperación. Durante aquellos tres días de agosto fue cuando me sentí retado a comprometerme a llevar este ministerio tal como era, a la letra. Había estado tratando de no hacerlo, como aprendería más tarde, mayormente porque prefería ayudar a "esa gente", en lugar de ser *uno más* entre "esa gente".

Sin embargo, a medida que escuchaba los testimonios que se dieron en la Cumbre, mientras adoraba con los miles de vidas que el poder de Dios estaba transformando por medio de las verdades de este programa, sentí la delicada convicción del Espíritu Santo, que me llamaba a someterme y a RENDIRME. Yo les había estado pidiendo a todo el mundo que compartiera conmigo su vida, que se abriera, que fuera totalmente transparente, para que pudiera hallar sanidad y esperanza para su vida. No obstante, yo nunca había hecho aquello en realidad. ¡Qué hipocresía! Durante un momento de preguntas y respuestas en uno de los talleres de la Cumbre, hice confesión pública de haber estado usando el nombre de Celebremos la Recuperación, pero no había estado siguiendo su modelo. En aquel vulnerable momento en que renuncié a mi poder, fue cuando comenzó mi propia sanidad. Se podría decir que mi viaje de descubrimiento hasta mi propio ADN emocional y espiritual comenzó finalmente cuando me sometí al ADN de Celebremos la Recuperación. Mientras yo había estado tratando de construirme una nueva identidad a base de satisfacer las necesidades de los demás, Dios solo había estado queriendo nada menos que desarmarme a base de poner al descubierto mis propios sufrimientos, complejos y hábitos. Por medio de la labor de este ministerio, en especial el estudio de los pasos, finalmente me atreví a ser sincero con respecto a mi pasado.

El Principio 5 dice: Para que Dios pueda hacer los cambios en mi vida, me someto voluntariamente a Él y con humildad le pido que remueva mis defectos de carácter. "Dichosos los que tienen hambre y sed de justicia, porque serán saciados." (Mateo 5:6) Finalmente tendría que mirarme realmente a mí mismo y decidir si cambiaba, o si continuaba con mi propio orgullo y mi ego. Entonces, cuando escribí mi inventario, me di cuenta de algo que me quebrantó hasta un punto al que no había llegado nunca antes. Comencé a ver y a sentir lo mucho que mis esfuerzos por reemplazar a Dios con mi autosuficiencia y mi propia justicia habían entristecido a mi Dios y Salvador Jesucristo. Después de compartir mi inventario, con la ayuda de otro ministro, hice mis primeras enmiendas, que me dejaron el corazón quebrantado. Le ofrecí a Dios esas primeras enmiendas, y por medio de ese proceso, sentí su perdón, su misericordia y su amor por mí como nunca antes.

En ese lugar de gracia, Él me dio una nueva consciencia de un valor que nunca me podría ganar, y un valor que nunca podría perder.

"Cuán profundo es el amor que nos tiene el Padre; cuán vasto más allá de toda medida, que Él estuvo dispuesto a enviar a su único Hijo para convertir a un desdichado en su tesoro." Hoy en día he llegado a tener una comprensión y una confianza nuevas en su economía. Yo (y otros) he encontrado una recuperación verdadera, pero no es por mi fuerza, ni por la fuerza de los hombres, sino realmente por su Espíritu. Mi esposa y yo celebramos en junio nuestro duodécimo aniversario. Tengo cuatro hijas preciosas. (Sí, estoy indefenso y mi vida es realmente imposible de controlar.) Mi familia se ha convertido ahora en mi ministerio más importante y apreciado.

Quiero animar a todo aquel que esté sintiendo el abrumador peso de la inseguridad, para que lo deje ir, se haga vulnerable y confíe en el Señor. En el Principio 7 se nos enseña: *"Reservo un tiempo diario con Dios para una autoevaluación, lectura de la Biblia y oración para conocer a Dios y Su voluntad para mi vida, y obtener el poder para seguirla".* Celebremos la Recuperación insiste en esta dependencia total de Cristo como la única oportunidad que tenemos de llegar a la paz verdadera, a la seguridad y a la salvación.

Le doy gracias a Dios por este programa y por mi increíble familia de Celebremos la Recuperación, y le doy gracias por haberme dado la oportunidad de compartir con ustedes mi testimonio.

Gracias por haberme permitido compartir con ustedes.

Principio 6

Evalúo todas mis relaciones. Ofrezco perdón a aquellos que me han hecho daño y enmiendo los daños que he ocasionado a otros, excepto si cuando al hacerlo les dañara a ellos o a otros.

"Dichosos los compasivos, porque serán tratados con compasión." (Mateo 5:7)

"Dichosos los que trabajan por la paz, porque serán llamados hijos de Dios." (Mateo 5:9)

Lección 16

Enmiendas

Principio 6: Evalúo todas mis relaciones. Ofrezco perdón a aquellos que me han hecho daño y enmiendo los daños que he ocasionado a otros, excepto si cuando al hacerlo les dañara a ellos o a otros.

"Dichosos los compasivos, porque serán tratados con compasión." (Mateo 5:7)

"Dichosos los que trabajan por la paz, porque serán llamados hijos de Dios." (Mateo 5:9)

Paso 8: Hacemos una lista de todas las personas a quienes hemos lastimado y llegamos a estar dispuestos a enmendar todo lo que les hicimos.

"Traten a los demás tal y como quieren que ellos los traten a ustedes." (Lucas 6:31)

Introducción

Esta semana nos enfocaremos en el Principio 6. De hecho, pasaremos los próximos dos meses en este Principio. Así de importante es nuestra recuperación. Usaremos algo del tiempo para la enseñanza y celebraremos la Santa Cena la próxima semana para ayudarnos a verdaderamente entender el significado real del perdón. Pero me gustaría usar la mayoría de nuestro tiempo oyendo testimonios de ustedes. Por favor, déjeme saber si le gustaría contar su historia de cómo el Principio 6 ha impactado positivamente su recuperación y relaciones.

Esta noche haremos un repaso del Principio 6, el cual trata acerca de hacer enmiendas. "Perdóname entre tanto aprendo a perdonar" resume este principio bastante bien.

Habíamos comenzado reparando algunas cosas del lado *personal* de nuestras vidas, al principio de nuestra recuperación, admitiendo nuestra incapacidad, entregando nuestras vidas y voluntad al cuidado de Dios, haciendo un inventario moral, confesando nuestros pecados y faltas a otra persona, admitiendo nuestros fracasos y pidiendo a Dios que los quitara de nuestras vidas. Pero ahora comenzamos a hacer arreglos en el lado *relacional* de nuestras vidas. Hacer sus enmiendas es el comienzo del final de su separación con Dios y otros.

Con todo, hay quienes se resisten a hacer enmiendas. Pensamos: "Si Dios me ha perdonado, ¿acaso no basta con eso? ¿Por qué voy a tener que estar arrastrando el pasado? Al fin y al cabo, hacer enmiendas es algo que no suena muy natural".

La respuesta a esa objeción es sencilla: Las enmiendas no tienen que ver tanto con su pasado, como con su *futuro*. Antes que usted pueda tener las relaciones saludables que anhela, es necesario que quede limpio de toda culpabilidad, vergüenza y angustia, que son las que causaron que fracasaran muchas de sus relaciones en el pasado.

Así que, mencionando las palabras del Paso 8, es tiempo para "hacer una lista de todas las personas a quienes hemos lastimado y llegamos a estar *dispuestos* a enmendar todo lo que les hicimos". En este punto solamente está buscando la *disposición*. El Paso 8 solamente requiere que identifiquemos a aquellos con quienes necesitamos hacer enmiendas y ofrecer perdón.

Lucas 6:31 nos recuerda tratar a otros de la forma en la que deseamos ser tratados. Para algunos de ustedes, eso debe ser muy difícil. Han sido heridos de una forma tremenda o quizás abusados. Muchos de ustedes no tenían nada que hacer con el daño del que fueron objeto.

Frecuentemente he aconsejado personas en el Principio 6 y en el punto crucial del perdón, para solamente oírles decir: "¡Nunca voy a perdonar! ¡No después de lo que me hicieron!" En estos casos el daño contra el individuo a menudo fue maltrato en la niñez, abuso sexual o adulterio. Tales pecados son violaciones profundas que dejan heridas dolorosas, pero también son las raíces de disfunción que traen a mucha gente a la recuperación.

Perdonar al perpetrador de tales daños, aunque la persona dañada haya tratado con el dolor emocional, parece imposible. En esta lección vamos a hablar específicamente de este aspecto y trataremos acerca de los tres tipos de perdón.

Por ahora escuche la forma en que Celebremos la Recuperación expresa de otra manera este paso para aquellos que están en los grupos de abuso sexual o físico:

Hacer una lista de todas las personas que nos han dañado y estar dispuestos a buscar la ayuda de Dios para perdonar a nuestros perpetradores, así como a perdonarnos a nosotros mismos. Darnos cuenta de que nosotros también hemos dañado a otros y estar dispuestos a enmendar todo lo que les hemos hecho.

Veamos la segunda parte del Principio 6: "… enmiendo los daños que he ocasionado a otros, excepto si cuando al hacerlo los dañaría a ellos u otros".

Escuche mientras leo Mateo 5:23–24: "Por lo tanto si estás presentando tu ofrenda en el altar y allí recuerdas que tu hermano tiene algo contra ti, deja tu ofrenda allí delante del altar. Ve primero y reconcíliate con tu hermano; luego vuelve y presenta tu ofrenda".

La primera parte del Principio 6 trata el aspecto de estar dispuestos a considerar el perdón. La segunda parte del Principio 6 nos llama a actuar al hacer nuestras enmiendas y pedir perdón. Regresamos a la metáfora del jardín porque necesitamos arrancar la maleza muerta en nuestras antiguas relaciones rotas para poder limpiar un lugar donde nuestras nuevas relaciones puedan ser exitosamente plantadas o restauradas. Es por eso que el Principio 6 es tan importante.

En la Guía 3 del Participante, en la página 46 encontrará la lista de "Enmiendas".

La Columna 1 es donde usted enumera a las personas con quienes necesita estar dispuesto a hacer enmiendas, aquellos a quienes ha dañado. La columna 2 es para las personas que usted necesita llegar a tener la voluntad para perdonar. Enumérelas esta semana.

Durante los próximos dos meses agregue, según Dios le revele, a otros que debe incluir en la lista. Recuerde, todo lo que está haciendo hasta este momento es escribir los nombres.

Enmiendas

Veamos el acróstico de esta noche y demos respuesta a la pregunta:
¿Cómo hago las ENMIENDAS?

Empiece a vivir las promesas de recuperación
No se oponga
Manifiéstense ánimo
Inventario de una lista
En el tiempo correcto
No por ellos
Disposición
Admita la herida y el daño

La primera letra en enmienda es la que se refiere a EMPEZAR a vivir las promesas de recuperación.

Al completar este principio descubriremos el regalo de dios de verdadera libertad de nuestro pasado. Empezaremos a encontrar la paz y serenidad que por mucho tiempo hemos buscado. Estaremos listos a aceptar el propósito de Dios para nuestras vidas.

Las promesas de Dios, "Yo les recompensaré a ustedes por los años en que todo lo devoró ese gran ejército de langostas." (Joel 2.25)

La segunda letra es la *N,* NO SE OPONGA.

Todavía, algunos de nosotros nos oponemos a hacer enmiendas. Pensamos: "Si Dios me ha perdonado ¿No es eso suficiente? ¿Por qué debo sacar a relucir el pasado? Después de todo, hacer enmiendas no suena natural."

La respuesta a esa objeción es simple: Hacer enmiendas no es algo tan referente a su pasado como lo es a su futuro. Antes de tener las relaciones saludables que desea, necesita limpiar la culpa, la vergüenza y el dolor que han causado el fracaso de muchas de sus relaciones anteriores.

La *M* significa: MANIFIÉSTENSE ÁNIMO unos a otros.

Se ha dicho que el ánimo es el oxígeno del alma. Antes de hacer sus enmiendas u ofrecer perdón a otros, usted necesita tener un compañero a quien rendir cuentas o un mentor, alguien que le anime y que le provea una buena "caja de resonancia" (tiempo y atención). La opinión objetiva de esa persona es valiosa para asegurar que haga enmiendas y ofrezca perdón con los motivos correctos.

Hebreos 10:24 (LBAD) dice: "Procuremos estimular entre nosotros el amor y las buenas obras." Si se le pide ser alguien que dé ánimo, o ser un compañero a quien se le rinda cuentas, o ser un mentor, siéntase honrado. Y recuerde, usted no puede tener una antorcha para alumbrar el camino de otra persona sin iluminar el propio.

La próxima letra es *I*: INVENTARIAR una lista.

Además de la hoja de "enmiendas" en la Guía 3 del Participante, encontrará el "Inventario de Celebremos la Recuperación" en la Guía 2 del Participante. Usted también puede usar estas hojas para hacer su lista de enmiendas.

En la columna 1, en su inventario, encontrará la lista de la gente que usted necesita perdonar. Esta es la gente que le ha dañado. En la columna 5 encontrará la lista de personas con quien usted debe hacer enmiendas. Estos son los que usted ha dañado.

Si hace algún tiempo que hizo su inventario, Dios pudo haber revelado otros más que necesita agregar a su lista. Por eso es importante comenzar con la hoja de enmiendas.

Cuando esté haciendo su lista, no se preocupe por los "cómo" al hacer sus enmiendas. No se pregunte: *¿Cómo le puedo pedir perdón a mi papá? ¿Cómo podría perdonar a mi hermano por lo que hizo?* Siga adelante y escriba el nombre de la persona de todas formas. "Y así como queréis que los hombres os hagan, haced con ellos de la misma manera." (Lucas 6:31 DHH)

Vamos a la siguiente letra, *E*, de EN EL TIEMPO CORRECTO.

¡Este principio no solamente requiere de ánimo, buen juicio y disposición, sino también un sentido correcto del *tiempo*!

Eclesiastés 3:1 nos dice: "Hay un tiempo para todo". Hay un tiempo para *dejar* que las cosas sucedan y un tiempo para *hacer* que las cosas sucedan. Hay un tiempo correcto y un tiempo incorrecto para ofrecer perdón y hacer enmiendas.

Antes de hacer enmiendas, necesita orar y pedirle a Jesucristo su dirección, orientación y su perfecto uso del tiempo.

El Principio 6 además dice: "... excepto si cuando al hacerlo los dañaría a ellos u otros."

Escuche Filipenses 2:4: "Cada uno debe velar no sólo por sus propios intereses sino también por los intereses de los demás."

No espere hasta que *tenga* ganas de hacer enmiendas u ofrecer perdón; vivir este principio lleva consigo un acto de voluntad. O quizás debería decir una *crisis* de la voluntad. Hacer sus enmiendas es un acto de obediencia a la Escritura y de sobrevivencia personal.

La otra *N* en enmienda es la razón para hacer enmiendas: NO por ellos.

Necesita acercarse a las personas a quienes les está ofreciendo su perdón o con quien está haciendo enmiendas, humilde, honesta y sinceramente y sobre todo con disposición. No ofrezca excusas o intente justificar sus acciones; enfóquese solamente en lo que le corresponde.

En cinco palabras, aquí está el secreto para hacer enmiendas exitosamente: *¡No espere nada a cambio!* Está haciendo sus enmiendas, no por una recompensa, sino para ser libre de sus heridas, complejos y hábitos.

El Principio 6 dice que: Yo como responsable "enmiendo los daños que he ocasionado a otros." Jesús dijo: "Amen a sus enemigos, hagan el bien y presten sin esperar nada a cambio." (Lucas 6:35 TLA) Dios nos ama generosa y compasivamente, aunque estamos en nuestros peores momentos. Dios es amable, ¡necesitamos ser amables!

¿Sabe que puede volverse adicto a su amargura, odio y venganza, así como se es adicto al alcohol, drogas y relaciones dañinas? Una vida caracterizada por la amargura, resentimiento e ira, le matará emocionalmente y marchitará su alma. Producirán las "Tres D":

Depresión
Desesperación
Desánimo

Un corazón no perdonador le causará más dolor y destrucción de lo que pudo haberle causado la persona que le dañó.

La penúltima letra es la *D:* DISPOSICIÓN

Como lo hemos mencionado antes, es tiempo para estar *dispuestos* a considerar el perdonar; *dispuestos* para hacer enmiendas y *dispuestos* a pedir perdón. En este punto solamente se está buscando la *disposición*. El Paso 8 solamente requiere que identifiquemos a aquellos con quienes necesitamos hacer enmiendas y ofrecer perdón.

Lucas 6:31 nos recuerda tratar a otros de la forma en la que deseamos ser tratados. Para algunos de ustedes, eso debe ser muy difícil.

Finalmente la *A* es ADMITIR la herida y el daño. El principio 4 nos mostró cuán importante es abrirnos a Dios y a otros. Sus sentimientos han estado reprimidos durante mucho, mucho tiempo y eso ha interferido con todas sus relaciones importantes. En este paso de su recuperación usted necesita una vez más afrontar las heridas, resentimientos e injusticias que otros le han causado o que usted ha causado a otros. Aferrarse a los resentimientos no solamente bloquea su recuperación, sino que bloquea el perdón de Dios en su vida.

Lucas 6:37 (DHH) nos dice: "No juzguen a otros, y Dios no los juzgará a ustedes. No condenen a otros, y Dios no los condenará a ustedes. Perdonen, y Dios los perdonará."

Resumen

El Principio 6 le ofrece libertad, libertad de las cadenas del resentimiento, la ira y las heridas; libertad a través de hacer enmiendas por el daño que usted ha causado a otros, para mirarlos a los ojos, sabiendo que usted juntamente con Dios está limpiando su propio lado de la calle (limpiando su propia vida).

En los grupos pequeños, animo a aquellos que han terminado el Principio 6 a explicar la libertad y las bendiciones que han recibido.

Oremos.

Querido Dios, oro por disposición, disposición para evaluar todas mis relaciones pasadas y actuales. Por favor, muéstrame la gente que he dañado y ayúdame a estar dispuesto para ofrecerles arreglar las cosas. También, Dios, dame tu fuerza para estar dispuesto a ofrecer perdón a los que me han herido. Oro por tu tiempo perfecto para llevar a cabo lo que nos pide el Principio 6. Todo lo pido en el nombre de tu Hijo. Amén.

Lección 17

PERDÓN

Principio 6: Evalúo todas mis relaciones. Ofrezco perdón a aquellos que me han hecho daño y enmiendo los daños que he ocasionado a otros, excepto si cuando al hacerlo les dañara a ellos o a otros.

"Dichosos los compasivos, porque serán tratados con compasión." (Mateo 5:7)

"Dichosos los que trabajan por la paz, porque serán llamados hijos de Dios." (Mateo 5:9)

Paso 8: Hacemos una lista de todas las personas a quienes hemos lastimado y llegamos a estar dispuestos a enmendar todo lo que les hicimos.

"Traten a los demás tal y como quieren que ellos los traten a ustedes." (Lucas 6:31)

Paso 9: Hacemos enmiendas directas a esas personas siempre que sea posible, excepto si cuando al hacerlo pueda lastimarlas o lastimar a otras.

"Por lo tanto si estás presentando tu ofrenda en el altar y allí recuerdas que tu hermano tiene algo contra ti, deja tu ofrenda allí delante del altar. Ve primero y reconcíliate con tu hermano; luego vuelve y presenta tu ofrenda." (Mateo 5:23–24)

Introducción

Esta noche vamos a seguir trabajando en evaluar todas nuestras relaciones. Ofreceremos perdón a los que nos han herido y, cuando sea posible, haremos enmiendas por el daño que hemos hecho a otros, sin esperar nada a cambio.

Hemos hablado de cómo hacer enmiendas, pero esta noche me gustaría hablar acerca de algo que podría bloquear, demorar o aun destruir su recuperación: La incapacidad para aceptar y ofrecer *perdón*.

Creo que todos estamos de acuerdo en que el perdón es una idea muy bonita hasta que tenemos que practicarla.

Un muchacho me dijo una vez: "John, nunca me verás con úlceras. Tomo las cosas como vengan. Nunca me quedo con un resentimiento, ni aun en contra de la gente que me ha hecho cosas que nunca perdonaré".

¡¡Qué barbaridad!!

Vi este letrero en el boletín de una compañía: "Errar es de humanos; perdonar no es una norma de la compañía".

Hay muchas bromas acerca del perdón, pero el perdón no es algo que nosotros, los que estamos en recuperación, podemos tomar a la ligera, porque el perdón es claramente la receta de Dios para los quebrantados. No importa cuán grande sea la ofensa o los abusos, a lo largo del camino hacia la sanidad siempre se encuentra el perdón.

Todos sabemos que una de las raíces del comportamiento compulsivo es el dolor, el dolor sepultado.

En el Principio 1 aprendimos que pretender que la herida no está allí o que eso ya no nos molesta, no resolverá sus problemas. Jeremías 6:14 (LBAD) nos recuerda que: "No se puede sanar una herida con sólo decir que no existe. Sin embargo los sacerdotes y profetas dan seguridad de paz cuando todo es guerra."

Enfrentar su pasado y perdonarse usted mismo y a aquellos que le han dañado y hacer enmiendas por el dolor que usted ha causado a otros es la única solución duradera. ¡El perdón rompe el ciclo! No se resuelven todas las preguntas de culpa, justicia o imparcialidad, sino que permite a las relaciones sanar y posiblemente comenzar de nuevo.

Por lo que esta noche hablaremos acerca de las tres clases de perdón.

Perdón

Para estar completamente libres de sus resentimientos, ira, temores, vergüenza y culpa, necesitan dar y aceptar *perdón* en todas las áreas de sus vidas. Si no lo hacen, su recuperación se demorará y por lo tanto será incompleta.

El primero y más importante es el perdón extendido de Dios hacia nosotros. ¿Ha aceptado el perdón de Dios? ¿Ha aceptado la obra de Jesús en la cruz? Por su muerte en la cruz, todos nuestros pecados fueron cancelados, pagados por completo; un regalo gratis para aquellos que creen en Él como el verdadero y único Poder Superior, Salvador y Señor.

Jesús exclamó desde la cruz: "Todo está cumplido." (Juan 19:30 DHH) No importa cuán gravemente podamos haber dañado a otros o a nosotros mismos, la gracia de Dios es siempre suficiente. ¡Su perdón es siempre completo!

Romanos 3:22–25 (LBAD) dice: "Dios dice que nos aceptará, purificará y llevará al cielo si dejamos por fe que Jesucristo nos limpie de pecados. Sí, todos hemos pecado; ninguno de nosotros alcanza el glorioso ideal divino. Pero Dios nos declara inocentes del delito de haberlo ofendido si confiamos en Jesucristo, quien gratuitamente borró nuestros pecados. Porque Dios envió a Jesucristo para que sufriera el castigo de nuestros pecados y extinguiera el enojo de Dios contra nosotros. Él usó la sangre de Cristo y nuestra fe para salvarnos de la ira divina. De este modo actuó con justicia absoluta."

Recuerde, si Dios no estuviera dispuesto a perdonar el pecado, el cielo estuviera vacío.

La segunda clase de perdón es extendida de nosotros a otros. ¿Ha perdonado a otros que le han herido? Este tipo de perdón es un proceso. Necesita estar dispuesto a estar dispuesto, pero para ser verdaderamente libre, debe dejar ir el dolor del daño pasado y del abuso causado por otros.

El perdón es dejar ir. ¿Recuerda el juego de tirar de un lazo cuando era niño? Siempre y cuando la gente en cada punta del lazo se mantenga tirando, ustedes tienen una guerra. "Usted deja ir la punta del lazo" cuando perdona a los otros. No importa cuán fuertemente ellos puedan tirar de su punta, si usted ha soltado la suya, la guerra ha terminado. ¡Se acabó! ¡Pero mientras usted no suelte, sigue siendo un prisionero de guerra!

Piense, ¿a quién daña más su ira? Le daré una clave. ¡Es a usted! El perdón le brinda la posibilidad de ser completamente liberado de su ira y le permite adelantar positivamente en esas relaciones.

La Biblia tiene mucho que decir acerca del perdón. Romanos 12:17–18 (LBAD) dice: "No paguen a nadie mal por mal. Procuren hacer lo bueno delante de todos. Si es posible, y en cuanto dependa de ustedes, vivan en paz con todos."

Causar un daño le pone *bajo* su enemigo. Vengarse de un daño le hace *aún* como él. Perdonarlo lo pone arriba de él. Pero lo más importante, ¡le hace libre!

A propósito, en su lista de "otros a quienes perdonar," debió haberse olvidado de alguien que necesita perdonar: Dios. Sí, así como lo escuchó. Dios no puede pecar y no peca. Su naturaleza está marcada por perfecta santidad en cada atributo y acción. Dios es perfecto en amor, misericordia y gracia. Pero recuerde que Él nos amó tanto que nos dio una voluntad libre.

No deseaba que fuésemos sus marionetas. Él deseaba que decidiéramos amarle. Usted necesita entender y creer que el daño que otros le hicieron fue la voluntad de ellos. Fue la elección de ellos, no la de Dios. *No* fue la voluntad de Dios. Una vez que entienda lo que es la "libre voluntad" entenderá que su ira contra Dios es equivocada.

Su promesa se encuentra en 1 Pedro 5:10: "Y después de que ustedes hayan sufrido un poco de tiempo, Dios mismo, el Dios de toda gracia que los llamó a su gloria eterna en Cristo, los restaurará y los hará fuertes, firmes y estables."

Si ha sido víctima de abuso sexual, abuso físico, abuso emocional en su niñez o de negligencia, siento mucho el dolor que ha sufrido; sufro con usted. Pero no encontrará paz y liberación en cuanto a sus perpetradores hasta que sea capaz de perdonarlos. Recuerde, perdonarlos de ninguna manera los excluye del daño que le han causado, pero le liberará del poder que han tenido sobre usted. He escrito de una forma diferente los Pasos 8 y 9 de los 12 Pasos para usted.

Paso 8. Hacemos una lista de todas las personas que nos han dañado y llegamos a estar dispuestos a buscar la ayuda de Dios para perdonar a nuestros abusadores, y también perdonarnos a nosotros mismos.

Darnos cuenta que también hemos dañado a otros y estar dispuestos a enmendar lo que les hicimos.

Paso 9. Extendemos perdón a nosotros mismos y a otros que nos han dañado, dándonos cuenta de que esta es una actitud del corazón, no siempre una confrontación. Enmendar directamente, pidiendo perdón a las personas que hemos dañado, excepto si al hacerlo les hacemos daño a ellos o a otros.

Para recapitular, necesitamos recibir el perdón de Dios al aceptar lo que Jesús hizo por nosotros en la cruz, y necesitamos perdonar y pedir perdón a otros.

La última clase de perdón es tal vez la que se nos hace más difícil ofrecer: Necesitamos perdonarnos a nosotros mismos. ¿Se ha perdonado a sí mismo? Puede perdonar a otros, puede aceptar el perdón de Dios, pero es posible que usted sienta que la culpa y la vergüenza de su pasado sean demasiado como para perdonarse.

Esto es lo que Dios quiere hacer con la oscuridad de su pasado: "¡Vengan y aclaremos las cosas!, dice el Señor; por profunda que sea la mancha de sus pecados, yo puedo quitarla y dejarlos tan limpios como nieve recién caída. ¡Aunque sus manchas sean rojas como el carmesí, yo puedo volverlas blancas como la lana! Si me dejan ayudarlos, que me obedezcan, y yo los enriqueceré´." (Isaías 1:18–19 LBAD)

No importa con cuánta falta de amor o de valor pueda sentirse, ¡Dios le ama! Lo que usted sienta por sí mismo no cambia el amor de Él por usted en lo más mínimo.

Déjeme hacerle una pregunta: Si Dios mismo puede perdonarle, ¿cómo puede detener el perdón hacia usted mismo? De hecho, creo que debemos perdonarnos antes de poder honestamente perdonar a otros. El primer nombre en su lista de enmiendas necesita ser Dios, el segundo necesita ser usted. ¿Por qué?

La respuesta se encuentra en Mateo 22:36–40, donde a Jesús se le preguntó:

—Maestro, ¿cuál es el mandamiento más importante de la ley?
—"'Ama al Señor tu Dios con todo tu corazón, con todo tu ser y con toda tu mente'... Éste es el primero y el más importante de los mandamientos. El segundo se parece a éste: 'Ama a tu prójimo como a ti mismo.' De estos dos mandamientos dependen toda la ley y los profetas."

Ahora, ¿cómo puede amar o perdonar a su prójimo, si no puede amarse ni perdonarse usted mismo? Si no se ha perdonado, su perdón para otros puede ser superficial, incompleto y tener motivos incorrectos.

El perdonarse uno mismo no es cuestión de echarle la culpa a alguien más y librarse de su responsabilidad. No es una licencia para la irresponsabilidad. Es simplemente el reconocimiento de que usted es un ser humano como todos los demás y que ha alcanzado esta etapa en su recuperación donde usted puede darse a sí mismo mayor respeto.

Resumen

Al dar los pasos necesarios del perdón, descubrirá que está dejando ir la culpa y la vergüenza. Será capaz de decir: "No soy perfecto, pero Dios y yo estamos trabajando en mi vida. Todavía me caigo, pero con la ayuda de mi Salvador me puedo levantar, limpiar y empezar otra vez".

Podemos decir: "Me perdono a mí mismo porque Dios me ha perdonado y con Su ayuda, puedo perdonar a otros".

Cuando usted se perdona, no cambia el pasado, pero ¡seguro que sí cambia el futuro!

Lección 18

Gracia

Principio 6: Evalúo todas mis relaciones. Ofrezco perdón a aquellos que me han hecho daño y enmiendo los daños que he ocasionado a otros, excepto si cuando al hacerlo les dañara a ellos o a otros.

"Dichosos los compasivos, porque serán tratados con compasión." (Mateo 5:7)

"Dichosos los que trabajan por la paz, porque serán llamados hijos de Dios." (Mateo 5:9)

Paso 9: Hacemos enmiendas directas a esas personas siempre que sea posible, excepto si cuando al hacerlo pueda lastimarlas o lastimar a otras.

"Por lo tanto si estás presentando tu ofrenda en el altar y allí recuerdas que tu hermano tiene algo contra ti, deja tu ofrenda allí delante del altar. Ve primero y reconcíliate con tu hermano; luego vuelve y presenta tu ofrenda." (Mateo 5:23–24)

Introducción

Esta noche terminaremos de hablar del Principio 6. Hemos hablado de cómo evaluar todas nuestras relaciones, ofrecer perdón a los que nos han herido y hacer enmiendas por el daño que hemos causado a otros, cuando sea posible y sin esperar nada a cambio.

Al crecer como cristianos y al crecer en nuestra recuperación, queremos seguir la dirección e instrucciones de Jesucristo. Y al conocerle mejor, queremos seguir sus enseñanzas y sus caminos. Queremos llegar a ser más como Él. Honestamente, si vamos a implementar el Principio 6 con lo mejor de nuestra habilidad, necesitamos aprender a modelar la gracia de Dios, pero ¿cómo?

Gracia

El texto bíblico clave de Celebremos la Recuperación es: 2 Corintios 12:9–10 (NBLH) "Te basta mi gracia, pues mi poder se perfecciona en la debilidad. Por tanto, con muchísimo gusto me gloriaré más bien en mis debilidades, para que el poder de Cristo more en mí. Por eso me complazco en las debilidades, en insultos (maltratos), en privaciones, en persecuciones y en angustias por amor a Cristo, porque cuando soy débil, entonces soy fuerte."

Celebremos la Recuperación está edificado y centrado en la gracia y el amor de Cristo para cada uno de nosotros.

Veamos esta noche el acróstico: **GRACIA**

*G*eneroso regalo de Dios
*R*ecibido por nuestra fe
*A*ceptados por el amor de Dios
*C*risto pagó el precio
*I*nmerecido obsequio
*A*moroso don eterno

La primera letra se refiere a que la gracia es un GENEROSO REGALO DE DIOS.

La gracia es un regalo. La gracia no puede ser comprada. Es libremente dada por Dios a usted y a mí. Cuando ofrecemos (damos) nuestras enmiendas y no esperamos nada a cambio, ese es un regalo de nuestra parte para con aquellos que nos han dañado.

Romanos 3:24 (LBAD) nos dice: "Pero Dios nos declara inocentes del delito de haberlo ofendido si confiamos en Jesucristo, quien gratuitamente borró nuestros pecados."

Primera Pedro 1:13 (LBLA) dice: "Por tanto, ceñid vuestro entendimiento para la acción; sed sobrios en espíritu, poned vuestra esperanza completamente en la gracia que se os traerá en la revelación de Jesucristo."

Si mi relación con Dios dependiera de la perfección, tendría problemas la mayor parte del tiempo. Gracias a Dios que mi relación con Él está edificada en Su gracia y amor por mí. Él da la fuerza para hacer las enmiendas y ofrecer el perdón que el Principio 6 requiere.

Y ¿cómo recibimos el regalo de la gracia de Dios? La respuesta la representa la *R* en el acróstico: RECIBIDO por fe.

No importa cuán duro trabajemos, no podemos ganarnos el camino al cielo. Solamente al profesar nuestra fe en Jesucristo como nuestro Señor y Salvador podemos experimentar Su gracia y tener vida eterna.

Efesios 2:8–9 dice: "Porque por gracia ustedes han sido salvados mediante la fe; esto no procede de ustedes, sino que es el regalo de Dios, no por obras, para que nadie se jacte."

Permítame compartir otro versículo con usted. Filipenses 3:9 dice: "No quiero mi propia justicia que procede de la ley, sino la que se obtiene mediante la fe en Cristo, la justicia que procede de Dios, basada en la fe."

Usted y yo tendemos a interesarnos más en lo que *hacemos*. Dios está más interesado en lo que *somos*.

Romanos 5:2 dice de Jesús: "También por medio de él, y mediante la fe, tenemos acceso a esta gracia en la cual nos mantenemos firmes. Así que nos regocijamos en la esperanza de alcanzar la gloria de Dios."

Sólo una palabra de advertencia: Nuestro caminar necesita estar de acuerdo con nuestro hablar. Nuestras creencias y valores son vistos por otros en nuestras acciones. Y es a través de nuestra fe en Cristo que podemos encontrar la fuerza y el valor que necesitamos para actuar como el Principio 6 lo requiere; haciendo enmiendas y ofreciendo perdón.

La próxima letra es la *A*. Somos ACEPTADOS por el amor de Dios. Dios le amó y me amó mientras aún estábamos pecando. Romanos 5:8 dice: "Pero Dios demuestra su amor por nosotros en esto: En que cuando todavía éramos pecadores, Cristo murió por nosotros."

Podemos, a cambio, amar a otros porque Dios nos amó primero. También podemos perdonar a otros porque Dios primero nos perdonó a nosotros. Colosenses 3:13 dice: "De modo que se toleren unos a otros y se perdonen si alguno tiene queja contra otro. Así como el Señor los perdonó, perdonen también ustedes."

Efesios 2:5 nos recuerda que: "Nos dio vida con Cristo, aun cuando estábamos muertos en pecados. ¡Por gracia ustedes han sido salvados!"

No sé usted, pero yo sé que no me merezco el amor de Dios. Pero la buena noticia es que Él me acepta a pesar de mí mismo. Él ve todos mis fracasos y aun así me ama. Y lo mismo es para usted también.

Hebreos 4:16 nos dice: "Así que acerquémonos confiadamente al trono de la gracia para recibir misericordia y hallar la gracia que nos ayude en el momento que más la necesitemos."

Vamos a la *C* en la palabra gracia: CRISTO pagó el precio.

Jesús murió en la cruz para que todos nuestros pecados, todas nuestras fallas, sean perdonados. Él pagó el precio, se sacrificó por usted y por mí para que podamos estar con Él por siempre.

Cuando aceptamos la obra de Cristo en la cruz, somos hechos una nueva creación. Entonces podemos confiar en la fuerza y el poder de Dios que nos capacita para perdonar a los que nos han dañado. Podemos hacer a un lado nuestro egoísmo y hablar la verdad en amor. Nos enfocamos solamente en nuestra parte de hacer enmiendas u ofrecer nuestro perdón.

Efesios 1:7 dice: "En él tenemos la redención mediante su sangre, el perdón de nuestros pecados, conforme a las riquezas de la gracia."

Continuamos con la letra *I*, INMERECIDO obsequio.

Yo estoy aquí ante ustedes como producto de la gracia de Dios. Todos aquí en esta noche han aceptado a Cristo en sus vidas como producto de la gracia de Dios. Al modelar esta gracia, seremos capaces de hacer el trabajo que el Principio 6 requiere.

Colosenses 1:6 (LBLA) "Así como en todo el mundo está dando fruto constantemente y creciendo, así lo ha estado haciendo también en ustedes, desde el día que oyeron y comprendieron la gracia de Dios en verdad."

La última letra es la *A*: La gracia es un AMOROSO DON ETERNO.

Una vez que ha aceptado a Jesucristo como su Salvador y Señor, el regalo de la gracia de Dios es para siempre.

"Una vez haya completado el Paso 9, conocerá una nueva libertad y una nueva felicidad... Usted comprenderá la palabra serenidad y conocerá la paz... De repente se dará cuenta que Dios está haciendo por usted lo que usted no pudo hacer por sí mismo".

Y esta es una cita del *verdadero* gran libro, la Biblia: "Y estoy seguro que Dios, que comenzó en ustedes la buena obra, les seguirá ayudando a crecer en su gracia hasta que la obra que realiza en ustedes quede completa en el día en que Jesucristo regrese." (Filipenses 1:6 LBLA)

Y también 2 Tesalonicenses 2:16 dice: "Que nuestro Señor Jesucristo mismo y Dios nuestro Padre, que nos amó y por su gracia nos dio consuelo eterno y una buena esperanza."

Mi versículo preferido es 1 Pedro 2:9–10, donde Dios dice: "Pero ustedes son linaje escogido, real sacerdocio, nación santa, pueblo que pertenece a Dios, para que proclamen las obras maravillosas de aquel que los llamó de las tinieblas a su luz admirable." Ustedes antes ni siquiera eran pueblo, pero ahora son pueblo de Dios; antes no habían recibido misericordia, pero ahora ya la han recibido. Un tiempo ustedes fueron menos que nada; ahora ustedes [usted, John Baker] son propiedad de Dios. Un tiempo conocieron un poco de las bondades de Dios; ahora sus propias vidas han sido cambiadas por esa misma bondad."

Me presento ante ustedes como un producto de la gracia de Dios. Todos los que estamos aquí esta noche, y le hemos dado entrada a Cristo en nuestra vida, son también productos de la gracia de Dios. Cuando demos ejemplo de esta gracia, podremos hacer la obra que exige el Principio 6.

Terminemos esta noche citando Colosenses 1:6 (LBAD) "Así como en todo el mundo está dando fruto constantemente y creciendo, así lo ha estado haciendo también en ustedes, desde el día que oyeron y comprendieron la gracia de Dios en verdad."

TESTIMONIO DEL PRINCIPIO 6

Me llamo Victoria, creo en Jesucristo, y le estoy agradecida; lucho con el abuso sexual, físico y emocional y con la codependencia.

Nací en Iowa y fui criada en un hogar cristiano. Mi familia se mudó a California cuando yo tenía cuatro años de edad, así que he pasado la mayor parte de mi vida en el sur de California. Mi padre leía la Biblia y orábamos juntos todas las noches después de la cena. Yo asistía a la escuela dominical, cantaba en los coros de las iglesias, asistía al catecismo y estuve estudiando en una escuela cristiana hasta mi penúltimo año de la escuela secundaria.

En total éramos seis hijos. Yo era la del medio. Nuestros padres nos llevaban a la iglesia dos veces cada domingo. Desde una edad muy temprana aprendí que Dios era mi amigo. Memoricé una gran cantidad de versículos de la Biblia, y siempre le hablaba directamente a Él.

Durante mis años en la escuela secundaria, mis padres trabajaban muy fuerte, y nos dejaban a las hijas a cargo de cuidar la casa y tener la cena preparada todas las noches. Puesto que yo era la hija de más edad en la casa, me sentía responsable de organizar el trabajo, de manera que todas nos lleváramos bien. Pensaba que mi trabajo consistía en hacerlo todo perfecto y hacer a todo el mundo feliz. Usaba mi habilidad para organizar como ventaja para controlar a mis hermanos. También aprendí a complacer a la gente. Hacía aquellas cosas que pensaba que haría feliz a la gente, como yo, y así me aceptarían. No sabía que la codependencia se convertiría en un problema discapacitado en mi vida. Aunque mi familia haya tenido buen aspecto cuando íbamos a la iglesia, todo el mundo ignoraba el verdadero "elefante" que había en medio de la sala.

Mi padre tenía serios problemas de ira que hacían que las niñas corriéramos a nuestra habitación con miedo a veces. Mi madre era la perfecta codependiente, y nos enseñaba a usar nuestras máscaras dondequiera que fuéramos, y a no hablar de las cosas que sucedían en nuestra casa.

Conocí a mi primer novio cuando estaba en el noveno grado. Venía de una familia muy disfuncional, en la cual su padre era abusador, tanto verbal como físicamente. Su madre era otro modelo de codependencia. ¡Qué candidato tan perfecto para que yo lo "arreglara"!

Durante los cuatro años siguientes, traté de rescatar a mi novio mientras él luchaba con su padre y con los problemas de su familia. Pensaba que yo lo podía arreglar para que fuera lo que yo quería, el novio perfecto, e incluso pensaba que podía hacer que dejara de fumar marihuana. Mientras él estaba fuera, sirviendo en el Ejército, me propuso matrimonio, y nos casamos en 1974. Después de la boda nos mudamos inmediatamente para Colorado Springs, Colorado, donde él estaba sirviendo. Nuestros primeros meses parecieron ir bastante bien, hasta que yo descubrí que mi esposo seguía fumando marihuana con sus amigotes del Ejército. Me sentí traicionada, engañada, desilusionada, y lista para "empacar" y volver a California. Cuando estaba haciendo los planes finales para marcharme, descubrí que estaba encinta de mi primera hija. Pensé: *¡Ahora sí que estoy atascada!* Clamé a Dios para que me ayudara a atravesar aquello. Mi esposo me suplicó que me quedara, así que yo puse unos límites que pensaba que serían realistas: Asistiríamos a la iglesia; él *no* podría usar el dinero familiar para seguir en su adicción a la droga, y *no* la podría esconder en la casa o andar con ella cerca del bebé.

Aunque ahora me doy cuenta de que le seguía permitiendo su adicción a las drogas ilegales, en aquellos momentos pensaba que tenía un control completo de la situación. Vaya codependiente que me había vuelto; idéntica a mi madre. Pensaba que aquella iba a ser la mejor situación y, en ese punto, pude "dejar el asunto en las manos de Dios".

Deuteronomio 31.6 dice: "Sean fuertes y valientes. No teman ni se asusten ante esas naciones, pues el Señor su Dios siempre los acompañará; nunca los dejará ni los abandonará."

Durante los dieciocho años siguientes, nos volvimos a mudar para el sur de California, donde tuvimos tres hijos más. Yo me convertí en una madre dedicada a su casa y a sus hijos. Tenía dos hembras y dos varones, con las edades a tres años de distancia entre sí, tal como yo lo tenía planificado: De nuevo la locura de mis problemas de control. Aquellos años pasaron "encubriendo" y "permitiendo" la adicción de mi esposo a las drogas. Yo estaba inventando excusas constantemente cuando no iba al trabajo, no asistía a las reuniones familiares y no iba a la iglesia.

Su adicción a las drogas terminó fuera de control, pero cada vez que yo mencionaba el tema, despertaba ira en él y temor en mí. Esencialmente, la negación se apoderó de nuestras vidas. Yo me estaba "contentando" con sus excusas, porque no quería que mis cuatro hijos tuvieran unos padres divorciados. Quería tener la familia perfecta, y terminé dándome cuenta de que estaba viviendo una doble vida.

Teníamos nuestra vida en la iglesia, donde todo el mundo pensaba que nuestra familia era perfecta. Era la imagen que yo quería que vieran. Después estaba la vida en el hogar, donde no había nada perfecto. Mi negación me había consumido la vida por completo. Me sentía impotente, me parecía que no había esperanza para mí, más allá de la vida que estaba llevando. Los abusos verbales y emocionales diarios eran abrumadores. Era el mismo patrón que había visto muchos años antes. Entonces un día, mientras tenía una furia producida por la droga, mi esposo me atacó y me violó. Yo le dije que los niños estaban en la habitación, y él contestó: "Muy bien; que se queden y observen". Me sentí avergonzada, impotente, totalmente abochornada y humillada.

Una amiga que me estimaba me dijo: "Mira lo que estás haciendo a tus hijos. Lo que estás permitiendo que vean va a hacer que terminen odiándote y echándote la culpa a ti un día". Y así fue.

Pero, como he oído decir en Celebremos la Recuperación, "hacen falta tres cosas para causar un cambio: Temor, sufrimiento y catástrofe".

Mi vida se había vuelto una vida de *temor* a mi esposo, y yo estaba *sufriendo* a causa de sus abusos.

Y la violación… ¡esa fue la *catástrofe*! Ahora tenía la tormenta perfecta, pero me seguía siendo difícil tomar la decisión final de acabar con el matrimonio.

Le sugerí que fuéramos a recibir consejería. Siempre íbamos juntos para una o dos sesiones, pero entonces él dejaba de ir y decía que la que tenía el problema era yo. Pasamos por cuatro consejeros diferentes, y oímos de todos ellos la misma respuesta: "Mientras él no esté dispuesto a cambiar, nada va a cambiar". Por fin comprendí que habíamos llegado al final de nuestro matrimonio. Era hora de que yo cambiara, ¿pero cómo? Yo seguí adelante con el divorcio, pero la vida no fue fácil por años después de aquello. Me volví independiente y trabajé a tiempo completo en un lugar, además de hacer algunos trabajos extra de limpieza de casas que iba encontrando, a fin de proveer para mis hijos y para mí. Estaba llenando mi vida de resentimientos por todos mis problemas, y toda la negación en la que había vivido por tanto tiempo. La culpa se estaba apoderando de mí.

Bien, mi vida pareció comenzar a mejorar. Me cambié de iglesia y me volví a involucrar haciendo cosas que yo sabía que me iban a conectar de nuevo con una vida mejor, y les iban a proporcionar una estructura a mis hijos, como cantar en el coro y unirme a un estudio bíblico.

En mayo de 1996 conocí a un hombre mientras trabajaba para una compañía en el Condado de Orange. Al parecer, nos entendíamos bien y teníamos una relación excelente cuando hablábamos por teléfono. En mi falta de autoestima, comencé a pensar que algo andaba mal en mí, porque él no me invitó a salir sino hasta cinco meses más tarde.

Tuvimos un noviazgo de cuatro años, y durante aquel tiempo compartimos algunos de nuestros propios retos, entre ellos la interferencia de nuestros respectivos cónyuges anteriores y la influencia que tenían en nuestros hijos. Hasta llegamos al punto de romper un par de veces durante nuestro noviazgo.

Asistimos a un taller para los que se volvían a casar, y descubrimos que nuestra compatibilidad era fuerte. Aprendimos cómo funcionan las familias mezcladas, y cómo necesitábamos apoyarnos mutuamente en nuestras funciones. Además, ambos teníamos una fuerte relación personal con Dios, y me sentí animada a creer que nuestra relación era lo que Dios tenía planificado.

Durante ese tiempo, él me explicó muchas cosas de su pasado y fue muy abierto con respecto a la disfunción de su familia, y también a su abuso del alcohol y las drogas en el pasado. Yo me preguntaba por qué me atraía otro alcohólico y drogadicto. Pero decidí que estaba de vuelta en mi zona de comodidad porque tenía de nuevo el control de las cosas.

Creo que en realidad yo me estaba convirtiendo en un estímulo en su caminar. Al fin y al cabo, él debía estar bien, puesto que había pasado más de diez años sin usar drogas ni alcohol. Nos casamos el 16 de septiembre del año 2000. ¡Ahora la vida era perfecta! ¡NO, no lo era!

Mi esposo estaba trabajando y viajando fuera de la ciudad con mucha frecuencia. Nuestra "luna de miel" se detuvo en seco una noche de abril de 2001, solo siete meses después de nuestra boda, cuando recibimos la custodia de mis cuatro nietos. A lo largo del tiempo, esto causó una gran cantidad de estrés en nuestro matrimonio.

En enero del 2001, solo treinta días después de mudarnos a nuestra nueva casa en Chino, California, mi esposo tuvo su primer ataque al corazón. Aquello no podía estar pasando. Yo pensaba que mudarnos para allí sería perfecto para mis nietos, y quería tener a aquel hombre junto a mí por un buen tiempo. Ahora me estaba enfrentando con él a problemas serios de salud. De nuevo, pensé que yo podía arreglar aquello. Él se recuperó y nos iba bien.

Y entonces, solo seis semanas después que autorizaran a mi esposo para que volviera al trabajo, tuvo su segundo ataque al corazón. Yo me quedé allí, observando como el equipo de la Sala de Urgencias le daba tres sacudidas eléctricas para devolverlo a la vida. Me sentía abrumada de emoción; mi vida entera se me estaba volviendo al revés.

No sabía dónde acudir en busca de ayuda, porque nos acabábamos de mudar a aquella casa y no conocíamos a nadie. Y entonces las cosas empeoraron: Él perdió su empleo. ¿Por qué me pasaban a mí esas cosas? Todo este torbellino y entonces, unos pocos meses más tarde, en el 2003, mi esposo dejó caer "la bomba". Me dijo que ya no quería seguir casado. Yo me sentí herida y abrumada con preguntas. ¿Qué había hecho yo mal? ¿Qué podía hacer de otra manera? ¿Cómo iba yo a salir adelante en aquella situación? Ciertamente, no sabía cómo arreglarla. Todos mis "viejos" sentimientos de baja autoestima, dudas, temores y culpas habían regresado.

Intentamos la consejería, y una noche, durante la sesión, me dijo claramente que ya no me amaba. Se había desconectado de todo: Los nietos, la iglesia, la recuperación, yo, todo que yo pensaba que nos importaba a ambos. Yo estaba destrozada, y necesitaba ayuda para salir adelante esta vez. Tenía que volver a confiar en Dios.

Romanos 15:13 dice: "Que el Dios de la esperanza los llene de toda alegría y paz a ustedes que creen en él, para que rebosen de esperanza por el poder del Espíritu Santo." Yo hablé con mi pastor, quien ayudó a que mi esposo se reuniera con alguien de Celebremos la Recuperación. Después de reunirse con su mentor y de seguir recibiendo consejería cristiana, la actitud de mi esposo comenzó a cambiar. Y, alabado sea Dios, al cabo de un tiempo había regresado el hombre con el que me había casado. Toda esta experiencia me ayudó a comprender mejor lo que es Celebremos la Recuperación, pero todavía no sabía lo importante que llegaría a ser en nuestra vida juntos. Me daba cuenta de que el problema no era únicamente de mi esposo: Yo también tenía mi participación en él. Ambos necesitábamos la conexión con la comunidad que habíamos perdido cuando nos habíamos mudado fuera de aquella zona.

Venir a Celebremos la Recuperación y asistir a los grupos de estudio de los pasos me ha enseñado que no ser perfecto es lo normal. Dios me ama tal como Él mismo me creó. Él me ayudó a sanar del temor y el sufrimiento del pasado, y también me enseñó a perdonar a los que me habían herido.

Efesios 4.31–32 (LBLA) dice: "Sea quitada de vosotros toda amargura, enojo, ira, gritos, maledicencia así como toda malicia. Sed más bien amables unos con otros, misericordiosos, perdonándoos unos a otros, así como también Dios os perdonó en Cristo."

Dios me sigue mostrando que debo confiarle a Él todas las cosas de mi vida, cuando la situación se vuelve difícil, y estoy volviendo a aprender la manera de dejar las cosas en las manos de Dios. También he aprendido que ser sumisa en mi matrimonio significa agacharme para que

Dios pueda golpear a mi esposo en la cabeza, de manera que capte su atención y arregle las cosas, de manera que yo no tenga que hacerlo.

Cada semana tengo la oportunidad de ver cómo se producen milagros: Relaciones restauradas, matrimonios reedificados y vidas cambiadas. Dios es el Gran Hacedor de Milagros y el Gran Sanador. Espero con ansias a que lleguen los miércoles, que son los días en que voy a Celebremos la Recuperación. Sé que es un lugar donde tengo seguridad. Sé que aunque existe esta cosa tan dura que se llama vida, y que sigue haciendo de las suyas, yo tengo un lugar donde puedo compartir con otras personas mi experiencia, mi fortaleza y mi esperanza.

Romanos 15:4 dice: "De hecho, todo lo que se escribió en el pasado se escribió para enseñarnos, a fin de que, alentados por las Escrituras, perseveremos en mantener nuestra esperanza."

Dios me ha dado la oportunidad de servir como la Animadora del EQUIPO de Celebremos la Recuperación, como líder en los grupos de estudio de los pasos y los grupos abiertos para compartir de Celebremos la Recuperación que se reúnen los miércoles.

Hace trece años, cuando me involucré en Celebremos la Recuperación, no tenía idea de que las herramientas que estaba aprendiendo me ayudarían a mí misma a enfrentarme con los problemas que seguirían surgiendo en mi vida, y aquellos que todavía no había resuelto.

Quisiera decirles que mi historia termina aquí, pero todavía estoy en proceso de recuperación por un propósito. Recuerden que me presenté como alguien que estaba luchando con el abuso sexual, físico y emocional. En julio de 2011 me iba a enfrentar de nuevo, sí, con el "elefante" que seguía estando en medio de la habitación. Nunca se había marchado. Todo lo que había hecho era crecer.

Esta vez fui yo la que le dejé caer "la bomba" a mi esposo. Una tarde, después de haber pasado un fin de semana con mis hermanas, le pedí que hablara conmigo. Tenía algo que le quería decir: Había tenido enterrado el problema de que un miembro de mi familia había abusado sexualmente de mí cuando aún era pequeña.

Yo no sabía qué esperar de mi esposo, pero me temía que aquello fuera a echar a perder nuestra relación y las cosas se iban a poner feas. En lugar de lo que esperaba, recibí amor, apoyo y una actitud comprensiva. Me dijo que haría cuanto fuera necesario para superar este último desafío a nuestro matrimonio.

Yo había aceptado un cierto nivel de culpa como consecuencia del abuso sexual, porque pensaba que si yo hubiera dicho algo en un momento anterior de mi vida, posiblemente otros no hubieran seguido abusando sexualmente de mí. (Este mismo abusador continuó sus abusos sexuales con varias otras mujeres de mi familia, y también estaba dañando otras relaciones.) Yo sí le había tratado de explicar estas cuestiones a mi madre hacía unos pocos años, pero ella no me había apoyado.

El principio 6 declara: Evalúo todas mis relaciones. Ofrezco perdón a aquellos que me han hecho daño y enmiendo los daños que he ocasionado a otros, excepto si cuando al hacerlo les dañara a ellos o a otros. "Dichosos los compasivos, porque serán tratados con compasión." (Mateo 5:7) "Dichosos los que trabajan por la paz, porque serán llamados hijos de Dios." (Mateo 5:9)

Desde entonces me he enfrentado al que había abusado de mí, y lo he perdonado, algo que nunca habría sido capaz de hacer sin las herramientas que había aprendido en Celebremos la Recuperación. También he aprendido que yo puedo soltar la vergüenza y la culpa que llegan cuando abusan sexualmente de una, y que ya no tenía por qué dejar que aquello me gobernara a mí, ni a mis decisiones.

Colosenses 3:13 dice: "De modo que se toleren unos a otros y se perdonen si alguno tiene queja contra otro. Así como el Señor los perdonó, perdonen también ustedes."

Todavía me queda un largo trecho por recorrer; necesito más sanidad, pero sé que hay un lugar seguro donde puedo ir a compartir mis problemas con otras personas que tienen heridas similares en su pasado. Mi deseo es darles ejemplo de esperanza a otros que luchan con abusos como estos.

Otro aspecto clave en el cual Celebremos la Recuperación desempeñó un inmenso papel fue cuando perdí a mi hermana Bonnie, quien se fue al cielo para estar con Jesús en el 2011. La abundancia tan grande de amor y de apoyo de parte de Celebremos la Recuperación me ha permitido sufrir su pérdida de una manera adecuada. Siempre me están haciendo ver que mi Familia para Siempre sigue creciendo más allá de lo que yo jamás habría pensado que podía crecer.

Hoy en día, tengo la oportunidad de servir junto con mi esposo, y ambos compartimos la pasión por la recuperación y tratamos de ser ante los demás los mejores ejemplos posibles de la misericordia, la gracia y el amor de Dios. Tengo el anhelo de ser la mejor esposa, madre, abuela y líder que pueda llegar a ser.

Camino con el gozo que tengo dentro de mí, y con la esperanza de que otros salgan de su negación para entrar en la gracia de Dios.

Para terminar diré que Dios nunca desperdicia un sufrimiento, y que quiere que nosotros compartamos nuestras victorias y seamos ejemplos para los demás de su misericordia y su gracia inagotables.

Gracias por haberme permitido compartir con ustedes.

Principio 7

Reservo un tiempo diario con Dios para una autoevaluación, lectura de la Biblia y oración con el fin de conocer a Dios y Su voluntad para mi vida y obtener el poder para seguirla.

Lección 19

ENCRUCIJADA

Principio 7: Reservo un tiempo diario con Dios para una autoevaluación, lectura de la Biblia y oración con el fin de conocer a Dios y Su voluntad para mi vida y obtener el poder para seguirla.

Paso 10: Continuamos haciendo el inventario personal y cuando nos equivocamos lo admitimos inmediatamente.

"Por lo tanto, si alguien piensa que está firme, tenga cuidado de no caer."
(1 Corintios 10:12)

Introducción

Ha llegado a un cruce muy importante. Ha recorrido un largo camino, el cual requiere: Enfrentar su negación, rendir su vida a Jesucristo, examinar su vida de una forma honesta, enumerar, confesar y compartir todo lo malo que ha hecho, ser lo suficientemente humilde para permitir que Dios haga grandes cambios en su vida, estar dispuesto a perdonar o hacer enmiendas, ofrecer perdón a los que le hayan herido, hacer enmiendas por todo el daño que usted haya causado a otros...

¡Óigame! ¡Ese sí es un viaje! No hace mucho tiempo la mayoría de ustedes hubiera dicho que era un viaje imposible, que nunca hubiera podido cambiar, crecer tanto o haber hecho el trabajo que los primeros seis principios piden.

Y eso era lo correcto. Nunca hubiéramos podido hacerlo nosotros, con nuestra propia capacidad. De hecho, la única razón para llegar hasta aquí es haber tomado una decisión anteriormente en el Principio 3, de comprometer toda su vida y voluntad al cuidado y control de Dios.

Jesús lo explica de esta forma en Juan 8:32: "Y conocerán la verdad, y la verdad los hará libres." Luego en Juan 14:6, Él define la Verdad al decir: "—Yo soy el camino, la verdad y la vida —le contestó Jesús—. Nadie llega al Padre sino por mí." Hemos sido libres de nuestras adicciones y nuestros comportamientos obsesivo/compulsivos por la "Verdad" que hemos recibido en nuestros corazones, Jesucristo.

Por esta decisión que usted hizo (que cambia vidas), Jesús ha entrado, invitado, y reedificado el fundamento de su vida. Usted indudablemente verá grandes cambios ¡si es que todavía no los ha visto!

El Principio 7 y el Paso 10 son una encrucijada de su recuperación. No es un lugar para detenerse a descansar en logros pasados. Necesitamos agradecerle a Dios que nos llevara tan lejos en nuestro camino a la recuperación, alabarle por tantas victorias sobre nuestras heridas, complejos y hábitos que hemos visto al trabajar los primeros nueve pasos, pero también necesitamos continuar trabajando en los últimos tres pasos con la misma devoción y entusiasmo que nos trajo hasta este punto en nuestras recuperaciones.

Primera Corintios 10:12 lo pone de esta forma: "Si alguien piensa que está firme, tenga cuidado de no caer."

La mayoría de los materiales de recuperación se refieren a los Pasos del 10 al 12 (Principios 7 y 8) como los "pasos del mantenimiento". No estoy de acuerdo con el uso de la palabra *mantenimiento*.

Creo que es en estos pasos y principios donde su recuperación, su nueva forma de vivir realmente se inicia, y realmente produce el fruto de todos los cambios en los que Dios y usted han estado trabajando juntos.

Es en los Principios 7 y 8 donde usted y yo experimentaremos nuestras recuperaciones por el resto de nuestra vida aquí en la tierra, un día a la vez. ¡Amigos, eso es más, muchísimo más que "mantenimiento"!

Paso Diez

Al comenzar a trabajar el Paso 10[1], veremos que depende de tres partes clave.

1. El *qué*: "Continuamos haciendo el inventario personal…"
2. El *por qué*: "… y cuándo estamos equivocados…"
3. El *entonces qué*: "…rápidamente lo admitimos."

Esta noche vamos a pasar un tiempo estudiando cada una de estas partes del Paso 10. Por supuesto, necesitamos un acróstico. Esta noche la palabra es DIEZ.

Dedique tiempo para hacer un inventario diario
Interrogantes que debe responder
Evalúe lo bueno y lo malo
Záfese de sus errores rápidamente

La *D* responde la pregunta "qué": DEDIQUE tiempo para hacer un inventario diario.

Hacer un inventario de algo es simplemente contarlo. Los negocios hacen inventarios todo el tiempo. El Principio 7 nos recuerda "reservar un tiempo diario con Dios para una autoevaluación, lectura de la Biblia y oración". Esto nos da un buen momento para contar las cosas buenas y malas que hicimos durante un período particular de tiempo. Lamentaciones 3:40 nos exhorta a que: "Hagamos un examen de conciencia y volvamos al camino del Señor."

---

1. Por favor, tenga en cuenta que aunque el Paso 10 y el Principio 7 difieren de alguna manera en sus enfoques, ambos apuntan hacia el mismo resultado: El carácter y la imagen de Cristo en nuestra vida diaria. Este capítulo destacará más el paso que el principio, pero de ninguna manera intentamos quitar los muchos beneficios de vivir diariamente el Principio 7.

La siguiente letra es la *I*, INTERROGANTES que debe responder. Necesitamos hacernos estas preguntas:

- ¿Qué hice bueno hoy?
- ¿En qué áreas me equivoqué?
- ¿Hice o dije algo que hirió a alguien en este día?
- ¿Debo enmendar algo con alguien?
- ¿Qué aprendí de mis actitudes hoy?

Hago eso a diario. Reflexiono en mi día para ver si he dañado a alguien, si he actuado o reaccionado con temores o egoísmo, o si pretendí mostrar amabilidad.

Al hacer énfasis en el Principio 4, nuestros inventarios diarios necesitan tener un balance. Necesitamos ver las cosas que hicimos correctamente así como las áreas en las cuales fallamos e hicimos cosas malas. Créanlo o no, para el tiempo en que llegamos al Principio 7 realmente comenzamos a hacer muchas cosas correctamente. Pero si no tenemos cuidado, lentamente podemos regresar a nuestros antiguos hábitos, complejos y disfunciones, por lo que necesitamos regular y continuamente hacer inventarios.

La *E* en nuestro acróstico responde "por qué": EVALUAR lo bueno y lo malo.

El paso no dice: "...*si* estábamos equivocados." Eso es lo que *desearía* que dijera. *Si* alguna vez me equivoco... *si* tal vez arruiné todo... NO. El paso dice *cuando* me equivoco.

Algunas veces no quiero trabajar este paso para nada. Si me obliga a admitirlo, a diario voy a equivocarme y a cometer errores. Luché con eso durante años, al principio de mi recuperación, hasta que un día vi un rótulo que estaba colgando en una reunión de Alcohólicos Anónimos en el centro de Los Ángeles. El rótulo decía: "¿Prefieres estar bien... o mejor?"

¿Preferiría *usted* estar bien o mejor?

Primera Juan 1:8–10 dice: "Si afirmamos que no tenemos pecado, nos engañamos a nosotros mismos y no tenemos la verdad. Si confesamos nuestros pecados, Dios, que es fiel y justo, nos los perdonará y nos limpiará de toda maldad. (Y es perfectamente correcto que Dios haga esto porque Cristo murió para lavarnos de nuestros pecados.) Si afirmamos que no hemos pecado, lo hacemos pasar por mentiroso y su palabra no habita en nosotros."

En Juan 3:21 Jesús nos dice: "El que practica la verdad se acerca a la luz." El Paso 10 nos trae diariamente a la luz.

Una vez que vemos la luz, tenemos una elección. Podemos obviarla o podemos actuar de acuerdo a ella. Si actuamos, estamos viviendo la última parte del Paso 10 y respondemos la interrogante "entonces qué". ZAFARNOS de nuestras equivocaciones rápidamente.

Pasé años sin poder admitir que me equivocaba. ¡Mi esposa puede testificar que es cierto! No podía admitir mis errores. Mi rechazo a ofrecer enmiendas bloqueaba todas mis relaciones, especialmente con mi familia. Mientras crecía maduré en la Palabra de Dios y en la recuperación, descubrí que tenía que reconocer mis errores y responsabilizarme de mis actos. No podía hacerlo si no tomaba tiempo a diario para permitir que Dios me mostrara dónde me equivocaba.

Hay otra palabra que desearía que hubiera quedado fuera del Paso 10, la palabra *inmediatamente*. Es más fácil para mí admitir los errores que cometí hace diez años que los errores que cometí hoy. ¡Pero el Paso 10 dice "inmediatamente"! Tan pronto me doy cuenta que hice algo malo necesito admitirlo rápidamente.

En Mateo 5:23–24, Jesús nos dice: "Por lo tanto, si estás presentando tu ofrenda en el altar y allí recuerdas que tu hermano tiene algo contra ti, deja tu ofrenda allí delante del altar. Ve primero y reconcíliate con tu hermano; luego vuelve y presenta tu ofrenda."

En otras palabras, admite tus errores y záfate de ellos… ¡rápidamente!

Resumen

Una forma fácil de estar al tanto de nuestro comportamiento bueno o malo, es escribir un diario. La Guía 4 del Participante tiene espacio en las páginas 22-28 para que usted practique escribiendo durante una semana. Ahora, su diario no es para que escriba el récord de las calorías que comió en el almuerzo hoy o para escribir su horario de clases. Su diario es una herramienta para que usted revise y escriba las cosas buenas y malas que hizo hoy.

Analice patrones negativos, aspectos que continuamente está escribiendo y los cuales está enmendando rápidamente, una y otra vez. Compártalos con su mentor o compañero a quien rinde cuentas y establezca un plan de acción para que usted, con la ayuda de Dios, pueda vencerlos.

Trate de escribir su diario durante siete días. Comience por escribir algo de lo cual está agradecido de sus experiencias del día. Eso sí lo hará escribir.

Si hasta este momento no ha tenido un diario en su recuperación, creo que encontrará que esta herramienta es de gran ayuda. Lo animo a que haga de su diario, parte del programa.

La próxima semana hablaremos acerca de "los cómo" del Paso 10 y de las formas de evitar que constantemente necesitemos enmendar errores.

Lección 20

Inventario diario

Principio 7: Reservo un tiempo diario con Dios para una autoevaluación, lectura de la Biblia y oración con el fin de conocer a Dios y Su voluntad para mi vida y obtener el poder para seguirla.

Paso 10: Continuamos haciendo el inventario personal y cuando nos equivocamos lo admitimos inmediatamente.

"Por lo tanto, si alguien piensa que está firme, tenga cuidado de no caer."
(1 Corintios 10:12)

Introducción

Esta noche deseamos enfocarnos en "los cómo" del Paso 10. Pero primero me gustaría ver cómo le fue con los siete días de su diario del Paso 10. Sé que para muchos de ustedes fue la primera experiencia escribir sus pensamientos a diario. Pensé que sería interesante llamar a uno de ustedes al azar para que pase aquí y se la lea al grupo. ¡Sólo bromeaba!

Pero, es importante recapitular nuestro día en forma escrita, lo bueno y lo malo, los éxitos y las veces que echamos a perder las cosas. Aquí está el porqué:

1. Escribir las áreas en las cuales debe hacer enmiendas le ayudará a ver si hay patrones desarrollándose para que pueda identificarlos y trabajar en ellos con la ayuda de Jesucristo y su mentor.
2. Puede poner las enmiendas que tiene que hacer en una "lista muy corta". Tan pronto como escriba un aspecto usted podrá hacer un plan para INMEDIATAMENTE hacer sus enmiendas. Luego de hacerlo usted puede tacharlas en su diario.

Inventario

Algunos de ustedes debieron haber tenido problemas al comenzar a escribir en su diario. Permítame darle tres ideas que les ayudarán a comenzar.

1. La última vez hablamos de comenzar escribiendo solamente una cosa que haya sucedido en ese día particular y de lo cual estamos agradecidos. Solo una cosa puede hacer que usted comience y esto también le ayudará a dormir mejor esa noche.
2. Pídale a su compañero a quien le rinde cuentas o a su mentor que le recuerde ser responsable al escribir en su diario esa noche.
3. ¡Esta es la que realmente funciona para mí! Memorice Gálatas 5:22–23: "El fruto del Espíritu es amor, alegría, paz, paciencia, amabilidad, bondad, fidelidad, humildad y dominio propio."

Diariamente hágase cualquiera de estas preguntas para incentivar su escritura, comience cada pregunta con la palabra "hoy":

- ¿Cómo mostré *amor* a otros? ¿Me comporté de alguna manera no afectuosa hacia alguien?
- ¿Vieron otros en mí el *gozo* de tener una relación personal con el Señor? Si no es así, ¿por qué no?
- ¿Cómo estuvo mi serenidad, mi *paz*? ¿Sucedió algo que me causara perderla? ¿Cuál fue mi parte en esto?
- ¿Fui *paciente*? ¿Qué ocasionó que perdiera mi paciencia? ¿Debo enmendar algo?
- ¿Diría alguien que fui *amable/bueno*? ¿En qué maneras no me comporté amable?
- ¿Cómo estuvo mi *fidelidad*? ¿Cumplí mi palabra con la gente?
- ¿Cómo estuvo mi *mansedumbre* y *templanza*? ¿Perdí mi control, hablé de una forma no amable o cruel a alguien?

Al trabajar el Paso 10 y el Principio 7, iniciamos el viaje para aplicar lo que hemos descubierto en los primeros nueve pasos. Humildemente vivimos cada día en la realidad, no en la negación. Hemos hecho lo mejor para enmendar nuestro pasado. Por medio de la dirección de Dios podemos elegir las emociones que afectan nuestro pensamiento y acciones. Comenzamos a actuar en forma positiva en lugar de *reaccionar* constantemente.

En el Principio 7 deseamos crecer diariamente en nuestra nueva relación con Jesucristo y con otros. En lugar de intentar estar al control de cada situación y de cada persona con la que nos comunicamos, o salirnos del control de nuestras propias vidas, comenzamos a exhibir autocontrol a la manera que Dios quiere que seamos. Recuerde "el yo bajo control" es lo que buscamos. Nos esforzamos por tener nuestro ser bajo el control *de Dios*.

Dios nos ha provisto un control diario para nuestro nuevo estilo de vida. Es llamado el "Gran Mandamiento" y se encuentra en Mateo 22:37–40: Jesús dijo:

"'Ama al Señor tu Dios con todo tu corazón, con todo tu ser y con toda tu mente'... Éste es el primero y el más importante de los mandamientos. El segundo se parece a éste: 'Ama a tu prójimo como a ti mismo.' De estos dos mandamientos dependen toda la ley y los profetas."

Cuando haga su inventario personal diario, pregúntese: "¿Mostraron hoy mis acciones lo que el segundo gran mandamiento me pide hacer? ¿Amé a mi prójimo (otros) como a mí mismo?

Al vivir los dos mandamientos poniendo los principios y pasos en acción en nuestras vidas, nos volveremos más como Cristo. Nos volveremos hacedores de la Palabra de Dios, no solamente oidores. Santiago 1:22 (LBAD) dice: "No nos engañemos; éste es un mensaje que no sólo debemos oír sino poner en práctica." Nuestras acciones necesitan ser coherentes con nuestro hablar. Usted puede ser la única Biblia que alguien leerá. Eso es ser una "Biblia Viviente". Así es como el apóstol vivió. Él dice en 1 Tesalonicenses 1:5 (LBAD) "…Cuando les anunciamos las Buenas Nuevas, nuestras palabras hicieron gran efecto en ustedes porque el Espíritu Santo les dio la grande y plena seguridad de que lo que decíamos era cierto." Las personas deben ver la verdad de Dios revelada en nuestras vidas.

El Paso 10 no dice cuán a menudo hacer un inventario, pero me gustaría ofrecer tres sugerencias que pueden ayudarnos a mantenernos en el camino correcto, el camino de Dios a la recuperación.

Haga un inventario constante

Podemos hacer un inventario constante durante todo el día. El mejor tiempo para admitir que estamos equivocados es el momento exacto en el que nos damos cuenta de ello. ¿Por qué esperar? Déjeme darle un ejemplo.

Ayer por la tarde regañé a mi hijo. Inmediatamente enfrenté una elección. Podía admitir que me había equivocado ("No debí regañar a Johnny; él sólo quería jugar a la pelota") y enmendar mi error con él ("Johnny, perdón por hablarte tan fuerte; estaba equivocado"), o podría esperar hasta más tarde y arriesgarme a racionalizarlo ("él vio que estaba ocupado; no tenía derecho a pedirme que jugara en ese momento").

No tiene que esperar hasta llegar a casa, cocinar o ver televisión y luego comenzar su diario. Si usted hace un inventario constante durante el día, puede mantener muy corta la lista de cosas que enmendar.

Haga un inventario diario

Al final de cada día miramos en nuestras actividades diarias lo bueno y lo malo. Necesitamos buscar dónde podríamos haber dañado a alguien o si hemos actuado con ira o con temor. Pero una vez más, recuerde mantener su inventario diario en balance. Asegúrese de incluir las cosas buenas que hizo durante todo el día. La mejor forma de hacer esto es escribirlas en su diario.

Antes de ir a dormir yo paso casi quince minutos, escribiendo los sucesos de mi día, pidiéndole a Dios que me muestre las equivocaciones que he cometido. Tan rápido como puedo, al día siguiente, los admito y enmiendo mis errores.

Haga un inventario periódico

Hago un inventario periódico cada tres meses. Me voy a un "miniretiro". Le animaría a intentarlo. Lleve su diario, ore mientras lee los últimos noventa días de su diario. Pida a Dios que le muestre áreas en su vida en las que puede mejorar en los próximos noventa días y *celebre las victorias* de lo que ya ha logrado.

Al llevar un inventario constante, diario y periódico, podemos trabajar el paso 10 con lo mejor de nosotros. Con la ayuda de Dios podemos mantener nuestro "lado de la calle limpio".

Aquí están unos pocos versículos clave para aprender y seguir para el paso 10.

"Quien piensa bien las cosas se fija en lo que dice; quien se fija en lo que dice convence mejor." (Proverbios 16:23 TLA)

"Eviten toda conversación obscena. Por el contrario, que sus palabras contribuyan a la necesaria edificación y sean de bendición para quienes escuchan." (Efesios 4:29)

"Al que piensa sabiamente, se le llama inteligente; las palabras amables convencen mejor." (Proverbios 16:21 DHH)

"Los corazones ansiosos están apesadumbrados, pero una palabra de aliento produce maravillas." (Proverbios 12:25 LBAD)

"Si yo tuviera el don de hablar en lenguas extrañas, si pudiera hablar en cualquier idioma celestial o terrenal, y no sintiera amor hacia los demás, lo único que haría sería ruido." (1 Corintios 13:1 LBAD)

Plan de Acción Diario para el Paso 10

1. Continúe llevando un inventario diario y cuando se equivoque, trate de enmendar la situación rápidamente.
2. Resuma los eventos de su día en el diario.
3. Lea y memorice uno de los versículos del principio 7a de la página 36 de la Guía 4 del participante.
4. Trabaje todos los pasos y principios lo mejor que pueda.

El versículo clave para esta lección es Marcos 14:38: "Vigilen y oren para que no caigan en tentación. El espíritu está dispuesto, pero el cuerpo es débil." Terminemos con una oración.

Querido Dios, gracias por este día. Gracias por darme las herramientas para trabajar mi programa y vivir mi vida en una forma diferente, centrada en tu voluntad. Señor, ayúdame a hacer enmiendas rápidamente y pedir perdón. Hoy, en todas mis relaciones, ayúdame a hacer mi parte para que sean saludables y que puedan crecer. Oro en el nombre de Jesús. Amén.

Lección 21

RECAÍDA

Principio 7: Reservo un tiempo diario con Dios para una autoevaluación, lectura de la Biblia y oración con el fin de conocer a Dios y Su voluntad para mi vida y obtener el poder para seguirla.

Pasó 11: Buscamos a través de la oración y la meditación mejorar nuestra relación con Dios, orando sólo para conocer Su voluntad para nosotros y poder para llevarla a cabo.

"Que habite en ustedes la palabra de Cristo con toda su riqueza." (Colosenses 3:16)

Introducción

(Nota: En la Iglesia de Saddleback comenzamos con la Lección 1 en enero. Por lo tanto, estamos enseñando el Principio 7 en noviembre. Es por eso que esta lección comienza con una referencia a Navidad.)

Esta noche, vamos a comenzar a trabajar el Principio 7. Vamos a ver específicamente cómo mantener el impulso de su recuperación durante las próximas festividades de Navidad.

Las festividades pueden ser difíciles, especialmente si está sólo, o si usted está todavía esperando que su familia actúe de acuerdo a sus expectativas. Este es un tiempo clave del año para guardarse en contra de volver a sus antiguas heridas, complejos o hábitos. ¡Un tiempo clave para guardarse de una recaída!

Por lo tanto, esta noche vamos a hablar acerca de cómo usted puede prevenir una RECAÍDA. No debe comenzar sus compras de Navidad todavía, aunque no es demasiado pronto para comenzar a trabajar en el programa de prevención de una recaída.

Prevenir una Recaída

El acróstico de esta noche es RECAÍDA:

Reserve un tiempo a solas con Dios todos los días
Evalúe
Conéctese al poder de Dios
A solas y quieto
Importante disfrutar de su crecimiento

Deténgase lo suficiente...
A Jesús escuche

La primera letra en recaída se refiere al mismo Principio 7: RESERVE un tiempo a solas con Dios para una autoevaluación, lectura de la Biblia y oración para conocer a Dios y Su voluntad para mi vida y obtener el poder para seguirla.

Como dije antes, durante las festividades es fácil volver a nuestras antiguas heridas, complejos y hábitos. El alcohólico vuelve a tomar, el que come mucho vuelve a ganar peso, el que apuesta en juegos vuelve a "las apuestas" (Las Vegas), el adicto al trabajo llena su agenda, el codependiente regresa a una relación enfermiza. La lista sigue y sigue.

El primer paso para prevenir una recaída es admitir que será tentado, que no está por encima de la tentación. Jesús no lo estuvo, ¿por qué deberían estarlo ustedes?

Encontramos el pasaje de la tentación de Jesús en Mateo 4:1–11:

> Luego el Espíritu llevó a Jesús al desierto para que el diablo lo sometiera a tentación. Después de ayunar cuarenta días y cuarenta noches, tuvo hambre. El tentador se le acercó y le propuso:
> —Si eres el Hijo de Dios, ordena a estas piedras que se conviertan en pan. Jesús le respondió:
> —Escrito está: "No sólo de pan vive el hombre, sino de toda palabra que sale de la boca de Dios."
> Luego el diablo lo llevó a la ciudad santa e hizo que se pusiera de pie sobre la parte más alta del templo, y le dijo:
> —Si eres el Hijo de Dios, tírate abajo. Porque escrito está:
> "Ordenará que sus ángeles te sostengan en sus manos, para que no tropieces con piedra alguna."
> —También está escrito: "No pongas a prueba al Señor tu Dios" —le contestó Jesús.
> De nuevo lo tentó el diablo, llevándolo a una montaña muy alta, y le mostró todos los reinos del mundo y su esplendor.
> —Todo esto te daré si te postras y me adoras.
> —¡Vete, Satanás! —le dijo Jesús—. Porque escrito está: "Adora al Señor tu Dios y sírvele solamente a él."
> Entonces el diablo lo dejó, y unos ángeles acudieron a servirle.

La prueba terminó; el diablo se fue. Jesús fue tentado. Él nunca pecó, pero fue tentado.

Marcos 14:38 nos dice a todos que "Vigilen y oren para que no caigan en tentación. El espíritu está dispuesto, pero el cuerpo es débil."

Recuerde, ser tentado no es un pecado. Es caer en el acto de la tentación lo que nos mete en problemas. ¿Usted sabe qué es curioso? Que las tentaciones son diferentes a las oportunidades. ¡Las tentaciones siempre nos dan una segunda elección!

La tentación no es un pecado; es una llamada a batallar. Cuando somos tentados a caer de nuevo en nuestras antiguas heridas, complejos y hábitos, necesitamos hacer como Jesús hizo en Mateo 4:10: "—¡Vete, Satanás! —le dijo Jesús—. Porque escrito está: 'Adora al Señor tu Dios y sírvele solamente a él.'"

La próxima palabra en nuestro acróstico nos recuerda el Paso 10: EVALUAR.

Permítame solamente recapitular lo que hemos hablado en las últimas dos lecciones. Su evaluación necesita incluir su salud física, emocional, social y espiritual.

Como el pastor Rick (Warren) dice: No olvide el valor de hacerse un chequeo de "CORAZÓN." (H-E-A-R-T en inglés) Pregúntese diariamente si está

Herido
Exhausto
Airado o enojado
Resentido
Tenso

Si usted responde sí a cualquiera de los aspectos anteriores, simplemente use las herramientas que ha aprendido en recuperación para ayudarse a volver al camino. Encontramos instrucciones específicas para este paso en Romanos 12:3–17 (LBAD): "No se consideren mejores de lo que son... Aborrece lo malo. Ponte de parte del bien. Ámense con cariño de hermanos... ten paciencia si sufres... actúa siempre honrada y limpiamente."

La práctica diaria del Paso 10 mantiene su honestidad y humildad.

La próxima letra es *C*: CONÉCTESE al poder de Dios por medio de la oración.

No le puedo decir el número de personas que, en consejería, me han preguntado: "¿Por qué Dios permite que me pase eso?"

Yo contesto: "¿Oraste y buscaste Su voluntad y dirección antes de tomar la decisión de casarte, antes de tomar la decisión de cambiar de trabajo?" o cualquiera que fuera el aspecto.

Como ve, si diariamente no buscamos Su voluntad para nuestras vidas, ¿cómo podemos culparle cuando las cosas van mal?

Algunas personas piensan que su trabajo es darle instrucciones a Dios. Lo entienden al revés. Nuestro trabajo es diariamente buscar Su voluntad para nuestras vidas. ¿Ven ustedes? La dirección e instrucción de Dios sólo puede comenzar cuando nuestras demandas terminan.

No me interprete mal en este punto. Yo solamente estoy sugiriendo que debemos dejar de *exigirle* cosas a Dios, no de dejar de *pedírselas*. Las peticiones específicas de oración son otra forma de estar conectado al poder de Dios.

En Filipenses 4:6 (LBAD) Pablo nos dice que oremos por todo, pidiendo la voluntad perfecta de Dios en todas nuestras decisiones: "NO se afanen por nada; más bien oren por todo. Presenten ante Dios sus necesidades y después no dejen de darle gracias por sus respuestas."

El versículo dice *sus* respuestas, *su* perfecta voluntad –no la mía ni la suya. Nuestra voluntad es imperfecta y casi siempre egocéntrica. Frecuentemente usamos la oración como recurso ahorra-esfuerzo, pero necesito recordarme diariamente que Dios no hará por mí lo que puedo hacer por mí mismo. Tampoco Dios hará por usted lo que usted puede hacer por sí mismo.

Veamos la letra *A*, la cual significa un tiempo A SOLAS y quieto.

La primera parte del Paso 11 dice: "Buscamos a través de la oración y la meditación mejorar nuestra relación con Dios, orando sólo para conocer Su voluntad para nosotros y poder para llevarla a cabo."

En el Principio 3 tomamos una decisión de comprometer nuestras vidas y voluntad al cuidado y control de Dios; en el Principio 4 confesamos nuestras faltas a Él; y en el Principio 5 humildemente le pedimos que quitara nuestros defectos de carácter.

Ahora, en el Principio 7 para mantener su recuperación en crecimiento usted necesita tener un tiempo diario a solas con Jesús. Aun Jesús pasó tiempo a solas con su Padre (Marcos 1:35); usted necesita hacer lo mismo. Establezca una cita diaria para estar a solas con Dios, para que pueda aprender a escuchar cuidadosamente, ¡aprender cómo escuchar a Dios!

En Salmos 46:10, Dios nos dice: "Estad quietos, y sabed que yo soy Dios."

El Paso 11 usa la palabra *meditación*. Meditación puede ser nueva para usted y tal vez se sienta incómodo. La definición de *meditación* es simplemente "calmarse lo suficiente como para escuchar a Dios". Con la práctica usted comenzará a darse cuenta del valor de pasar tiempos a solas con Dios.

El enemigo usará lo que sea para interrumpir su tiempo a solas con Dios. Él dejará que llene su agenda con tantas cosas buenas que lo agoten y no tenga tiempo para cumplir con su cita con Dios. El enemigo se deleita cuando nos aleja de crecer y trabajar la relación más importante de nuestras vidas, nuestra relación con Jesús.

En Salmos 1:1–3 (LBAD) dice que: "Dichosos los que... se deleitan en hacer la voluntad de Dios, y día y noche meditan en sus leyes... Son como árboles junto a las riberas de un río, que no dejan de dar delicioso fruto cada estación."

Ahora la letra *I*: IMPORTANTE disfrutar de su crecimiento.

Es importante que disfrute de sus victorias. ¡Regocíjese y celebre los pequeños éxitos a lo largo de su camino a la recuperación! Primera Tesalonicenses 5:16–18 (TLA) nos dice: "Estén siempre contentos. Oren en todo momento. Den gracias a Dios en cualquier circunstancia. Esto es lo que Dios espera de ustedes como cristianos que son." Y no olviden compartir sus victorias, no importa cuán pequeñas sean con otros en su grupo. ¡Su crecimiento dará esperanza a otros!

Vamos a la siguiente letra de nuestro acróstico: DETÉNGASE lo suficiente para escuchar a Dios.

Luego que pasa un tiempo a solas con Dios, usted necesita calmarse lo suficiente para oír Sus respuestas y dirección. Después que oramos y pedimos, necesitamos escuchar. Dios le dijo a Job: "De lo contrario, escúchame. ¡Mantén silencio, y yo te enseñaré sabiduría! (Job 33:33 LBAD)

Filipenses 4:7 (LBAD) nos dice: "La paz de Dios, la cual es tan extraordinariamente maravillosa que la mente humana no podrá jamás entenderla. Su paz mantendrá sus pensamientos y su corazón en la quietud y el reposo de la fe en Jesucristo."

Finalizamos con la *A*, A JESUCRISTO, su Poder Superior, escuche.

Necesito enfatizar que debemos tomar suficiente tiempo fuera del "correr frenético" del mundo y escuchar a nuestros cuerpos, a nuestras mentes y a nuestras almas. Necesitamos calmarnos lo suficiente para escuchar las instrucciones de Dios. "Antes bien, examínenlo todo cuidadosamente, retengan lo bueno." (1 Tesalonicenses 5:21 NBLH) Me gusta ese versículo "No sea crédulo". Examine todo y guarde solamente lo que es bueno. Deshágase de todo lo que esté teñido de maldad.

Con la práctica diaria de estos principios y con la amante presencia de Cristo en su vida, será capaz de mantenerse y continuar creciendo en su recuperación.

Resumen

Honestamente, algunas veces desearía tomarme unas vacaciones de mi recuperación, especialmente durante las festividades. Estoy seguro de que todos han sentido de igual forma una que otra vez. Pero permítame asegurarle que la recaída es real. ¡Sucede! Y puede ser algo muy costoso. Les exhorto a que den los pasos de los cuales hablamos esta noche y así prevengan una recaída.

Seamos prácticos. Aquí hay algunas cosas que hacer para prevenir una recaída durante las festividades:

1. Ore y lea su Biblia diariamente. Establezca un tiempo específico del día para tener su "tiempo a solas con Dios".
2. Haga de su asistencia a la reunión de recuperación una prioridad. Manténgase cerca de su equipo de apoyo. Si se descubre diciendo: "Estoy muy ocupado para ir a Celebremos la Recuperación esta noche", haga tiempo. Escape de lo que esté haciendo y venga a compartir su recuperación.
3. Pase tiempo con su familia si son creyentes. Si no lo son, pase tiempo con la familia de su iglesia. Vamos a tener reunión de Celebremos la Recuperación cada viernes por la noche durante las festividades de Navidad. No tiene que estar solo en este tiempo de fiestas.
4. Involúcrese en el servicio. ¡Sea Voluntario! No tiene que esperar hasta que llegue al principio 8 para comenzar a servir.

Estas solamente son unas pocas ideas y sugerencias. Esta noche dígale a su grupo las formas en que usted, con la ayuda de Dios, puede prevenir una recaída en su recuperación.

Lección 22

GRATITUD

Principio 7: Reservo un tiempo diario con Dios para una autoevaluación, lectura de la Biblia y oración con el fin de conocer a Dios y Su voluntad para mi vida y obtener el poder para seguirla.

Paso 11: Buscamos a través de la oración y la meditación mejorar nuestra relación con Dios, orando sólo para conocer Su voluntad para nosotros y poder para llevarla a cabo.

"Que habite en ustedes la palabra de Cristo con toda su riqueza." (Colosenses 3.16)

Introducción

Esta noche vamos a enfocar nuestra atención hacia fuera en lugar de hacia dentro. Hemos dado muchos pasos en nuestro camino a la recuperación. Nuestro primer paso fue admitir que éramos (y somos) incapaces. Nuestro segundo paso nos llevó a elegir, una vez y para siempre, un poder por el cual vivir. Dimos nuestro tercer y más importante paso cuando decidimos entregar nuestras vidas y voluntad al único y verdadero Poder Superior, Jesucristo.

Al seguir nuestro viaje, crecemos en nuestro contacto con Dios y Él comienza a obrar en nuestras vidas. Y al comenzar a crecer en nuestro conocimiento de Él, comenzamos a vivir conforme a la decisión que tomamos en el Principio 3. Seguimos caminando en paz, al. La forma en que hacemos esto, de acuerdo al Principio 7, es "reservar un tiempo diario con Dios." Durante este tiempo nos enfocamos en Él al orar y meditar.

Orar es hablar con Dios. Meditar es escuchar a Dios diariamente. Cuando medito no me siento en posición de yoga ni murmuro: Simplemente me enfoco y pienso en Dios o en un determinado versículo de la Escritura o tal vez en una o dos palabras. Esta mañana pasé diez o quince minutos solamente tratando de enfocarme en una sola palabra: *Gratitud*.

Necesito meditar cada mañana, pero no lo hago. Algunas mañanas mi mente se desvía y encuentro muy difícil el concentrarme. Aquellos viejos amigos regresarán. Usted sabe, ese viejo comité familiar de antigua disfunción. El comité tratará de hacer todo lo posible para interrumpir mi tiempo a solas con Dios. A través de trabajar los principios a diario y dando lo mejor de mí, he aprendido a callarlos la mayoría del tiempo.

He aprendido a escuchar a Dios, quien me dice que tengo un gran valor. Y Él dirá lo mismo de usted, si lo escucha.

Lección 22: Gratitud

Cuando comienzo mi día con el Principio 7 y lo termino haciendo mi inventario diariamente, tengo un día muy bonito, un día razonablemente feliz. Esta es una forma en la que decido vivir "un día a la vez" y una forma en la que puedo prevenir una recaída.

Otra forma de prevenir una recaída, especialmente durante las festividades, es mantener una actitud de gratitud.

Gratitud

Esta semana, la semana antes de celebrar Acción de Gracias, (en Estados Unidos se celebra en noviembre) sugiero que sus oraciones se enfoquen en la gratitud de cuatro áreas de su vida: Hacia Dios, hacia otros; su recuperación, su iglesia. Le voy a pedir que escriba eso en su "lista de gratitud". Esta es una lección interactiva.

> **Nota del maestro:** Haga copias y reparta la "Lista de Gratitud" encontrada en el Apéndice 10. Después de presentar cada una de las áreas en la lista, haga una pausa y dé a los participantes unos minutos para completar cada una de las secciones.

Ahora vamos a tomar un tiempo para que haga su lista de gratitud para esta próxima celebración de Acción de Gracias.

Primero: ¿Por qué cosas está agradecido a *Dios?* Ofrezca oraciones de gratitud a su Creador.

En Filipenses 4:6 (LBAD) se nos dijo: "No se afanen por nada; más bien oren por todo. Presenten ante Dios sus necesidades y después no dejen de darle gracias por sus respuestas."

Salmos 107:15 nos anima a "dar gracias al Señor por su amor inagotable y maravillosos hechos para los hombres." ¡Qué maravillosos son! ¿Cuáles son al menos dos áreas de su vida en las que usted puede ver la obra de Dios y de las cuales está agradecido en esta época de festividad?

Puede reflexionar en los últimos once meses o en lo que Dios ha hecho por usted esta semana o aun hoy mismo. Luego tome un tiempo para enumerar unas cuantas cosas por las cuales usted está agradecido a su Poder Superior.

La siguiente área es enumerar las personas que Dios ha puesto en su vida para caminar junto con usted en su camino de recuperación. Necesitamos ser agradecidos por *otros*.

"Y que la paz de Cristo reine en vuestros corazones, a la cual en verdad fuisteis llamados en un solo cuerpo; y sed agradecidos. Que la palabra de Cristo habite en abundancia en vosotros." (Colosenses 3:15–16 LBLA)

¿Con quién está agradecido? ¿Por qué? Tome un momento para enumerarlos.

La tercera área en la que podemos estar agradecidos es por nuestra *recuperación*.

"Por tanto, puesto que tenemos en derredor nuestro tan gran nube de testigos, despojémonos también de todo peso y del pecado que tan fácilmente nos envuelve, y corramos con paciencia (perseverancia) la carrera que tenemos por delante." (Hebreos 12:1 NBLH)

¿Cuáles son dos áreas de reciente crecimiento en su recuperación por las cuales usted está agradecido? De nuevo, enuméralas ahora.

La cuarta y última área por la cual estar agradecido es su *iglesia*.

"Entren por sus puertas con acción de gracias; vengan a sus atrios con himnos de alabanza; denle gracias, alaben su nombre." (Salmos 100:4)

¿Cuáles son dos de las cosas por las cuales está agradecido a su iglesia?

Resumen

Lleve su "lista de gratitud" a casa hoy y póngala en un lugar donde la vea frecuentemente. Le recordará que ha progresado en su recuperación y que no está solo, que Jesucristo está siempre con usted.

Usar su lista de gratitud para asistir a las reuniones de recuperación y hacer de la asistencia una prioridad e involucrarse en el servicio en su iglesia, son las mejores maneras que conozco de prevenir una recaída durante las festividades.

Terminemos con una oración.

Querido Dios, ayúdame a poner a un lado las molestias y el ruido de este mundo. Ayúdame a enfocarme y escucharte solamente a ti durante los próximos minutos. Ayúdame a conocerte mejor. Ayúdame a entender tu plan, tu propósito para mi vida. Padre, ayúdame a vivir en el hoy, buscar tu voluntad y vivir este día como tú deseas.

Es mi oración que otros me vean como tu hijo, no solamente en mis palabras, sino en lo más importante, en mis actitudes. Gracias por tu amor, tu gracia, tu perfecto perdón. Gracias por todos los que has puesto en mi vida, por mi programa, mi recuperación y mi familia de la iglesia. Que se haga tu voluntad, no la mía. En el nombre de tu Hijo oro. Amén.

TESTIMONIO DEL PRINCIPIO 7B

Me llamo Manuel, creo en Jesucristo, le estoy agradecido y batallo con los juegos de azar.

Nací en un pueblecito de Oklahoma llamado Okemah. Mi padre conoció a mi madre después de regresar de la Segunda Guerra Mundial; estaba en el Ejército, donde guiaba tanques. En cambio, en la casa de mi madre eran siete hermanos criados en una granja cercana a Okemah. Yo vine a este mundo alrededor de la una de la mañana del 2 de enero de 1951, y nueve meses más tarde, estábamos viviendo en Richmond, California, al otro lado de la bahía donde está San Francisco.

Entré al primer grado en Richmond, pero mi padre tenía tantos trabajos diferentes, nos mudamos tantas veces y asistí a tantas escuelas, que no estuve el tiempo suficiente para pasar del primer grado. Así es: Suspendí el primer grado. Recuerdo que me sentí muy tonto, no como los demás niños, que no tuvieron ningún problema para pasar el grado más fácil de la escuela. Esto afectó mi actitud con respecto a la educación durante la mayor parte de mis doce primeros años de escuela. Con las notas que sacaba, apenas podía pasar de uno a otro grado, hasta que me gradué de la secundaria. ¡Pero conseguí mi diploma!

En mi graduación, cuando estaban llamando a mis compañeros de clase por su nombre para que recibieran el papel enrollado que era su recompensa por doce largos años con maestros, unos buenos y otros malos, me llegó el turno para que me entregaran mi diploma. En los altavoces se oyó el nombre de otro estudiante, y no el mío.

Sé que mi rostro debe haber tenido una expresión de fracaso, porque en ese momento regresé al pasado; volví a ser un niño de cinco años. Un altavoz me estaba diciendo a mí, y a todos mis amigos, mi familia y cuanta gente había en las gradas: "SUSPENDISTE".

Yo me sentía perplejo y avergonzado, pero el sabio maestro que estaba entregando los diplomas, me tomó la mano derecha en un fuerte estrechón de manos al estilo de los adultos, me miró con mi expresión de terror, y después me susurró con voz tranquila: ¡Espera un poco!

El siguiente nombre, leído en voz alta y clara, era el mío. ¡Faltó poco! Pero lo logré, y ahora había llegado el momento para el siguiente paso en mi educación: "Por fin" iría a la universidad en el otoño.

En la universidad tuve profesores e instructores que lo enseñaban todo, desde matemáticas, ciencias y lógica hasta historia, inglés y religiones del mundo, entre ellas el cristianismo, el hinduismo, el islam, el budismo y el ateísmo. Conocí estudiantes que afirmaban ser brujos y seguidores de la cientología, el mormonismo, los testigos de Jehová y otras sectas. Por supuesto, yo tenía mi propio estilo de religión hecha en casa, en la que creía, y a la que llamaba Manuel-teísmo.

Había fabricado esta religión en mi propia mente; no la había sacado de ninguna Biblia ni de ninguna religión formal. Era solo mi propia manera de creer. Pero este sistema de creencias fue el que formó mi comprensión acerca de Dios y de quién era Él. *Proverbios 14:12 (LBAD) dice: "Cada hombre tiene ante sí un amplio y agradable camino que parece bueno."*

Mientras estaba asistiendo al Colegio Universitario de Cerritos, en 1976, estudiando para graduarme de contador, fue cuando Jesús me cambió la vida, y esta manera errada de pensar. Yo estaba asistiendo a la escuela durante el día y trabajando a tiempo parcial en un pequeño taller de maquinarias en Paramount, California. Iba a fiestas y a muchos clubes de baile de todo el sur de California casi todas las noches; allí bebía vino barato y fumaba marihuana. Mis amigos y yo estábamos totalmente atrapados en la cultura de los años setenta. Uno de los dichos corrientes en aquellos tiempos era: "Sigue haciendo lo que estás haciendo". Y eso era exactamente lo que hacíamos: Vivir y amar este estilo de vida libre sin responsabilidades.

La Guerra de Vietnam fue la única amenaza a mi dedicación a la universidad. Estaba listo para que cualquier día me reclutaran y me enviaran a pelear por nuestro país. Vivía en casa con mis padres, sin pagar la renta. Mis padres me pagaban el seguro del auto, la mayor parte de mis gastos escolares, la comida e incluso la gasolina para mi auto, una furgoneta Ford de 1962 que también habían sido ellos los que la habían comprado. Lo tenía todo.

Nunca pensaba mucho en cosas como la religión, la iglesia, el crecimiento y la llegada a la edad adulta. Más bien, todo lo que me interesaba se centraba en mí mismo y en unos cuantos amigos cercanos.

Mi primera novia de la escuela fue mi primer amor, y me llevó a la gran encrucijada de la vida; las encrucijadas son los lugares donde los caminos se encuentran, formando una cruz. Y destaco lo de la "CRUZ" en el camino. Ella y yo anduvimos juntos la mayor parte del penúltimo año y parte del último de la secundaria, pero rompimos nuestro noviazgo antes de terminar la secundaria. Mis amigos se solían burlar de mí, porque yo me pasaba todo el tiempo hablando de ella.

¿Recuerda su primer amor? Hay quien dice: "Tu primer auto es como tu primer amor, ¡porque nunca los olvidas!" Mientras estábamos de novios, habíamos estado experimentando con la marihuana. Con la excepción de un par de veces en que probamos una droga muy fuerte llamada "polvo de ángel", que según me dijeron después, es una clase de tranquilizante para animales, que se queda en el cerebro por años, yo nunca pasé a usar ninguna otra droga. En cambio, mi novia sí siguió usando drogas más fuertes y más peligrosas.

Una mañana de enero, me levanté para ir al trabajo, y mi madre me dijo que mi antigua novia estaba muy enferma y la habían llevado al hospital. Yo decidí ir después del trabajo para visitarla, sin saber lo enferma que estaba en realidad. Cuando llegué allí, estaba atada a la cama, con tubos por todas partes del cuerpo, conectada a toda clase de máquinas con luces, timbres y sonidos extraños. Estaba en la etapa final de una hepatitis C. Tenía los ojos y la piel amarillos, y apenas podía hablar. No podía creer lo que estaba viendo. Mi primer amor estaba perdiendo allí mismo, delante de mí. No podía hacer nada; estaba totalmente indefenso y no podía ayudarla.

Yo no sabía orar, y no conocía a Dios de ninguna manera, forma o estilo. Ella apenas podía comunicarse, pero con sus mal articuladas palabras, me pidió que le leyera algo. Yo no tenía nada que leer, así que tomé el libro que se encuentra en la mayoría de los cuartos de los hospitales: Una Biblia de los Gedeones. Así que con toda la experiencia de un "estudiante de primer año de Biblia no muy bueno", la abrí por un libro que se llamaba "Juan". No puedo recordar gran cosa de lo que leí, pero parece haberle dado algún consuelo.

Después que salí de aquella habitación, me sentí deshecho. Unas lágrimas totalmente descontroladas me corrieron por el rostro, y me abrumó la sensación de estar más perdido de lo que nunca me había sentido en toda mi vida.

Al día siguiente, cuando fui a verla, pasé primero por una floristería que había frente al hospital. Estaba llorando tanto, que la señora no podía comprender lo que yo le estaba pidiendo. Adivinó mi emoción y lloró ella también por mi sufrimiento. Esas lágrimas me salen por naturaleza, y creo estar en buena compañía, puesto que Jeremías era conocido como "el profeta llorón", y Juan dice que Jesús lloró por Lázaro cuando este murió.

Cuando entré al cuarto con las flores en la mano, me sorprendí al ver que mi exnovia estaba sentada en una silla, no tan amarilla ni tan enferma. Parecía estarse mejorando. Nuestra comunicación fue más clara, y estuvimos juntos un par de horas. Ella quiso que yo le leyera de nuevo. Otra vez tomé la Biblia y leí algo más, sin comprenderlo ni un poco mejor que antes. Dos incrédulos buscando la ayuda de Dios, y no habríamos sabido qué hacer con esa ayuda si nos la hubiera otorgado. Dios nos salvaría a ambos, aunque no de una forma que ninguno de los dos pudo o quiso comprender durante algún tiempo, Jesús, en su infinita sabiduría, sabía perfectamente lo que necesitaba cada uno de nosotros.

La salvación de ella llegó al día siguiente, en el momento de su muerte; la mía llegó después de su funeral. Un joven compartió el Evangelio conmigo después del funeral. Me dijo que recordaba haber visto a mi novia en varios servicios antes que se enfermara. Él pensaba que ella le había dicho que le había pedido a Jesús que entrara a su vida, y que tal vez fuera por eso por lo que quería que yo le leyera la Biblia. Solo Dios lo sabe. Aquel joven se tomó su tiempo para explicarme que Dios envió a su hijo al mundo en forma humana para salvar a la humanidad... y a mí. Con toda paciencia, respondió mis preguntas acerca de la Biblia, de Dios, de la muerte y, lo más importante de todo, mi dolor.

Aquella noche, cuando estaba a solas con todos los pensamientos sobre aquel día tan tenebroso y terrible, oré diciendo: "Jesús, yo no sé si puedo vivir esta nueva vida contigo, pero si estás dispuesto a perdonarme, te prometo confiar en ti con todo el corazón". En ese mismo momento, en mi cama y en medio de la noche, sentí que se levantaba de mi alma el peso de aquel terrible día, y de toda mi vida. Me sentía como si me hubiera levantado de la cama y flotaba en el momento en que Jesús llegó a mi vida. Nunca he sido el mismo, y nunca he querido volver a mi vida anterior. Al día siguiente comencé a leer la Biblia en el lugar más extraño para que la comenzara a leer un cristiano nuevo.

Dios tenía el plan de hacer que yo leyera un versículo muy especial, *Apocalipsis 2:4: "Sin embargo, tengo en tu contra que has abandonado tu primer amor."* Dios había entrado en mi vida porque yo pensaba que había perdido a mi primer amor. En su Biblia, Dios me estaba diciendo dos cosas: En realidad, mi primer amor es Jesucristo, y Él me ama mucho más de lo que yo habría podido amar a ninguna otra persona en la vida. El próximo paso en mi vida fue entrar a la familia de Dios por medio de la iglesia. Unos seis meses más tarde, mi hermano me pidió que fuera a una cita a ciegas. La familia de la chica con la que tuve la cita iba a una iglesia de Bell Gardens.

El día siguiente era domingo, y le pregunté a ella si nos podríamos encontrar en su iglesia. Ella me dijo que sí, así que asistí a mi primera clase de la escuela dominical y mi primer servicio de adoración. Aquella iglesia se convirtió en mi iglesia, y lo sigue siendo hasta el día de hoy.

Fuimos novios durante dos años, y durante el tiempo en que fuimos novios, nos comprometimos para casarnos. Así descubriría que mi esposa era el perfecto ejemplo de la mujer de Proverbios 31. Nos casamos el 16 de septiembre de 1978 en nuestra iglesia, y llevamos casados más de treinta y cuatro años. No puedo creer que ella haya podido soportarme durante todos esos años. Dios no nos bendijo con hijos propios, pero nos dio muchas oportunidades para trabajar con los grupos de jóvenes de la iglesia y de la comunidad.

De hecho, me convertí en maestro de escuela dominical para los alumnos del penúltimo año de secundaria, y después comencé a trabajar como pastor de jóvenes con los muchachos de esa edad. Terminé convirtiéndome en el pastor de los alumnos de secundaria, y pastor asociado.

Vaya historia de salvación tan maravillosa… hasta el momento. Pero como diría el famoso Paul Harvey, "Y ahora, el resto de la historia…"

Mi adicción a los juegos de azar comenzó muy lentamente. Una noche, después de nuestra reunión de jóvenes del miércoles, le pedí a mi nuevo líder ayudante de jóvenes que saliera a cenar conmigo en un restaurante de Downey, California. Mientras estábamos sentados a la mesa, esperando a que nuestra mesera anotara nuestro pedido, observé que había un panel de juego numerado en una de las pantallas de televisión que había cerca de nuestra mesa. Mientras nosotros observábamos las gráficas, unas pequeñas bolas blancas flotaban a través de la multicolor mesa de juego, y se iban iluminando los números, uno cada vez, de una manera muy parecida al BINGO. Le pregunté a mi amigo qué era aquello, y él me dijo que se llamaba Keno, un juego de azar legal que era nuevo en California. Yo había estado en Las Vegas unas pocas veces en mi vida, e incluso había jugado Keno allí, junto con muchos otros juegos de azar. Siempre perdía mi dinero con gran facilidad, pero me divertía mucho.

Nunca me di cuenta lo adictiva que era mi necesidad de jugar al azar, porque siempre Las Vegas estaba muy lejos para ir allí a jugar. Nunca me había sentido cómodo en los casinos de póker locales, así que no los consideraba como una tentación para mí. Pero aquellos restaurantes y tiendas 7–Eleven locales estaban en mi propio callejón, por así decirlo. Eran establecimientos sencillos y fáciles para jugar al azar, lugares divertidos para dedicarse a una forma muy errada de gastar el dinero que tanto me costaba ganar. Con lentitud, pero constantemente, fui gastando cada vez más dinero en mi adicción. Parte de ese dinero era el destinado a pagar las facturas y los gastos diarios. Comencé a sacar dinero de nuestras cuentas de cheques y de ahorros. En realidad, vacié dos veces nuestra cuenta de ahorros. Mi esposa me atrapó muchas veces y, por supuesto, yo le prometí que no lo seguiría haciendo. En realidad, "no seguir" lo que significaba en realidad era que en mi enferma manera de pensar, buscaría la forma de "conseguir dinero sin que me atrapara" mi esposa.

Me convertí en el ejemplo clásico de lo que es un adicto hecho y derecho; necesitaba mi "dosis de juego", al igual que una persona enganchada en cualquier otra clase de hábito. Y presentaba todas las formas de conducta que acompañan a las adicciones: Robaba, mentía, estaba en negación, y simplemente, era demasiado orgulloso para admitir que tenía un hábito que se había salido de control.

Mi vida era una espiral descendente. Mientras estaba en el trabajo, en la iglesia o en casa, fingía que estaba viviendo de acuerdo con los principios que enseña la Biblia. Pero en los momentos en los que estaba solo, sin tener que responder ante nadie, estaba sumergido en la adicción descontrolada con la que batallaba. Estaba gastando un dinero y usando unos fondos que estaban destinados a comprar víveres y gasolina, y pagar las facturas. Estaba enamorado con la idea de tratar de ser el próximo ganador, por mucho que me costara.

En 2008, mi esposa me llamó al trabajo y me hizo la pregunta mortal: "¿Has estado jugando de nuevo? En nuestras cuentas falta una gran cantidad de dinero". Yo admití lo fuera de control que estaba, y le dije que aquello nunca volvería a suceder. La traducción es esta: "Voy a tratar de controlar mi juego y esconderlo mejor para que no me atrapen". En 1 Juan 1:8–10 la Biblia me recuerda: *"Si afirmamos que no tenemos pecado, nos engañamos a nosotros mismos y no tenemos la verdad. Si confesamos nuestros pecados, Dios, que es fiel y justo, nos los perdonará y nos limpiará de toda maldad. Si afirmamos que no hemos pecado, lo hacemos pasar por mentiroso y su palabra no habita en nosotros."* Aunque admitía ante mi esposa que había fallado, no estaba dispuesto a admitirlo ante Dios, ni a confesarle a Él mis pecados. Como se podrá imaginar, mi esposa lo veía todo a través de esta pobre excusa, porque ella tenía una amiga muy cercana que estaba en las reuniones de los Anónimos y sabía cuándo un adicto estaba mintiendo. Mi esposa me informó que había hallado una reunión de Jugadores Anónimos los sábados por la noche en Downey, y yo tenía que asistir, o atenerme a las consecuencias. Fui y estuve involucrado en esa organización durante cerca de un año. El hecho de tener que rendir cuentas en la reunión fue suficiente para hacerme parar durante más de un año, pero aquello solo era otra "experiencia de voluntad humana". Era cierto que hablaba todos los sábados por la noche acerca de mi lucha, diciendo: "Hola, me llamo Manuel, y no he hecho una apuesta en más de un año. La rendición de cuentas funciona, pero después de un año, yo sentí que ya estaba curado. Así que dejé de asistir a las reuniones y, al cabo de unas semanas, iba y me gastaba dos o tres dólares en "raspaditos" o en un par de juegos de Keno. En muy poco tiempo, estaba de vuelta, y tan profundamente metido como antes. Seguía siendo un cristiano practicante y un jugador practicante cada vez que tenía una oportunidad.

El 9 de abril de 2010 recibí una amarga llamada de mi esposa. ¡De nuevo! Yo sabía que esta vez era el "atente a las consecuencias". Pero después de muchas advertencias muy fuertes y un tiempo de aclaración, decidimos que era hora de buscar un programa de recuperación que fuera cristiano.

Esta vez ella localizó un programa de recuperación Cristo-céntrico llamado Celebremos la Recuperación. Entonces me informó que podía escoger: O iba el viernes, o iba el viernes. Dejó que fuera yo el que escogiera.

Aquel viernes fui a Celebremos la Recuperación. Comencé a asistir a los grupos, y el cambio se produjo casi desde la primera noche, cuando le dije a mi esposa que era un programa que realmente involucraba a Cristo. Me recibieron bien, me dieron afecto y sentí la presencia del Espíritu Santo cuando entré a aquellas salas por vez primera.

Desde que comencé a venir a Celebremos la Recuperación, mi vida ha sido transformada de más maneras que cuanto yo habría podido soñar, o esperar. El programa estaba lleno de numerosas herramientas útiles para guiarme hacia una maravillosa transición de la culpa, la mentira y la mala conducta al perdón, la honradez, los buenos hábitos, amistades nuevas y una relación totalmente nueva con nuestro Dios, su iglesia y la Biblia.

Después de asistir a unas cuantas reuniones, mis nuevos amigos me hablaron acerca de otra herramienta magnífica de Celebremos la Recuperación llamada los grupos de estudio de los pasos, y cómo les había cambiado a ellos la vida físicamente y, más importante aún, espiritualmente. Decidí dar el salto de fe y comencé a asistir a un grupo de estudio de los pasos en la iglesia Emmanuel. El verdadero maestro es el Espíritu Santo de Dios. Por medio de la Palabra de Dios y las guías de los participantes en el estudio de los pasos, que se basa en los ocho principios, he aprendido más acerca del gran amor de Dios y lo mucho que le interesan mis sufrimientos, complejos y hábitos.

El Principio 7 dice: Reservo un tiempo diario con Dios para una autoevaluación, lectura de la Biblia y oración con el fin de conocer a Dios y Su voluntad para mi vida y obtener el poder para seguirla.

He aprendido a confiar en la sabiduría de mi Padre Celestial para transformarme en una nueva criatura llena de amor, verdad y gracia, a caminar en la nueva vida prometida por nuestro maravilloso redentor.

En 2 Corintios 5:17 se afirma: "Por lo tanto, si alguno está en Cristo, es una nueva creación. ¡Lo viejo ha pasado, ha llegado ya lo nuevo!"

Según iban pasando las semanas y los meses, el estudio de los pasos se fue convirtiendo cada vez más en parte de mi vida diaria. Mis amigos, mi familia y mis compañeros de trabajo han notado los cambios que se han producido en mí, y no he tenido que decírselos. Por la gracia de Dios, y la aplicación de los ocho principios basados en las Bienaventuranzas de la Biblia, no he jugado desde el 9 de abril de 2010. Esto es un milagro, y ahora sé lo que quiere decir la gente cuando le dicen a uno: "No te vayas antes que suceda el milagro". Dios ha reemplazado mi necesidad de jugar con una necesidad de conocerlo a Él y conocer su Palabra. El Espíritu Santo me está guiando "de día en día", y decididamente estoy "disfrutando de cada momento cuando se presenta".

Me gustaría compartir un texto de las Escrituras que me ha ayudado en este camino hacia la recuperación: *"Porque todos los que son guiados por el Espíritu de Dios son hijos de Dios. Y ustedes no recibieron un espíritu que de nuevo los esclavice al miedo, sino el Espíritu que los adopta como hijos y les permite clamar: '¡Abba! ¡Padre!' El Espíritu mismo le asegura a nuestro espíritu que somos hijos de Dios. Y si somos hijos, somos herederos; herederos de Dios y coherederos con Cristo, pues si ahora sufrimos con él, también tendremos parte con él en su gloria."* (Romanos 8:14–17)

Sé que Dios está conmigo en este camino hacia la recuperación, y me está ayudando cada día a mantenerme alejado de mis desastres. Mi trabajo en la iglesia es un aspecto que se ha beneficiado, por mi asistencia a Celebremos la Recuperación. Soy mucho más efectivo como pastor auxiliar, maestro y guía. Aun en mi casa, me estoy convirtiendo en la clase de hombre que se merece mi esposa, a base de ser el esposo que Dios quería que yo fuera desde el principio.

¡Que Dios los bendiga, y bendiga a Celebremos la Recuperación! Gracias por haberme permitido compartir con ustedes.

Principio 8

Al rendir mi vida a Dios para ser usada puedo llevar estas Buenas Nuevas a otros, tanto con mi ejemplo como con mis palabras.

"Dichosos los perseguidos por causa de la justicia, porque el reino de los cielos les pertenece."
(Mateo 5:10)

Lección 23

Dar

Principio 8: Al rendir mi vida a Dios para ser usada puedo llevar estas Buenas Nuevas a otros, tanto con mi ejemplo como con mis palabras.

"Dichosos los perseguidos por causa de la justicia, porque el reino de los cielos les pertenece." (Mateo 5:10)

Paso 12: Después de haber tenido una experiencia personal como resultado de estos pasos, intentamos llevar este mensaje a otros y practicar estos principios en todas nuestras áreas.

"Hermanos, si alguien es sorprendido en pecado, ustedes que son espirituales deben restaurarlo con una actitud humilde. Pero cuídese cada uno, porque también puede ser tentado." (Gálatas 6:1)

Introducción

Creo que si Dios tuviera que escoger su principio favorito, elegiría el Principio 8: "Al rendir mi vida a Dios para ser usada puedo llevar estas Buenas Nuevas a otros, tanto con mi ejemplo como con mis palabras."

¿Por qué pienso que el Principio 8 es el favorito de Dios? Porque se trata de poner nuestra fe en acción. La Palabra de Dios nos dice en Santiago 2:17: "Así también la fe por sí sola, si no tiene obras, está muerta". La fe activa es importante para Dios.

No me malentienda, las obras no le van a salvar. Solamente la fe en Jesucristo como su Señor y Salvador puede hacer eso. Es por medio de nuestras acciones, sin embargo, que demostramos a Dios y a otros el compromiso que tenemos con nuestra fe en Jesucristo.

Entonces, esta noche vamos a comenzar a estudiar el principio 8. En los Alcohólicos Anónimos el paso 12 es llamado el paso de "llevar el mensaje", el paso "restituir".

¿De qué se trata "restituir"? ¿Qué significa en realidad dar?

Para contestar esa pregunta hice un estudio del significado de *dar* o *dando*. En el Nuevo Testamento, la palabra "dar" tiene diecisiete diferentes palabras hebreas con diecisiete significados diferentes. Así que pensé que esta noche, sería interesante tener una lectura de 30 minutos acerca de cada uno de los usos de la palabra *dar*. ¡Sólo bromeaba!

Tal vez le demos un vistazo más práctico al significado de la palabra *dar* al relacionarla con el Principio 8, ya que de eso trata todo este Principio.

El Principio 8 no nos dice que demos de manera enfermiza, de una forma que nos dañaría o causaría una recaída en nuestros comportamientos codependientes. No, el Principio 8 habla de una entrega no codependiente y saludable de nosotros mismos, sin el más mínimo indicio de esperar recibir algo a cambio. Recuerde, ninguna persona ha sido alguna vez honrada por lo que ha recibido. El honor siempre ha sido una recompensa por lo que alguien ha dado.

Mateo 10:8 resume el Principio 8: "De gracia recibisteis, dad de gracia".

En el Principio 8, rendimos nuestras vidas a Dios para ser usadas y poder llevar estas Buenas Nuevas a otros, tanto con nuestro ejemplo como con nuestras palabras.

Dar

Es en el Principio 8 que aprendemos lo que verdaderamente significa DAR.

Desarrollaremos el acróstico DARÉ

Dios Primero
Abandonar el "Yo"
Recordar las victorias
Ejemplo con nuestras acciones

La *D* que significa DIOS primero.

Cuando usted pone a Dios primero en su vida, se da cuenta que todo lo que tiene es un regalo de Él. Usted reconoce que su recuperación no depende ni está basada en cosas materiales, está edificada en su fe y su deseo de seguir la instrucción de Jesucristo.

Romanos 8:32 (NBLH) dice que "El que no negó ni a Su propio Hijo, sino que Lo entregó por todos nosotros, ¿cómo no nos dará también junto con El todas las cosas?"

Nunca nos parecemos tanto a Dios como cuando damos, no solamente dinero o cosas sino nuestras propias vidas. Eso fue lo que Jesús hizo por nosotros. Él nos dio el regalo más grande de todos: Él mismo.

La segunda letra en "DARÉ" se refiere al ABANDONO del "YO" para convertirlo en *"NOSOTROS"*

Ninguno de los pasos o principios comienzan con la palabra "Yo". La primera palabra en el Paso 1 es "Nosotros". De hecho, la palabra *nosotros* aparece catorce veces en los 12 pasos. La palabra "Yo" no aparece ni una sola vez en los 12 Pasos. El camino a la recuperación no tiene la intención de que se camine solo. Este no es un programa que deba trabajarse aislado.

Jesús dijo: "'Ama al Señor tu Dios con todo tu corazón, con todo tu ser y con toda tu mente'... Éste es el primero y el más importante de los mandamientos. El segundo se parece a éste: 'Ama a tu prójimo como a ti mismo.'" (Mateo 22:37–39)

Cuando usted ha alcanzado este paso en su recuperación y alguien le pide que sea su mentor o su compañero a quien rendir cuentas, ¡hágalo! Las recompensas son enormes y ser el mentor de alguien es una forma de ¡llevar el mensaje!

Eclesiastés 4:9–12 (LBLA) Explica este concepto de dar algo bien claro: "Más valen dos que uno solo, pues tienen mejor remuneración de su trabajo. Porque si uno de ellos cae, el otro levantará a su compañero; pero ¡ay del que cae cuando no hay otro que lo levante!... Y si alguien puede prevalecer contra el que está solo, dos lo resistirán."

La tercera letra es la *R* de RECUERDE las victorias para compartirlas.

¡Dios nunca, nunca, nunca desperdicia una herida! Él puede tomar nuestras heridas y usarlas para ayudar a otros. El Principio 8 nos da la oportunidad de compartir nuestras experiencias, fortalezas y esperanzas unos con otros.

Deuteronomio 11:2 nos dice que recordemos lo que hemos aprendido del Señor a través de nuestras experiencias con Él. Comenzamos diciendo: "Así es como me pasó a mí; esta es la *experiencia* de lo que me sucedió. Así es como obtuve la *fortaleza* para comenzar mi recuperación y hay *esperanza* para usted."

Segunda a los Corintios 1:3–4 nos anima a "Alabado sea el Dios y Padre de nuestro Señor Jesucristo, Padre misericordioso y Dios de toda consolación, quien nos consuela en todas nuestras tribulaciones para que con el mismo consuelo que de Dios hemos recibido, también nosotros podamos consolar a todos los que sufren."

Todo el dolor, todo el daño que mis veinte años de abuso del alcohol causaron, toda la destrucción que yo me causé a mí mismo y a los que amaba, finalmente tuvieron sentido cuando llegué al Principio 8. Finalmente entendí Romanos 8:28: "Ahora bien, sabemos que Dios dispone todas las cosas para el bien de quienes lo aman, los que han sido llamados de acuerdo con su propósito."

Porque Él me llamó de acuerdo a sus planes y porque respondí al llamado de Dios, puedo pararme aquí como un ejemplo de que Dios utiliza todas las cosas para bien de acuerdo a su propósito.

¡A Dios sea la gloria!

Deseo pasar el resto de mi vida trabajando en la obra de recuperación. Saben, realmente esto no es un trabajo. Es servicio, un servicio de placer.

Este pensamiento nos lleva a la última letra en el acróstico "daré": EJEMPLO con nuestras acciones.

Todos ustedes saben que sus acciones hablan más fuertemente que sus palabras. Las buenas intenciones mueren al menos que sean ejecutadas.

En Santiago 1:22 somos exhortados a ser "hacedores de la Palabra." Pero para ser de ayuda a otros, tenemos que "llevarles las Buenas Nuevas."

Eso es lo que el Paso 12 dice. No dice que llevemos parte de las Buenas Nuevas o que las llevemos solamente a otros que están en recuperación.

Todos han escuchado el término "cristianos domingueros". No nos volvamos solamente "Aficionados de recuperación del viernes por la noche".

Obras, actitudes, no palabras, son la prueba de nuestro amor a Dios y a otras personas. La fe sin obras es como un auto sin gasolina. Primera Juan 3:18 (DHH) dice: "Hijitos míos, que nuestro amor no sea solamente de palabra, sino que se demuestre con hechos."

Dar y servir es el termómetro de su amor. Usted puede dar sin amar. Eso es lo que a veces hacemos en una relación codependiente. O damos porque sentimos que tenemos que hacerlo. Usted puede dar sin amar, pero no puede amar sin dar.

Resumen

El Señor difunde su mensaje a través de los ocho principios y los 12 pasos. Somos los instrumentos para entregar las Buenas Nuevas. ¡La forma en que vivimos mostrará a otros nuestro compromiso con nuestro programa, con nuestro Señor y con ellos!

Me gustaría dejarlos con Lucas 8:16–19: "Nadie enciende una lámpara para después cubrirla con un vasija o ponerla debajo la cama, sino para ponerla en una repisa, a fin de que los que entren tengan luz. No hay nada escondido que no llegue a descubrirse, ni nada oculto que no llegue a conocerse públicamente. Por lo tanto, pongan mucha atención. Al que tiene, se le dará más; al que no tiene, hasta lo que cree tener se le quitará."

No estamos escondiendo cosas; estamos sacando todo. Así que cuídense de no ser avaros… la generosidad produce generosidad. ¡Lleven las Buenas Nuevas con gozo!

Lección 24

Sí

Principio 8: Al rendir mi vida a Dios para ser usada puedo llevar estas Buenas Nuevas a otros, tanto con mi ejemplo como con mis palabras.

"Dichosos los perseguidos por causa de la justicia, porque el reino de los cielos les pertenece." (Mateo 5:10)

Paso 12: Después de haber tenido una experiencia personal como resultado de estos pasos, intentamos llevar este mensaje a otros y practicar estos principios en todas nuestras áreas.

"Hermanos, si alguien es sorprendido en pecado, ustedes que son espirituales deben restaurarlo con una actitud humilde. Pero cuídese cada uno, porque también puede ser tentado." (Gálatas: 6:1)

Introducción

¡La tecnología moderna es tremenda! Tome una lata de Coca Cola vieja, golpeada, sucia y con agujeros. Hace unos pocos años hubiera sido tirada en la basura y considerada inútil, sin valor. Hoy en día puede ser reciclada, derretida, purificada y fabricada como una nueva lata, brillante y limpia, que puede ser utilizada otra vez.

Esta noche vamos a hablar de reciclar, reciclar su dolor al permitirle al fuego y a la luz de Dios brillar en ese dolor, derretir sus viejas heridas, complejos, y hábitos para que puedan ser utilizados de una forma positiva. Pueden ser reciclados para mostrar a otros cómo trabajaron los principios y pasos con la ayuda de Jesús en el proceso de sanidad y cómo ha llegado a través de la oscuridad de su dolor hasta la gloriosa libertad y luz de Cristo.

La sociedad nos dice que el dolor es inservible. De hecho, ¡la gente está llegando a creer que *las personas* que están en dolor son inútiles! En Celebremos la Recuperación, sabemos que el dolor tiene un valor y la gente que lo experimenta. Así que mientras el mundo dice no, esta noche nosotros decimos ¡Sí!

SÍ

¡El acróstico de esta noche no podría ser más positivo! Es la palabra SÍ.

Servir a otros como Jesucristo lo hizo
Incondicional entrega a Dios

La primera letra en el acróstico de esta noche es *S*: SERVIR a otros como Jesucristo lo hizo.

Cuando haya completado el Principio 8 está listo para levantar la "toalla del Señor", con la cual Él lavó los pies de los discípulos en el Aposento Alto la noche antes de ser crucificado.

Jesús dijo: "Y si yo, el Señor y Maestro, les he lavado los pies, ustedes deben lavarse los pies unos a otros. Yo les he dado el ejemplo. Háganlo como lo he hecho." (Juan 13:14–15 LBAD)

¡Haga de su vida una misión, no un intermedio!

La última letra representa el mismo Principio 8: INCONDICIONAL entrega a Dios para que use mi vida y así llevar las Buenas Nuevas a otros, tanto con mi ejemplo como con mis palabras.

Para practicar verdaderamente este principio debemos darle a Dios la libertad que Él necesita para usarnos como lo crea necesario. Hacemos esto al presentar todo lo que tenemos, nuestro tiempo, talentos y tesoros, a Él. Poseemos lo que llamamos nuestro sin aferrarnos a ello, reconociendo que todo viene de Su mano. Cuando hemos entregado todo a Él incondicionalmente, puede usarnos como Sus instrumentos para llevar el mensaje a otros en palabra y acción.

Gálatas 6:1–2 nos dice:

"Hermanos, si alguien es sorprendido en pecado, ustedes que son espirituales deben restaurarlo con una actitud humilde. Pero cuídese cada uno, porque también puede ser tentado." (Gálatas 6:1)

La gente toma su ejemplo mucho más en serio que su consejo.

Su caminar necesita coincidir con su hablar. Todos sabemos que hablar es fácil, porque las promesas siempre exceden a las necesidades.

Si quiere que alguien vea lo que Cristo hará por ellos, muéstreles lo que Cristo ha hecho por usted.

Hay una pregunta que debe hacerse usted mismo cuando llegue a este principio: ¿Refleja mi estilo de vida lo que creo? En otras palabras, ¿le muestra a otros los patrones del mundo: Egoísmo, orgullo y lujuria o refleja el amor, humildad y servicio de Jesucristo?

"El amor que proviene de un corazón limpio, de una buena conciencia y de una fe sincera." (1 Timoteo 1:5 DHH)

Este año todos hemos sido bendecidos por unos testimonios excelentes y valientes en Celebremos la Recuperación. Me gustaría que todos los que dieron sus testimonios este año se pusieran de pie. ¡Esta gente cree en el Principio 8! Creen lo suficiente en él para hablar de Cristo no solamente en la seguridad de sus grupos pequeños sino también con toda la familia de recuperación. Creen en Jesucristo lo suficiente para hablar de sus vidas con otros. Se pararon aquí y contaron sus debilidades y fortalezas a otros que están sufriendo dolores, complejos y hábitos similares. Entregaron no una parte de su mente, sino una parte de su corazón.

Nuestro objetivo para el próximo año es tener dos testimonios cada mes al trabajar en cada paso. Así que, si usted ha estado en recuperación por algún tiempo y no ha contado su historia todavía, ¡a trabajar! escríbalo y entréguemelo. Necesitamos escuchar y usted necesita relatar su milagro en el año venidero.

No todos ustedes tienen que dar sus testimonios delante de trescientas personas para poder servir. Todo servicio ocupa la misma posición para Dios. ¡Usted puede decir "Sí" al Principio 8 de muchas maneras!

1. *Sea un compañero a quien se le pueda rendir cuentas.* Encuentre alguien en su grupo pequeño que esté de acuerdo en animarle y ayudarle mientras usted trabaja los principios. Esté de acuerdo en hacer lo mismo para él. Háganse responsables el uno del otro para así desarrollar un programa honesto.
2. *Sea un mentor.* Un mentor es alguien que ha trabajado los pasos. Su compromiso es guiar a los nuevos asistentes en su caminar a través de los pasos. Pueden dar un codazo amable cuando la persona que está ayudando está postergando una decisión y calmarlos cuando están corriendo a un paso acelerado. Un mentor hace eso al compartir su experiencia, fortalezas y esperanzas.
3. *Puede dar la bienvenida.* Las personas que dan la bienvenida llegan a Celebremos la Recuperación a las 6:45 p.m. Dan la bienvenida y dirigen a los nuevos asistentes, le dan la primera impresión del programa, la cual es muy importante.
4. *Ayude en el Café Roca Sólida.* Necesita llegar a las 6:00 p.m. para ayudar a organizar. Si no puede estar temprano, quédese unos minutos después para ayudar a limpiar. Puede hornear un pastel.
5. *Ayude en la Barbacoa.* Comenzaremos en la Primavera. Necesitamos ayudar con la organización, limpieza y todo lo que se necesite.
6. *Invite a alguien a la iglesia.* Invite a alguien de sus grupos seculares o a un vecino, amigo o a un compañero de trabajo.

El mundo está lleno de dos clases de personas: Los que dan y los interesados. Estos últimos comen bien y los que dan duermen bien. Sea un dador. Hay muchas, muchas más áreas en las cuales usted puede servir. Haga sugerencias. ¡Involúcrese!

El Principio 8 concluye con esto: Haga lo que pueda, con lo que tenga, donde usted esté.

Resumen

El camino a la recuperación nos lleva al servicio. Cuando usted llega al Principio 8 el camino se divide (ver el diagrama). Algunos de ustedes elegirán servir en Celebremos la Recuperación. Otros elegirán servir en otras áreas de la iglesia. El hecho es que son necesarios de ambos servicios.

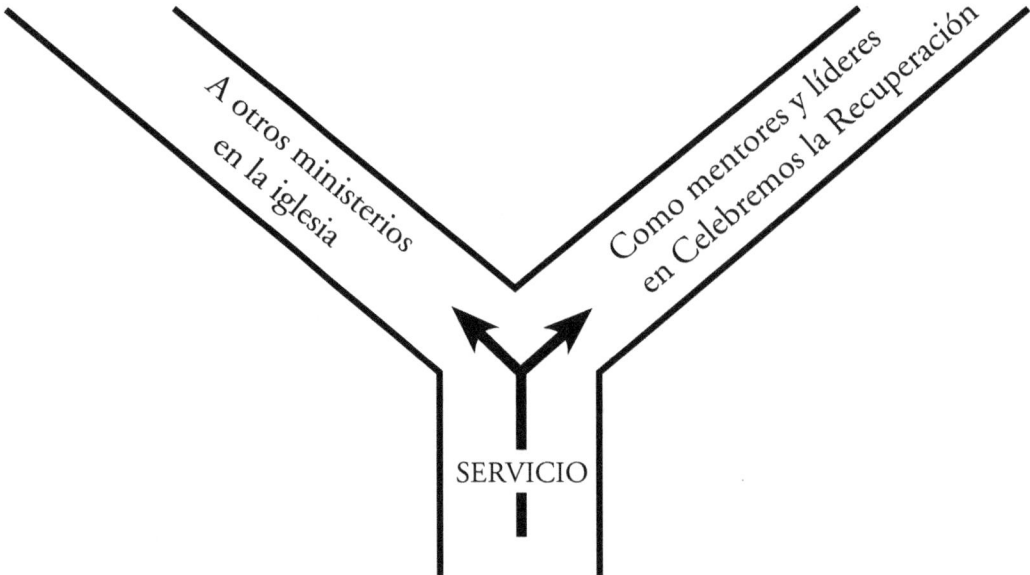

Necesitamos que narre sus experiencias, fortalezas y esperanzas a los nuevos asistentes los viernes por la noche. Pueden servir también como líderes, mentores y/o compañeros a quienes rendir cuentas. Pero la iglesia también necesita su servicio. Al servir fuera de Celebremos la Recuperación puede compartir con otros y guiarlos a la recuperación cuando ellos están listos para trabajar con sus heridas, complejos y hábitos.

Cada mañana antes de levantarme hago esta oración del Principio 8:

Querido Jesús, según sea de tu agrado, llévame a alguien a quien pueda servir hoy. Amén.

¿Hará esta oración esta semana?

TESTIMONIO DEL PRINCIPIO 8

Hola. Me llamo Marcos, creo en Jesucristo y le estoy agradecido; estoy luchando con la adicción a las drogas y el alcohol. He vivido para llegar a ver un momento importante en mi recuperación. Después de veinticuatro años en recuperación, finalmente he estado sobrio más tiempo, que el tiempo durante el cual estaba usando esas sustancias.

Mi niñez fue bastante tranquila en cuanto a la presencia de abusos. Mis padres me amaban y me enseñaron buenas normas para la vida. Así que no puedo mirar atrás y echarles la culpa a otros por mis acciones; acciones que me causaron una profunda vergüenza. Hoy, gracias a Jesucristo, no tengo que seguir viviendo en el pasado. ¡Soy libre!

Sin embargo, por irónico que parezca, me pasé toda una vida buscando la libertad en todos los lugares donde no tenía que buscarla. Mi padre era militar, así que cuando llegué a los quince años, ya me había mudado ocho veces. Así aprendí a adaptarme y hacer amistades con rapidez. Mi padre predicaba dondequiera que lo destinaran. Así que yo sabía lo que eran Dios, el cielo y el infierno. Se me había enseñado que a menos que uno fuera cristiano, se iría al infierno. Recuerdo que el temor fue el factor que me impulsó a recibir el bautismo cuando tenía doce años. Daba la impresión de tener una relación con Dios, pero mis razones para tenerla eran todas incorrectas. Dos semanas después de recibir el bautismo, uno de los consejeros del campamento de verano me enseñó lo que era la marihuana. Encontré un grupo de gente que daba la impresión de estarse divirtiendo mucho, así que decidí: "¿Por qué tengo que vivir con miedo? ¡Esta gente no se está preocupando por nada!" Perdí el miedo y comencé a creer que era invencible, sin darme cuenta de que me había puesto en el camino de una destrucción final.

Mi padre se retiró del ejército y fue al seminario para convertirse en pastor a tiempo completo, así que nos mudamos a Luisiana cuando tenía quince años. Detestaba el hecho de que nos estuviéramos mudando y me preguntaba si alguna vez iba a encontrar amigos a los que les agradara lo que hacía ahora. Para mi sorpresa, dentro de mi primera semana allí, encontré esa misma gente. Nunca me quedé sin drogas, y mi aceptación fue inmediata.

Cuando llegamos, mis padres me enviaron a un campamento de verano de la iglesia para enderezarme, y allí fue donde conocí a María.

María: Hola. Me llamo María. Creo en Jesucristo y le estoy agradecida; estoy luchando con la codependencia.

Soy hija de un anciano de la iglesia. Mis padres llevaban a la práctica el versículo de Deuteronomio que habla de "atarse las palabras de Dios como símbolos alrededor de las manos y enseñárselas a sus hijos mientras se camina de acuerdo a ellas día tras día". En nuestro hogar siempre había huéspedes a la mesa para cenar. Los misioneros procedentes del extranjero se quedaban con nosotros para recuperarse, mientras que otros iban continuamente a nuestro hogar en busca de consejos sabios, estudio de la Biblia y reparación de matrimonios destruidos.

Durante mi niñez, mi madre escribía versículos bíblicos en tarjetas de tres por cinco y las pegaba con cinta adhesiva a todas las paredes de nuestro baño. Mientras me vestía por la mañana, allí mismo, frente a mi cara, tenía varios versículos que leía una y otra vez. Sin darme cuenta siquiera, aquello se convirtió en un hábito. Mi hermana y yo nos cubríamos la cabeza con las cobijas durante la noche, y nos reíamos, pensando en lo absurdo que era que nuestra madre nos recitara continuamente aquellos versículos, sin darnos cuenta jamás del impacto que causarían en mí en los años futuros.

Confesé a Jesús como Señor de mi vida cuando tenía doce años, y cuando fui bautizada, me dije que *nunca más* volvería a pecar. Quería agradar a Dios con todo el corazón.

Marcos: Comenzó un nuevo año escolar. María estaba en el último año, y yo en el penúltimo. ¡La vida era maravillosa! Después de unos pocos años de noviazgo, la convencí de que tuviéramos relaciones sexuales, las primeras para ambos. Para lograrlo, usé las manipuladoras palabras "si me amas de verdad". Dos semanas más tarde, a ella no le comenzó la regla, pero pensamos: *De ninguna manera; por supuesto que con una sola vez, nadie queda encinta.*

María: Cuatro meses más tarde, fui por fin a consultar a un médico y sí, estaba encinta. En nuestra iglesia nadie había salido embarazada sin estar casada, así que guardamos el secreto. Me sentí sola, y estaba convencida de que Marcos no nos podría sostener. En aquellos momentos, él solo tenía dieciséis años.

Cuando tenía cinco meses de embarazo, decidí que era hora de confesárselo a mi padre. Durante mi niñez, mi madre había sufrido de una enfermedad mental. Los médicos usaron con ella procedimientos experimentales, como los tratamientos con descargas eléctricas. Sufrió en los hospitales psiquiátricos y probaron con ella drogas que con frecuencia la mantenían muy débil. Por eso, no tengo necesidad de decir que mi dulce madre, que me quería tanto como podía, no se había dado cuenta de que mi vientre estaba creciendo.

Yo siempre había podido hablar con mi padre, y sabía que no se lo podía ocultar por más tiempo. Entré en la sala de estar, donde él estaba durmiendo la siesta. A lo largo de los años, muchas veces me había abrazado a él en aquel gran sofá con flores pintadas, donde él me leía historias de la Biblia y hablábamos del amor de Dios. Me arrodillé delante de él, frente a sus ojos, y le dije con suavidad: "Papá, tenemos que hablar".

Estaba preparada para que él me señalara con el dedo y me dijera toda clase de palabras hirientes. Pero le comenzaron a rodar las lágrimas por las mejillas, mientras me decía que siempre me apoyaría y me amaría. Yo le hablé de mis planes de mudarme a otra ciudad y dar mi bebé en adopción.

Salí de mi casa para mi viaje secreto de verano. Tres meses más tarde llegó el 17 de agosto de 1975. Esa fecha es significativa más tarde en nuestro relato. El médico me dejó sola en un cuartito. Los dolores de parto duraron doce horas, sin anestesia y sin familia. Mientras me llevaban a toda prisa al cuarto de las parturientas, una enfermera me puso una máscara sobre la cara. Yo pensaba que me estaban asfixiando para castigarme por lo que había hecho.

Desperté más tarde en medio de unas sábanas empapadas de sudor y lágrimas. Experimenté emociones que me eran desconocidas. Un momento que se suponía que debía ser el momento más feliz de mi vida, fue el más triste de todos. Me mudé a una universidad cristiana en otro estado. Mi padre tenía la esperanza de alejarme de Marcos.

Marcos: Pero yo la seguí hasta allí. Mis padres pensaron que enviarme a una universidad cristiana bastaría para que me enderezara. Adivinen lo que pasó. Encontré a la gente que primero me habían enseñado a fumar marihuana en el campamento de la iglesia. A mediados de semestre, me expulsaron de la universidad, después de haberme salido del dormitorio después de la hora de queda para fumarme un cigarrillo de marihuana con un amigo. María y yo volvimos a casa, y nos casamos tres semanas más tarde.

La vida de casados era estupenda. Estábamos todo el tiempo de fiesta. Más tarde comprenderíamos que esto nos ayudaba a enmascarar la culpa que sentíamos por haber regalado a nuestro bebé. Cuando llevábamos tres años de casados, comenzamos a tratar de tener otro bebé. María me dijo que iba a dejar de ir a las fiestas. Yo le respondí: "Hazlo si quieres, pero yo no lo voy a hacer". Aun en medio de mi adicción, me fijé un límite, y decidí dejarlo todo, con excepción de la marihuana. Me había convencido de que la marihuana no era tan mala.

Mientras seguía por el camino de la drogadicción, comenzaron los conflictos entre nosotros. Ese fue el tiempo en el que nacieron nuestras dos hijas. Sin embargo, llevábamos una vida separada bajo un mismo techo, y cada vez estábamos más lejos el uno del otro. Yo me mantenía fuera de la casa tanto como podía, trabajando horas extra para pagarme el hábito de usar la droga. Ya en aquellos momentos, la metanfetamina se había convertido en mi droga favorita.

María: Con el tiempo llegué a darme cuenta de que nuestro matrimonio era imposible de manejar, y que yo no podía sobrevivir sin entregarle a Dios mi vida y mis sufrimientos. Tenía que dejar de tratar de ser el Espíritu Santo de Marcos para enderezarlo, y dedicarme a trabajar en mis propias limitaciones. Comencé a buscar el camino de la paz, mientras él seguía corriendo por la senda de la destrucción. Así siguieron las cosas durante siete años. Yo me aferraba a los versículos que recordaba haber leído de niña en la pared de mi baño. *La Palabra de Dios dice en Isaías 55:11 que la palabra que sale de su boca no volverá a Él vacía, sino que hará lo que Él desea y cumplirá con sus propósitos.* También repetía para mí misma *Isaías 41:10* (LBAD) de la misma forma que recordaba que mi madre citaba el versículo, lentamente y bien pronunciado. Sentía que Dios me estaba hablando a mí.

"No temas, pues yo estoy contigo. No te desanimes. Yo soy tu Dios. Yo te fortaleceré; yo te ayudaré; yo te sostendré con mi triunfante diestra."

Todos los textos de las Escrituras que había escuchado de niña me volvían a la memoria, consolándome durante mis oscuras y solitarias noches. Ahora llevaba ya dos secretos. Teníamos un hijo varón que nunca conoceríamos, y yo tenía un esposo que estaba loco. Digo que estaba loco, porque yo no conocía todas las drogas que estaba usando, ni sus efectos.

Así que yo trataba de no molestarlo, para mantener la paz. Todos los domingos me ponía mi careta en la iglesia. Todo lo que quería era que mi interior se sintiera como se veía toda la demás gente en el exterior: Perfecta. Eso era lo que pensaba.

Marcos: Por asombroso que parezca, aun siendo drogadicto, había una línea que yo decía que nunca iba a cruzar. Los dos últimos años de mi adicción, me estaba inyectando hasta diez y doce veces al día. Usaba camisas de manga larga para que nadie notara las marcas en mis brazos. Solo dormía dieciséis horas por semana. Un domingo por la mañana, Dios me hizo un maravilloso regalo, y en aquel momento, yo ni siquiera me di cuenta. Fue un momento de claridad.

Yo estaba tirado en la cama, y nuestra hija de cuatro años se paró junto a la cama y le dijo a la madre: "¿Por qué papá ya no va con nosotras a la iglesia?" María le dijo: "Él ha estado trabajando duro y necesita dormir". Nuestra hija le contestó: "¡Pues si él no va a la iglesia, entonces yo no voy tampoco!" Yo fingí que estaba dormido y que no había oído lo que ella había dicho.

Ellas se marcharon a la iglesia, y entonces de repente sentí como si hubiera corrido a estrellarme contra un muro de ladrillo. Dios usó a una pequeñita para quebrantarme el corazón. Comprendí que estaba matando a todas las personas que decía amar. Fue como si se me abrieran los ojos por vez primera para que viera la locura de todo aquello. Así que recogí todas mis drogas y mis aparatos para usarlas y los quemé.

María: Yo me sentí aplastada con el pensamiento de que nuestras hijas también estaban sufriendo las consecuencias. Aquel domingo el sermón tenía por tema la confesión, y lo buena que es para el alma. Recuerdo el himno "Alcancé salvación". Las palabras se me quedaban atascadas en la garganta. No podía respirar. Solo quería salir corriendo del edificio. Cuando llegamos a casa, me encontré a Marcos sentado en su reclinable con los ojos llenos de lágrimas.

Marcos: Yo fui criado en la creencia de que los hombres no lloran, ni manifiestan ningún tipo de debilidad. Pero lo que encontré en esas lágrimas aquella mañana fue un alivio como nunca lo había sentido antes. Le dije a María todo lo que había hecho, y que quería comenzar una vida nueva. Por vez primera, María salió de su codependencia y me dijo:

"¿A quién vas a llamar? Estoy cansada de guardar secretos".

María: Necesitamos alguien que nos ayude. ¿Estarías dispuesto a hablar con nuestro pastor?

Marcos: Nuestro pastor ha estado viniendo durante años a mi taller de gabinetes, haciendo que le construya cosas, solo para descubrir más tarde que eran cosas que en realidad no le hacían falta. Él había visto en mí algo que nadie más había visto. Así que vino a casa para orar con nosotros. Me dijo que no tenía que confesarlo delante de la iglesia, pero era posible que ayudara a alguna otra persona si lo hacía. Yo sabía que necesitaba que me hicieran rendir cuentas de mi conducta.

María y yo respondimos a un llamado al altar aquel domingo por la noche, y esperábamos que la gente nos evitara. Después, toda la iglesia fue a llorar con nosotros. No sabían qué hacer conmigo; yo era su primer drogadicto. Pero me amaron y me dijeron que siguiera asistiendo.

Una señora me dijo que necesitaba asistir a los AA. Yo pensé que estaba hablando de alguna especie de club de autos. Ella me dijo: "No me refiero a la Triple A, sino a la doble A: Los Alcohólicos Anónimos".

María quería que yo hablara con alguien al día siguiente en un centro de rehabilitación. Yo le dije que no estaba loco, y que no necesitaba hacerlo. Por fin acepté ir a hablar, pero nada más. Después de mucho hablar con el que dirigía el centro, él me preguntó si me quería quedar. Yo le dije: "Bueno, me parece que me voy a quedar. Pero tengo que ir a casa para buscar mis cosas."

María: "Está bien; ¡tus cosas están en el baúl!"

Marcos: Nuestra vida se convirtió en un torbellino con la rehabilitación, noventa reuniones en noventa días, estudios bíblicos y creación de nuevas amistades. Había comenzado para nosotros una vida totalmente nueva. Dos años más tarde comenzamos Overcomers, que dirigimos durante catorce años. Normalmente teníamos una asistencia de entre veinte y treinta personas.

María: Las únicas personas que conocían la existencia de nuestro hijo, además de nosotros, eran mi padre, mi hermano y mi cuñada. Pasamos ahora hasta la primavera de 1988, un mes después que Marcos se rindiera ante Dios; fue entonces cuando Dios nos hizo un sorpresivo regalo. El grupo de jóvenes de nuestra iglesia iba a asistir a una convención a cinco horas de distancia, y mi cuñada era una de las damas que cuidaban a los jovencitos.

Se les asignaron grupos para que se quedaran en distintos hogares, y cuando llegaron al grupo de mi cuñada, se les habían acabado las casas. Así que les preguntaron si les importaría quedarse en un pueblo cercano. Mientras cargaban las maletas en el auto de una amistosa pareja, mi cuñada les preguntó si tenían hijos. Cuando la señora le respondió que tenían un hijo llamado Heath, mi cuñada tuvo un extraño presentimiento. Así que le preguntó su edad. La madre de Heath le dijo que tenía doce años. Mi cuñada dio un paso más, y le preguntó por la fecha de su cumpleaños. La madre le dijo que cumplía años el 17 de agosto; ¡la fecha en que había nacido Heath, nuestro primer hijo: 17 de agosto de 1975!

A las dos de la madrugada sonó nuestro teléfono. Mi cuñada me susurró: "Nunca te podrías imaginar dónde estoy". Yo le dije soñolienta: "¿Dónde?" Ella me contestó: "¡En la cama de Heath!" En nuestra iglesia hay una familia cuyo apellido es Heath, así que le pregunté: "¿Y qué estás haciendo en la cama del Sr. Heath?" Ella exclamó: "¡No, no. Tu hijo Heath!" Marcos y yo sentimos que Dios nos había hecho aquel regalo en ese momento de nuestras vidas para darnos la seguridad de que nuestro hijo era amado y bien cuidado en un hogar cristiano.

Después de esperar siete años más, en agosto de 1944, recibimos la llamada que siempre habíamos tenido la esperanza de recibir. Cuando Heath estaba a punto de cumplir los diecinueve años, Sus padres se comunicaron con nosotros para decirnos que a él le gustaría conocernos en su cumpleaños. Mi padre estuvo a cargo de captar en video aquella trascendental ocasión, pero cuando nos sentamos más tarde a ver el video, toda la primera parte de la reunión solo mostraba la pared del fondo. Mi padre estaba tan emocionado, que se olvidó de que tenía la cámara en la mano.

Ya han pasado diecisiete años desde que nos encontramos con Heath. No pudimos ver su nacimiento natural, pero fuimos bendecidos por haber podido presenciar su nacimiento espiritual, porque Marcos lo bautizó. En el año 2005, los padres de Heath se mudaron a nuestra ciudad y la madre de Heath y la mía se convirtieron en grandes amigas; de hecho, ella fue la que cuidó de mi madre después del fallecimiento de mi padre. También asistíamos a la misma iglesia y celebrábamos juntos los días de fiesta. Nuestra familia sigue creciendo, porque Dios nos ha bendecido con ocho nietos.

Marcos: Después de estar dirigiendo Overcomers durante trece años, "dio la casualidad" de que el hermano de María estaba en la Iglesia de Saddleback y me habló de un ministerio llamado Celebremos la Recuperación; me dijo que yo debía conocerlo también. Así que en el año 2004 asistimos a la Cumbre. Durante el segundo día, yo le dije a María: "¡Vamos a parar lo que estamos haciendo para empezar esto! Mira cuánta gente más podemos ayudar; no solo drogadictos y alcohólicos, sino todo el que tenga un sufrimiento, un complejo o un hábito." Después de ciento veinte días de oración y preparación, comenzamos Celebremos la Recuperación en nuestra iglesia la víspera del Año Nuevo del 2004. Durante aquel tiempo de preparación, conocí el Principio 8 y me di cuenta de que aquello era exactamente lo que Dios tenía pensado para nosotros.

El Principio 8 afirma: Al rendir mi vida a Dios para ser usada puedo llevar estas Buenas Nuevas a otros, tanto con mi ejemplo como con mis palabras. "Dichosos los perseguidos por causa de la justicia, porque el reino de los cielos les pertenece." (Mateo 5:10)

Por esa razón pasamos por todas esas pruebas, y encontramos después que quedaban más. Me encanta ver cómo se va desarrollando el plan de Dios para nuestra vida. Hace algunos años, un hombre que llevaba cuarenta años de pastor trató de suicidarse. Los "fariseos" de su iglesia por fin le cayeron encima. Y la única forma en que podía ir pasando la semana, era haciendo algo que él había dicho que nunca haría: Tomar un trago. Todos los lunes tenían que ver con aquel trago. Había estado bebiendo durante diez años, y solo lo sabía su esposa. Finalmente, no pudo seguir soportando la hipocresía que había en su vida, y fue entonces cuando trató de suicidarse. Junto con la botella se tragó un puñado de píldoras. Había pasado de ser pastor a ser uno más entre toda "esa" gente. Así fue como me llamaron para que fuera a visitarlo.

Lo visité en la Unidad de Cuidados Intensivos, y aunque estaba inconsciente, oré sobre él y dije: "No te des por vencido. Dios todavía tiene un plan para ti". A lo largo de las siguientes semanas, pude hablar con él acerca de la esperanza que Dios seguía teniendo a su disposición. Más tarde entró a formar parte de nuestro ministerio de Celebremos la Recuperación. Mientras estaba en uno de nuestros grupos pequeños, compartió conmigo que acababa de encontrarse con los padres de nuestro hijo el domingo en la iglesia. Yo le dije: "Todo el mundo los conoce; ellos están asistiendo a la iglesia aquí ahora". Y él me dijo: "No, no, usted no comprende. Hace cuarenta años, cuando me hice pastor, fui el celebrante en su matrimonio". Antes que fuera concebido nuestro hijo, Dios tenía el plan de usar a aquel hombre para casar a la pareja que adoptaría a nuestro hijo. Y más tarde, me permitiría a mí servir de instrumento para darle la esperanza de que no solo se pudiera restaurar su relación, sino que Dios lo seguiría usando. Dios ve siempre el cuadro completo, y siempre acude en el momento preciso.

María: Pasamos de tener una asistencia de entre veinte y treinta personas a nuestro grupo de Overcomers, un ministerio que ya estaba funcionando, a una asistencia promedio de más de doscientas cincuenta personas los viernes por la noche en Celebremos la Recuperación. Nuestros hijos forman parte de Celebremos la Recuperación. Sirven en papeles de representante estatal, líder, entrenador, líderes de grupos abiertos para compartir, trabajadora de la guardería, videografía y ministro de jóvenes. Hace veinticuatro años, yo le pedí a Dios que mantuviera a Marcos despierto en la iglesia. Dios ha tomado realmente las cenizas de nuestras vidas para convertirlas en algo hermoso. Yo creo en lo que dice Dios en *Joel 2:25: "Yo les compensaré a ustedes por los años en que todo lo devoró ese gran ejército de langostas."*

¡No nos podemos quedar callados en cuanto a lo que el Señor ha hecho en nuestras vidas y en las vidas de nuestra Familia para Siempre de Celebremos la Recuperación! Si hay recuperación para nosotros, también para usted hay esperanza. No se dé por vencido; ponga su fe en acción a base de tomar decisiones que sanen su vida.

Marcos: Puesto que estamos en primera línea en cuanto a lo que yo creo que es EL ministerio de alcance de la iglesia, podemos vendar a los quebrantados de corazón, proclamar la libertad para los cautivos del pecado en el nombre de Jesús y liberar de las tinieblas a los que son prisioneros de sus sufrimientos, complejos y hábitos.

Celebremos la Recuperación nos ha ayudado a alcanzar una cantidad mayor de lo que nos habríamos podido imaginar, de gente que sufre, para que esa gente encuentre su sanidad. ¿Cómo le podremos pagar al Señor por su bondad? ¡Compartiendo la esperanza que hemos hallado en Jesús! ¡Hoy en día estamos tomando en nuestra vida las decisiones sanadoras, y de eso se trata Celebremos la Recuperación!

Gracias por habernos permitido compartir con usted.

Lección 25

LAS SIETE RAZONES POR LAS CUALES NOS ESTANCAMOS

Introducción

Esta noche, quiero pedir un descanso por un momento. Tomémonos una semana para hablar y evaluar dónde se encuentran en su camino a la recuperación. Creo que nos dará valor a todos nosotros el tomar un descanso, una pausa y repasar nuestro programa. Necesitamos detenernos por un momento y agradecer a Dios al mirar hacia atrás en nuestro progreso y crecimiento. Necesitamos asegurarnos de que estamos avanzando a través de los principios, que no estamos detenidos en uno en particular.

Algunos de ustedes tal vez recién han iniciado el viaje a través de los principios. Otros están en algún punto intermedio. Realmente no importa en cuál está usted. Cualquiera se puede desviar y estancarse.

Siete Razones

Esta noche vamos a hablar acerca de siete razones por las que "nos estancamos" en nuestra recuperación.

1. No ha trabajado completamente el principio anterior

Quizás está intentando avanzar en los principios muy rápidamente. ¡Cálmese! ¡Dele tiempo a Dios para obrar! El avanzar no siempre es progreso. ¿Alguna vez sus frenos le fallaron cuando estaba manejando cuesta abajo? Quizás estaba yendo rápido, pero no, eso no es progreso. ¡Es pánico! Recuerde este programa es un proceso. No es una carrera para ver quién termina primero.

Gálatas 5:25 (LBLA) dice: "Si vivimos por el Espíritu, andemos también por el Espíritu."

Tome su tiempo con cada principio. Trabaje cada principio lo mejor que pueda. Recuerde, mucha gente se pierde al tratar de encontrar una ruta más fácil por lo recto y estrecho.

2. No ha rendido su voluntad y vida completamente a Dios

Recuerde, hay dos partes en el Principio 3. La primera es pedir a Jesucristo que entre a su corazón y que sea su Poder Superior, su Señor y Salvador. La segunda es seguir buscando Su voluntad en su vida en todas sus decisiones. Quizás está confiando en Jesús para las cosas "grandes", pero todavía piensa que puede manejar las cosas "pequeñas".

Proverbios 3:5–6 (LBLA) nos dice: "Confía en el Señor con todo tu corazón, y no te apoyes en tu propio entendimiento. Reconócele en todos tus caminos, y Él enderezará tus sendas."

¿A qué parte de su vida se está aferrando todavía? ¿Qué áreas de su vida está rehusando al Señor? ¿En qué aspecto no confía en Dios?

3. No ha aceptado la obra de Jesús en la cruz para su perdón

Quizás haya perdonado a otros, pero usted piensa que su pecado es demasiado grande para ser perdonado.

Primera Juan 1:9 nos dice: "Si confesamos nuestros pecados, Dios, que es fiel y justo, nos los perdonará y nos limpiará de toda maldad."

¡Toda maldad! No solamente algunas maldades, sino ¡todas ellas! Créame, su pecado no es tan especial, no es tan diferente.

"En él tenemos la redención mediante su sangre, el perdón de nuestros pecados, conforme a las riquezas de la gracia." (Efesios 1:7) El versículo dice: "nuestros pecados." No algunos de estos y otros de aquellos sino todos nuestros pecados. Punto.

Creo que la pregunta aquí es: "¿Se ha perdonado usted?" Allí es donde veo a la mayoría de los que se estancan en su recuperación.

Esto es lo que Dios quiere que haga con la oscuridad de su pasado: "¡Vengan y aclaremos las cosas!, dice el Señor; por profunda que sea la mancha de sus pecados, yo puedo quitarla y dejarlos tan limpios como nieve recién caída. ¡Aunque sus manchas sean rojas como el carmesí, yo puedo volverlas blancas como la lana!" (Isaías 1:18 LBAD)

Recuerde "Por lo tanto, ya no hay ninguna condenación para lo que están unidos a Cristo Jesús." (Romanos 8:1)

4. No ha perdonado realmente a otros que le han dañado

Debe dejar ir el dolor del daño y abuso del pasado. Hasta que usted no suelte, libere y perdone la ofensa, esta seguirá teniéndole como su prisionero.

Se ha dicho que el perdón es la llave que abre la puerta del resentimiento y remueve las ataduras del odio. Es el poder que rompe las cadenas de amargura y los grilletes del egoísmo.

La Palabra de Dios promete en 1 Pedro 5:10: "Y después de que ustedes hayan sufrido un poco de tiempo, Dios mismo, el Dios de toda gracia que los llamó a su gloria eterna en Cristo, los restaurará y los hará fuertes, firmes y estables."

¿Sabe que usted quizás necesite pedir perdón por culpar a Dios? No culpe a Dios por lo que otros decidieron hacerle.

En la tierra están funcionando la voluntad de Dios, la voluntad del diablo y la libre voluntad suya. Recuerde, el daño que otros le hicieron fue de la propia voluntad de ellos, no por la voluntad de Dios.

5. Tiene temor de arriesgarse a hacer los cambios necesarios

Pudiera ser justo decir que algunas personas aquí esta noche atrasan y posponen el cambio tanto como pueden. Habría varias razones para atrasar un cambio positivo:

Puede que esté paralizado por el temor al fracaso.

Recuerde, el caerse no lo hace un fracaso. Es el mantenerse en esa posición lo que lo convierte en fracaso. Aquí es donde su fe y confianza en Jesucristo se ponen en juego.

Puede que le tema a la intimidad por miedo al rechazo o a ser herido otra vez.

Por eso es tan importante moverse lentamente en una nueva relación, tomando tiempo para buscar la voluntad de Dios, desarrollando expectativas realistas y estableciendo límites apropiados.

Puede que se resista al cambio (crecimiento) por el temor a lo desconocido.

Mi vida es un desorden, mis relaciones son un desorden, pero al menos sé que puedo tener expectativas. Todo junto: "¡un desorden!" Si realmente intenta trabajar estos pasos y principios en esa herida, complejo o hábito, su vida cambiará.

Algunas personas cambian de trabajo, compañeros y amigos, pero nunca piensan en cambiar ellos mismos. ¿Qué nos dice la Palabra de Dios?

"No temas, pues yo estoy contigo. No te desanimes. Yo soy tu Dios. Yo te fortaleceré; yo te ayudaré; yo te sostendré con mi triunfante diestra." (Isaías 41:10 LBAD)

"Así que podremos decir sin temor ni duda: "El Señor es el que me ayuda; no temo lo que me pueda hacer el hombre." (Hebreos 13:6 LBAD)

6. No está dispuesto a "aceptar" su responsabilidad

Ninguno de nosotros es responsable de todas las cosas que nos han sucedido. Pero somos responsables de la forma en que reaccionamos ante ellas. Permítame darle algunos ejemplos:

En el caso de abuso, de ninguna manera es la víctima la responsable por el abuso.

El Paso 8 de los 12 Pasos acerca de nuestro abuso sexual/físico dice:

> Hacemos una lista de todas las personas que nos han dañado; estamos dispuestos a buscar la ayuda de Dios para perdonar a nuestros perpetradores así como también perdonarnos a nosotros mismos. Reconocemos que también hemos dañado a otros y estamos dispuestos a hacer enmiendas.

Mis hijos no son responsables de tener como padre a un alcohólico, pero sí son responsables de sus propias acciones y recuperación. Usted necesita tomar la responsabilidad que le corresponde en una relación rota, una amistad dañada, un hijo o padre distante.

"Examíname, oh Dios, y sondea mi corazón; ponme a prueba y sondea mis pensamientos. Fíjate si voy por mal camino, y guíame por el camino eterno." (Salmos 139:23–24)

Aumentamos nuestra habilidad, estabilidad y responsabilidad propias cuando incrementamos nuestra responsabilidad ante Dios.

7. No ha desarrollado un equipo de apoyo efectivo

¿Tiene un mentor o compañero a quien rendir cuentas? ¿Tiene los números de teléfono de otros en su grupo pequeño? ¿Ha sido voluntario en un compromiso de los 12 Pasos para con su grupo de apoyo?

Hay muchas oportunidades para involucrarse en *Celebremos la Recuperación*.
Equipo Barbacoa
Equipo del Café Roca Sólida
Boletín Bienvenida Mentores
Compañeros a quienes rendir cuentas
Y mucho más...

¡Todo lo que tiene que hacer es preguntar!
"Anda con sabios y serás sabio; anda con los malvados y serás malvado."
(Proverbios 13:20 LBAD)
"Amados hermanos, ustedes fueron llamados a libertad; pero no a la libertad de hacer lo malo sino a la libertad de amar y servir a los demás." (Gálatas 5:13 LBAD)
"Lleven los unos las cargas de los otros, y cumplan así la ley de Cristo (el Mesías)."
(Gálatas 6:2 NBLH)
Recuerde, las raíces de felicidad crecen más profundamente en el terreno del servicio.

Resumen

Ya conoce las siete áreas en las cuales nos podemos estancar, atascar en nuestra recuperación. ¿Cómo lo sé? Porque en algún momento a lo largo de mi propio camino a la recuperación, las visité todas.

Tome tiempo esta semana y reflexione en su progreso, su crecimiento. Si está estancado hable con su compañero para rendir cuentas, su mentor, o su líder del grupo. Descubra en cuál de las siete razones se ha detenido y juntos implementen un plan de acción y sigan adelante en su caminar.

Mantenga su Plan de Acción Diario para la Serenidad de Celebremos la Recuperación (página 64 en la Guía 4 del Participante) en un lugar donde pueda verlo y revisarlo diariamente.

Plan De Acción Diario para la Serenidad de Celebremos la Recuperación

1. Diariamente siga haciendo su inventario. Cuando se equivoque, admítalo rápidamente.
2. Diariamente estudie la Palabra y ore pidiéndole a Dios que le guíe y ayude a aplicar su enseñanza y voluntad en su vida.
3. Diariamente trabaje y viva los principios con lo mejor de su capacidad, buscando siempre nuevas oportunidades para ayudar y servir a otros, no solamente en sus reuniones de recuperación sino en todas las áreas de su vida.

Pensamientos finales

"Pero la gracia de nuestro Señor se derramó sobre mí con abundancia, junto con la fe y el amor que hay en Cristo Jesús. Este mensaje es digno de crédito y merece ser aceptado por todos: que Cristo Jesús vino al mundo a salvar a los pecadores, de los cuales yo soy el primero. Pero precisamente por eso Dios fue misericordioso conmigo, a fin de que en mí, el peor de los pecadores, pudiera Cristo Jesús mostrar su infinita bondad. Así vengo a ser ejemplo para los que, creyendo en él, recibirán la vida eterna. Por tanto, al Rey eterno, inmortal, invisible, al único Dios, sea honor y gloria por los siglos de los siglos. Amén." (1 Timoteo 1:14–17)

Hemos llegado al final de esta Guía del líder, ahora usted está listo para comenzar la parte más emocionante, el verdadero surgimiento y comienzo de uno de los ministerios más importantes y significativos en su iglesia.

Romanos 12:10–13 es mi oración por usted y su nuevo programa de recuperación.

"Ámense los unos a los otros con amor fraternal, respetándose y honrándose mutuamente. Nunca dejen de ser diligentes; antes bien, sirvan al Señor con el fervor que da el Espíritu. Alégrense en la esperanza, muestren paciencia en el sufrimiento, perseveren en la oración. Ayuden a los hermanos necesitados. Practiquen la hospitalidad."

Por favor visite nuestro sitio en la red, *www.celebraterecovery.com,* para obtener información actualizada.

Deseo tener noticias de todas las vidas que serán cambiadas y de las familias reunidas por su decisión de comenzar Celebremos la Recuperación.

En Sus pasos,
John Baker

Apéndices

Apéndice 1
Pacto liderazgo / 245

Apéndice 2
Modelo de hoja de información y preguntas para la entrevista con el Líder en Celebremos la Recuperación / 247

Apéndice 3
Los 12 pasos en el abuso sexual, físico y emocional / 249

Apéndice 4
Modelos de boletín y de volantes para Celebremos la Recuperación / 251

Apéndice 5
Cómo escribir un testimonio para Celebremos la Recuperación / 255

Apéndice 6
¡Bienvenidos nuevos asistentes! / 259

Apéndice 7
Lo que somos y lo que no somos / 261

Apéndice 8
Descripción de la codependencia / 263

Apéndice 9
Descripción de la adicción a sustancias químicas / 265

Apéndice 10
Lista de gratitud / 267

Apéndice 1

Celebremos la Recuperación Pacto de Liderazgo

- Yo he leído y estoy de acuerdo con *la Guía del Líder de Celebremos la Recuperación*.
- Asistiré mensualmente a las reuniones de líderes de Celebremos la Recuperación.
- Haré todo lo posible por mantener las cinco reglas de Celebremos la Recuperación en mis reuniones de Grupo pequeño.
- Oraré por cada persona en mi grupo.
- Oraré por la unidad, la salud y el crecimiento de mi iglesia.
- Aplastaré el chisme y resolveré conflictos con la verdad, al aplicar Mateo 18:15–17.
- Continuaré trabajando en mi recuperación personal y en brindar apoyo al grupo.
- Desarrollaré otra persona para que sea mi colíder.

Firma

_____ Líder _____ Líder de ministerio

Fecha _____

Apéndice 2

Celebremos la Recuperación: Modelo de Hoja de Información para el Líder

Nombre: _____ Fecha: _____

Dirección: _____

Ciudad: _____ Código postal: _____

Teléfono: _____ Correo electrónico: _____

He terminado:

*101____ 201____ 301____ 401____ 501____ Entrevista formal_____

(* Indique si usted es miembro de la Iglesia de Saddleback)

Acepto desarrollar mi testimonio: Sí _No_ Si la respuesta es sí, ¿cuándo?_____

Grupo abierto al que asisto: _____

He estado en recuperación desde: _____

Asistí a CR desde: _____ La fecha en que comencé mi sobriedad es: _____

Fecha en que terminé el Estudio de los pasos en Cristo _____

He tenido una entrevista de líder con Celebremos la Recuperación: Sí o No (circule)

He terminado la reunión/orientación de CR: Sí o No (circule)

He terminado el entrenamiento de los grupos abiertos para compartir: Sí o No (circule)

He terminado el entrenamiento para el estudio de los pasos: Sí o No (circule)

He terminado el entrenamiento para mentor: Sí o No (circule)

He terminado el taller para escribir el testimonio: Sí o No (circule)

He servido en los siguientes aspectos del ministerio o de CR:

_____
_____
_____
_____

El siguiente aspecto del ministerio es el que me da más gozo en la vida:

_____
_____
_____
_____

Estoy interesado en participar en el servicio de CR porque:

_____
_____
_____
_____

Apéndice 2

Me gustaría ayudar en los siguientes lugares y zonas:
- ❏ Dependencias de Lake Forest
- ❏ Dependencias de San Clemente
- ❏ Dependencias de Irvine
- ❏ Dependencias de San Juan (El Rancho)

Aspectos que me interesan:

- ❏ Equipo de cena con Pizza o Barbacoa
- ❏ Equipo de oración
- ❏ Prisiones o misiones
- ❏ equipo de alabanza de CR
- ❏ Café Roca Sólida

Nombres de mis líderes en

_____

_____

- ❏ Saludador
- ❏ Ofrendas
- ❏ Mesa de información (noche de reunión general)
- ❏ Líder de grupo abierto para compartir/líder de grupo en el estudio de los pasos
- ❏ Roca de los Niños

Referencias de recuperación el estudio de los pasos (mencione al menos dos, por favor)

_____

_____

Solo para uso de la oficina:

Entrevista CR	101	201	301	Forma	401
Orientación	Compartir abiertamente	Estudio de pasos	Cuarto paso	Mentor	Testimonio

Ejemplo de Preguntas para la entrevista con el Líder de Celebremos la Recuperación ©

- ¿Cómo ha seguido usted creciendo en su propia recuperación?
- ¿En cuáles aspectos necesita más entrenamiento y crecimiento?
- ¿A quién le piensa pedir rendición de cuentas o mentoría?
- ¿Batalla usted con el hecho de ser vulnerable? Explique su respuesta.
- ¿Qué impacto ha causado la vulnerabilidad en su grupo?
- ¿Cómo piensa usted que Dios le ve?
- ¿Alguna vez se siente indigno u orgulloso? ¿Por qué?
- ¿Cómo se siente en cuanto a aceptar responsabilidades?
- ¿Cómo le va a ayudar su relación con Dios a cumplir con esas responsabilidades?
- ¿En cuáles aspectos le es fácil servir, y en cuales le es difícil?
- Para usted, ¿qué sería "salirse de su zona de comodidad"?
- ¿Se siente seguro en cuanto a su capacidad de mantener las directrices de los grupos pequeños en su grupo? Explique su respuesta.
- ¿Qué experiencia ha tenido con el enfrentamiento amoroso?
- ¿Qué va a hacer usted para conocer las necesidades de su grupo?
- ¿Qué puede usted hacer para animar a su grupo?

Abuso sexual, físico y emocional
Grupo de mujeres.

LOS DOCE PASOS PARA ABUSO SEXUAL, FÍSICO Y EMOCIONAL

PASO UNO: Admitimos que somos impotentes ante nuestro pasado y como resultado nuestras vidas se han hecho inmanejables.

PASO DOS: Creemos que Dios puede restaurarnos a la integridad y reconocemos que podemos confiar en que siempre su poder nos traerá salud e integridad a nuestras vidas.

PASO TRES: Tomamos la decisión de volver nuestras vidas y nuestra voluntad al cuidado de Dios, reconociendo que no siempre hemos entendido Su incondicional amor. Escogemos creer que Él nos ama, que es digno de confianza y que nos ayudará a entenderlo en la medida que busquemos Su verdad (su Palabra).

PASO CUATRO: Hacemos un minucioso y audaz inventario moral de nosotros mismos, reconociendo que todos los errores pueden ser perdonados. Renunciamos a la mentira de que el abuso fue nuestra falta.

PASO CINCO: Admitimos ante Dios, ante nosotros mismos y ante otro ser humano, la exacta naturaleza de nuestros errores en el curso de la vida. Esto incluirá tanto los actos cometidos contra mí como los que yo perpetré a otros.

PASO SEIS: Al aceptar la limpieza de Dios podemos renunciar a nuestra vergüenza. Ahora estamos listos para que Dios elimine esas distorsiones de carácter y los defectos.

PASO SIETE: Humildemente pedimos a Dios que quite nuestros defectos incluyendo nuestra culpa. Nos liberamos de nuestro temor y nos sometemos a Él.

PASO OCHO: Hacemos una lista de todas las personas que nos han dañado; estamos dispuestos a buscar la ayuda de Dios para perdonar a nuestros perpetradores así como también perdonarnos a nosotros mismos. Reconocemos que también hemos dañado a otros y estamos dispuestos a hacer enmiendas.

PASO NUEVE: Extendemos el perdón a nosotros y a nuestros victimarios, entendiendo que esto es una actitud del corazón, no siempre una confrontación. Hacemos enmiendas directas a todos los que hemos dañado, excepto si el hacerlo resultara dañino a ellos o a otros.

PASO DIEZ: Continuamos haciendo un inventario personal según van apareciendo nuevos recuerdos. Seguimos renunciando a nuestra culpa y vergüenza, pero cuando estamos equivocados lo admitimos enseguida.

PASO ONCE: Continuamos buscando a Dios a través de la oración y la meditación en Su Palabra para mejorar nuestro entendimiento de Su carácter. Oramos por el conocimiento de Su verdad en nuestras vidas, Su voluntad para nosotros y Su poder para llevarla a cabo.

PASO DOCE: Al experimentar un despertar espiritual cuando aceptamos el amor y la sanidad de Dios a través de estos pasos, tratamos de llevar este mensaje de esperanza a otros. Practicamos estos principios a medida que nuevos recuerdos y aspectos van surgiendo declarando las promesas de Dios de recuperación e integridad.

Apéndice 4

¡Abierto todos los viernes por la noche!

Pizzería

6:00–7:00 p.m.
Salón 404

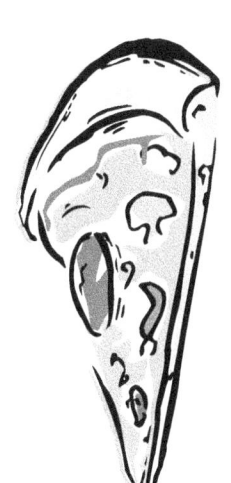

¡Venga y cene con nosotros!
(Platillos especiales sorpresa)

Café Roca Sólida

¡Llegó la Barbacoa!

¡Acompáñenos!

Los viernes 6:00–7:00 p.m.
Disfrute de los Hot dogs
en recuperación,
las Hamburguesas de negación
y el Pollo 12 pasos

¡Buena comida, buenos precios!
¡No se pierda la comida,
el compañerismo y la diversión!
¡El equipo de Barbacoa de CR lo espera!

Café Roca Sólida

Apéndice 4

Celebremos la Recuperación

Cena especial

Emparedados franceses
"Sumérgete en tu negación"

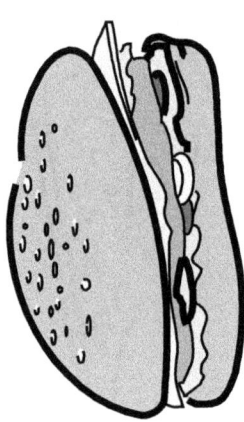

- Carne de res asada, lonchas finas en grandes cantidades
- Pan acabado de hacer
- Servido en su jugo
- Ensalada y soda

¡La cena comienza a las 6:00 p.m. en el salón 404!
¡Traiga a un amigo o traiga a su familia!

Celebremos la Recuperación

GRUPOS PEQUEÑOS, 8-9PM   **SALONES ASIGNADOS**

NUEVOS ASISTENTES 101 .... PLAZA BLDG, 202
HIJOS ADULTOS DE HOMBRES ADICTOS A SUSTANCIAS
QUÍMICAS–HOMBRES 308
IRA – GRUPO DE HOMBRES 405-407
IRA – GRUPO DE MUJERES 305
ADICTOS A SUSTANCIAS – GRUPO DE HOMBRES .... TIENDA 3
ADICTOS A SUSTANCIAS – GRUPO DE MUJERES 411
CODEPENDIENTES – GRUPO DE HOMBRES .... TIENDA 1
CODEPENDIENTES – MUJERES EN RELACIÓN CON
ADICTOS A SUSTANCIAS 302
CODEPENDIENTES – GRUPO DE MUJERES 304
MUJERES CODEPENDIENTES 304
En una relación con un hombre sexualmente adicto
SALIR DE UN ESTILO DE VIDA ARRIESGADO –
GRUPO DE HOMBRES 204
DESÓRDENES DE ALIMENTACIÓN – GRUPO DE MUJERES 208
GRUPO DE HOMBRES EN ESPAÑOL .... PLAZA 102
Cualquier área de recuperación
RECUPERACIÓN ECONÓMICA – GRUPO DE MUJERES 409
RECUPERACIÓN ECONÓMICA – GRUPO DE HOMBRES 301-303
ADICCIÓN A LA COMIDA – GRUPO DE MUJERES 307
ADICCIÓN A LA COMIDA – GRUPO DE HOMBRES 312
ADICCIÓN AL AMOR Y LAS RELACIONES – GRUPO DE MUJERES .. 403
ADICCIÓN SEXUAL – GRUPO DE HOMBRES .... TIENDA 2
ADICCIÓN SEXUAL – GRUPO DE MUJERES 310
ABUSO SEXUAL / FÍSICO / EMOCIONAL – GRUPO DE MUJERES .. 401

CAFÉ ROCA SÓLIDA .... 9:00– 10:30 PM 401

Apéndice 4

Celebremos la Recuperación
ORACIÓN Y ADORACIÓN

¡Bienvenido!

Ya sea que hoy sea su primer noche o ha estado aquí durante años, tenemos un estupendo grupo de hombres y mujeres que aman orar aquí en Celebremos la Recuperación, y les gustaría orar por usted. Puede pedir oración o compartir alabanzas sobre cualquier cosa: Su recuperación, su familia, sus amigos.

Todas sus peticiones serán absolutamente confidenciales. Llene el reverso de esta tarjeta y deposítela en la caja de oraciones localizada en la mesa de recursos. También tenemos un correo de voz para oraciones donde puede dejar su petición.

Peticiones: (949) 609-8008

Si disfruta orar por otros y le gustaría servir en el ministerio, por favor anótelo en esta tarjeta. ¡Nos gustaría que forme parte!

¡Estamos contentos de que esté aquí! "Encomiéndenle sus ansiedades, porque Él siempre cuida de ustedes." (1 Pedro 5:7 LBAD)

Reverso

ORACIÓN Y ADORACIÓN

Día: _____

Apéndice 5

Cómo escribir un testimonio para Celebremos la Recuperación®

Nuestros mayores recursos en Celebremos la Recuperación son nuestro único y verdadero Poder Superior, Jesucristo, el Espíritu Santo, que habita en nosotros y las Escrituras. Todo el currículo de Celebremos la Recuperación y todas sus reuniones dependen de estos vitales recursos. Después de ellos, el más poderoso de los recursos a nuestra disposición es un testimonio personal de recuperación. Vemos la importancia del testimonio en el papel prominente que desempeña en la agenda anual de las reuniones en grandes grupos. De las cincuenta y dos reuniones, veintidós contienen un testimonio de recuperación.[1] Puesto que los testimonios son tan importantes, hay directrices para preparar y presentar un testimonio de recuperación. Muchos entrarán a sus reuniones en grandes grupos con cuestiones de vida o muerte. Con frecuencia están buscando una excusa para marcharse y no regresar. No es este el momento para hacer que alguien improvise lo que le venga a la mente. Usted necesita asegurarse de que aquellos que asistan, oigan un testimonio de recuperación centrado en Cristo que se base en experiencias reales y esté lleno de esperanza.

Una recomendación en el entrenamiento de Celebremos la Recuperación es que se escriban y revisen los testimonios de recuperación antes de leerlos ante el grupo grande o en otras ocasiones.[2] Los testimonios largos (de 12 a 20 minutos) que se van a compartir en las reuniones de los grupos grandes se le deben someter al líder del ministerio para que los revise, por lo menos dos semanas antes de su presentación. Entre las preguntas que se hacen con mayor frecuencia en las reuniones de Celebremos la Recuperación o que hacen aquellos que visitan nuestro ministerio local se hallan las siguientes:

- **¿Por qué es necesario escribir y revisar los testimonios?**
- **¿Cuáles son las razones para leer un testimonio escrito?**
- **¿No se hace aburrido oír un testimonio leído?**

La última pregunta es la más fácil de contestar, e incluye tanto un principio como una experiencia. **El principio es: La emoción y el atractivo de un testimonio de Celebremos la**

---

1. Ver las páginas 50–52 de esta guía del líder.
2. Esto incluiría los cultos de adoración en las iglesias, las reuniones con conexión en otros ministerios de Celebremos la Recuperación, sus reuniones locales de entrenamiento, etc. La Declaración Registrada de Celebremos la Recuperación señala las ventajas de usar el nombre de Celebremos la Recuperación y establece unas exigencias mínimas para el uso de este nombre bajo el título de "El ADN de Celebremos la Recuperación". Hay otras ventajas cuando se va más allá de las exigencias mínimas hacia el modelo proporcionado por medio de las reuniones y los materiales oficiales de entrenamiento de Celebremos la Recuperación. Este es el modelo desarrollado a través de más de quince años de experiencia en el ministerio Celebremos la Recuperación de Saddleback y confirmado en la experiencia de centenares de iglesias más durante muchos años. La experiencia indica que el medio más efectivo de asegurarse que los testimonios de sus reuniones tengan calidad, es hacer que los escriban, los líderes los revisen, y después sean leídos en la reunión.

Apéndice 5

Recuperación procede de la forma en que presenta con claridad la forma en que Dios ha rescatado y transformado poderosamente a uno de sus hijos. El poder de Dios es el que se tiene que exhibir, y no una presentación de las habilidades de la persona. Cuando asista a la Cumbre en Saddleback o a un seminario de un día, notará que John y Cheryl Baker leen sus testimonios. Estamos seguros de poder decir que no hay dos personas que hayan compartido sus testimonios de recuperación más que John y Cheryl. Ellos lo hacen, porque leer un testimonio cuidadosamente escrito presenta unas claras ventajas. Se han leído miles de testimonios en las Cumbres anuales, en nuestras conferencias de un día y en los programas locales de Celebremos la Recuperación. Las personas se han sentido inspiradas, profundamente conmovidas, con convicción en su corazón y animadas, ¡pero nunca aburridas!

¿Por qué es necesario exigir que se escriban y revisen los testimonios?

1. Esto ayuda al presentador a prepararse sintiéndose seguro.

Descubrirá que muchos de los que asisten a sus reuniones de Celebremos la Recuperación dudan, tanto del valor de su historia para los demás, como de su capacidad para comunicarla. Es posible que muchos necesiten ayuda con la gramática, la fraseología y la composición en general. Hacer que escriban su testimonio les da a los líderes del ministerio para darles mentoría, orientación y ánimo a los que se sienten reacios en cuanto a compartir. Mientras usted trabaja con las personas a través del proceso de revisión, tiene la oportunidad de aumentar esa seguridad.

2. Evita que se produzcan reacciones poco saludables.

Una de las promesas más importantes que usted les hace a los que asisten a su programa de Celebremos la Recuperación es se trata de "un lugar seguro". Una parte del esfuerzo por mantener a Celebremos la Recuperación como un lugar seguro es asegurarse de que aquello que se comparta en un testimonio no despierte unas reacciones que no sean saludables. Al escribir y revisar un testimonio se asegura que no va a haber descripciones gráficas y/o lenguaje inadecuado en lo que se comparte. Lo que se puede compartir adecuadamente en un grupo abierto reunido para compartir que sea específico en cuanto al sexo de la persona y la situación específica podría no ser apropiado para decirlo en la reunión del grupo grande.

3. Evita las ofensas innecesarias.

Muchos de los que entran a su programa han tenido una experiencia negativa con alguna iglesia en un momento de su vida. El resentimiento expresado hacia denominaciones o grupos en particular podría ofender a otros participantes, si se mencionan estos grupos por su nombre. Al revisar un testimonio, usted puede ayudar a la persona a compartir su experiencia sin ponerles etiquetas negativas a los grupos seculares de recuperación, a iglesias específicas o a denominaciones.

4. Elimina el lenguaje "de iglesia".

En la audiencia de su reunión en un grupo grande habrá personas que tengan poca experiencia con la iglesia, o tal vez ninguna. Es posible que no sepan lo que significa la palabra "redención", pero sí pueden comprender que Jesús tiene poder para liberarlos de sus adicciones, sus hábitos dañinos, su vergüenza y su culpa.

5. Se asegura de que el testimonio se centre en principios y experiencias de recuperación.

No basta con describir cómo uno fue salvado del infierno para ganar el cielo. Los testimonios de recuperación necesitan centrarse en la esperanza de que Dios nos puede librar de sufrimientos, complejos y hábitos específicos durante nuestra vida en la tierra. Los testimonios deben *ofrecer evidencias* de que los principios y los pasos que se enseñan en Celebremos la Recuperación funcionan realmente.

6. Ayuda a adaptar cada testimonio para que se enfoque a un principio o paso de recuperación en particular.

A medida que su ministerio madure, y maduren sus participantes en la recuperación, ellos podrán ver con mayor claridad cómo cada paso o principio ha funcionado en su propia experiencia. Trabajar desde el testimonio escrito original con un revisor hace fácil que se centre en principios o pasos de recuperación determinados. Esto llevará sus testimonios al ideal de presentar un testimonio que reforzará la lección de la semana anterior.

7. Proporciona un material de trabajo para la preparación de testimonios cortos que se podrán usar en otras ocasiones.

Una de las herramientas más poderosas que usted puede utilizar para aumentar el impacto de Celebremos la Recuperación entre los miembros de su propia iglesia son los testimonios de Celebremos la Recuperación leídos los domingos por la mañana o en algún otro servicio de fin de semana. Por lo general se necesita que duren cinco o seis minutos. Trabajar a partir del guión del testimonio largo hace que esto sea mucho más fácil. La preparación para compartir en un servicio de adoración en el que haya niños y jóvenes presentes también significa que se debe adaptar el testimonio para que sea adecuado para este tipo de audiencia.

¿Cuáles son las razones para leer un testimonio en un guión?

1. Centra su atención en lo que Dios ha hecho.

Algunas personas se podrían sentir tentadas a tratar de ser listas o divertidas. El objetivo del testimonio es comunicar con claridad que es Dios quien nos hace libres de nuestros sufrimientos, complejos y hábitos. El hecho de limitarse a leer el testimonio asegura una buena comunicación de la historia. "Entretener a la audiencia" podría desviar a los presentadores hasta el punto de que no puedan terminar el relato de su recuperación.

2. Da la seguridad de que aquello que se comparte ha sido aprobado.

Todas las ventajas de la revisión de los testimonios por los líderes se perderán si no se le indica al presentador que deberá leer solo lo que ha sido aprobado.

3. Aumenta el número de los que pueden compartir su testimonio.

Muchas personas con un testimonio poderoso tal vez no lo compartan si creen que es necesario tener talento para hablar en público. Algunos de los testimonios más poderosos proceden de las personas más llenas de temores. Sin un guión que leer, nunca serán capaces de compartir estas vitales historias sobre el poder transformador de Dios.

4. Libera las emociones del presentador.

Una y otra vez sucede, y es comprensible, que las personas se emocionan mucho al relatar su propia historia. Con un guión, pueden dejar que fluyan las lágrimas por un instante, y después seguir donde estaban.

5. Controla la duración de la presentación.

Hasta el comunicador más habilidoso y experimentado puede perder la noción del tiempo. Muchos de los que comparten su testimonio podrían estar muy lejos de ser habilidosos o experimentados. Leer un guión los ayuda a terminar dentro del tiempo que se les ha señalado.

Muchos de los que oyen la recomendación de que los testimonios se escriban, revisen y lean, sienten que esto apaga al Espíritu durante la presentación. Si se trata de una convicción teológica personal y profunda sostenida en acuerdo con su congregación, tradición o denominación, entonces usted debe trabajar dentro del marco de autoridad de su iglesia local. No obstante, nosotros creemos que la orientación del Espíritu Santo puede ser igualmente poderosa durante el proceso de preparación, como durante la presentación en sí.

Puesto que los líderes de nuestro propio ministerio de Celebremos la Recuperación han hecho cumplir de manera constante con estas directrices, nunca nos ha tomado por sorpresa o avergonzado un testimonio compartido en nuestra reunión grande, o durante un servicio de adoración de una iglesia. Aproveche lo que han aprendido los líderes de Celebremos la Recuperación a través de duras experiencias. Pruébelo en su propia iglesia; estamos seguros de que será bendecido cuando se comparten unas maravillosas historias de recuperación que se suceden una tras otra, y todas para la gloria de Dios.

Apéndice 6

Celebremos la Recuperación ¡Bienvenidos nuevos asistentes!

El propósito de Celebremos la Recuperación en nuestra iglesia es compartir y celebrar el poder sanador de Dios en nuestras vidas a través de los Ocho principios y los Doce pasos Cristo-céntricos. Esta experiencia nos permite cambiar. Abrimos las puertas para compartir nuestras experiencias, fortalezas y esperanzas. Además, estamos dispuestos a aceptar la gracia de Dios al solucionar nuestros problemas.

Al trabajar los doce pasos y aplicar sus principios bíblicos, comenzamos a crecer espiritualmente. Nos convertimos en personas libres de conductas adictivas, compulsivas y disfuncionales. Esta libertad crea paz, serenidad, alegría y lo más importante, una sólida relación personal con Jesucristo y con otros.

A medida que progresamos a través de los principios descubrimos nuestro perdonador, personal y amoroso Poder Superior: Jesucristo.

¡Bienvenido a una asombrosa aventura espiritual!

Celebremos la Recuperación en Grupos Pequeños PUEDE:

- Brindarle un lugar seguro para compartir sus experiencias, fortalezas y esperanzas con otros que están participando de una recuperación Cristo-céntrica.
- Proveer un líder que ha pasado a través de heridas, complejos o hábitos similares, que facilitará al grupo enfocarse en un principio particular cada semana. El líder también mantendrá las cinco reglas de Celebremos la Recuperación.
- Ofrecerle la oportunidad de encontrar un compañero a quien rendir cuentas o un mentor.
- Animarle a asistir a otras reuniones de recuperación que se celebren durante la semana.

Celebremos la Recuperación en Grupos Pequeños NO:

- Intentará ofrecer ningún consejo profesional clínico. Nuestros líderes no son consejeros. Le daremos una lista de consejeros aprobados.
- Permitirá a sus miembros intentar arreglarse mutuamente.

Celebremos la Recuperación
Lo que somos y lo que no somos

Lo que SOMOS:

Un lugar seguro donde compartir

Un refugio

Un lugar donde uno se siente parte del grupo

Un lugar para ayudar a otros y ser ayudado por ellos

Donde se respeta a cada miembro

Donde se tiene un alto concepto de la confidencialidad

Un lugar donde aprender

Un lugar donde crecer y volver a ser fuerte

Donde usted se puede quitar la máscara

Un lugar para sanos desafíos y sanos riesgos

Un posible punto de cambio en su vida

Lo que no SOMOS:

Un lugar para ejercer un control egoísta

Una terapia

Un lugar para secretos

Un lugar donde buscar relaciones para hacer citas

Un lugar para rescatar a otros o ser rescatado por ellos

Un lugar para la perfección

Un compromiso a largo plazo

Un lugar donde juzgar a los demás

Un lugar para arreglarnos con rapidez

Celebremos la Recuperación Descripción de la Codependencia

- Mis buenos sentimientos acerca de quién soy provienen de ser amado(a) por ti.
- Mis buenos sentimientos acerca de quién soy provienen de recibir tu aprobación.
- Tu oposición afecta mi serenidad. Mi atención mental se enfoca en resolver tus problemas o aliviar tu dolor.
- Mis pensamientos están concentrados en complacerte.
- Toda mi energía está dirigida a protegerte.
- Mi autoestima es reafirmada al resolver tus problemas.
- Mi autoestima es reafirmada al aliviar tu dolor.
- Mis preferencias e intereses son puestos de lado.
- Tu vestimenta y apariencia personal están dictadas por mis deseos porque pienso que tú eres un reflejo de mí.
- No estoy consciente de cómo yo siento sino de cómo tú sientes.
- No estoy consciente de lo que quiero. Te pregunto qué quieres. No razono. Asumo.
- Mis sueños del futuro están ligados a los tuyos.
- Mi temor al rechazo determina lo que digo o hago.
- El temor a tu ira condiciona lo que digo o hago.
- Doy como una forma de sentirme seguro(a) en nuestra relación.
- Mi círculo social disminuye a medida que me involucro contigo.
- Pongo mis valores de lado para conectarme con los tuyos.
- Valoro tu opinión y forma de hacer las cosas más que las mías.
- La calidad de mi vida está en relación directa a la calidad de la tuya.

Apéndice 9

Celebremos la Recuperación Descripción de la adicción a las sustancias químicas

Si cuando usted con toda sinceridad, descubre que no puede dejar de beber o de usar en su totalidad, o si tiene poco control sobre la cantidad que consume, es probable que sea alcohólico y/o adicto. Si es este el caso, podría estar sufriendo de un problema que solo puede superar una solución espiritual.

Si usted es tan seriamente alcohólico o adicto como lo éramos nosotros, creemos que no existe una solución a medias. Nosotros estuvimos en una situación en la cual la vida se nos estaba volviendo imposible, y habíamos pasado a la región de la cual no se puede regresar por medio de recursos humanos. Solo teníamos dos alternativas: Una era seguir adelante hasta el amargo final, embotando la conciencia de nuestra intolerable situación lo mejor que pudiéramos, y la otra era aceptar a Jesucristo como nuestro Poder Superior.

Romanos 7:15–25 LBAD

"Yo no me entiendo a mí mismo, porque quiero sinceramente hacer lo bueno, pero no puedo. Hago lo que no quiero hacer, lo que aborrezco. Sé bien que no estoy actuando correctamente y la conciencia me dice que las leyes que estoy quebrantando son buenas. Mas de nada me sirve, porque no soy yo el que lo hace. Es el pecado que está dentro de mí, que es más fuerte que yo, el que me hace cometer perversidades. Sé que en cuanto a mi vieja y malvada naturaleza soy un hombre corrupto. Haga lo que haga, no me puedo corregir. Lo deseo, pero no puedo. Cuando quiero hacer el bien, no lo hago; y cuando trato de no hacer lo malo, lo hago de todos modos. Entonces, si hago lo que no quiero hacer, está claro cuál es el problema: el pecado tiene aún clavadas en mí sus perversas garras. Parece que la vida es así, que cuando quiero hacer lo recto, inevitablemente hago lo malo. A mi nueva naturaleza le encanta obedecer la voluntad de Dios, pero hay algo allá en lo más profundo de mi ser, en mi baja naturaleza, que está en guerra contra mi voluntad y gana las peleas y me lleva cautivo al pecado, que está todavía en mí. Mi intención es ser un siervo de la voluntad de Dios, pero me hallo esclavo del pecado. Así que ya ven: mi nueva vida me indica lo que es recto, pero a la vieja naturaleza que está aún en mí le encanta el pecado. ¡Qué triste es el estado en que me encuentro! ¿Quién me libertará de la esclavitud de esta mortal naturaleza pecadora? ¡Gracias a Dios que Cristo lo ha logrado! ¡Jesús me libertó!"

Existe una solución

Si trabaja por medio de los ocho principios de recuperación que se encuentran en las Bienaventuranzas, teniendo a Jesucristo como su Poder Superior, usted podrá cambiar, ¡y cambiará! Comenzará a experimentar la verdadera paz y serenidad que ha estado buscando, y ya no tendrá que seguirse apoyando en sus formas de conducta disfuncionales, compulsivas y adictivas como "arreglo" temporal para su sufrimiento.

A base de aplicar a la vida los principios bíblicos de convicción, conversión, sometimiento, confesión, restitución, oración, tiempo de silencio, testimonio y ayuda mutua, que se encuentran dentro de los ocho principios y los 12 Pasos centrados en Cristo, restaurará y desarrollará unas relaciones más fuertes con los demás y con Dios.

Celebremos la Recuperación
Lista de Gratitud
Principio 7- Paso 11

Estoy agradecido con Dios:
_____
_____
_____

Estoy agradecido con Dios por colocar a otros en mi vida:
_____
_____
_____

Estoy agradecido por mi programa de recuperación:
_____
_____
_____

Estoy agradecido con mi iglesia:
_____
_____
_____

Recuerde, mantener una "actitud de gratitud" es la mejor medida preventiva contra una recaída.

"No se afanen por nada; más bien oren por todo. Presenten ante Dios sus necesidades y después no dejen de darle gracias por sus respuestas." (Filipenses 4:6 LBAD)

Celebremos la Recuperación
Guías del participante Edición revisada

John Baker

La recuperación no es un fenómeno que se produzca de un día para otro, sino que se parece más a un viaje. El propósito de Celebremos la Recuperación es permitir que nos liberemos de los sufrimientos, los complejos y los hábitos de la vida. A base de trabajar a través de los ocho principios de recuperación basados en las Bienaventuranzas, comenzaremos a ver la paz verdadera y la serenidad que hemos estado buscando.

Las cuatro guías del participante en el programa Celebremos la Recuperación son:

- Guía 1: Cómo ir de la Negación a la Gracia de Dios
- Guía 2: Cómo Hacer un Inventario Honesto y Espiritual
- Guía 3: Cómo Mejorar su Relación con Dios, con Usted Mismo y con Otros
- Guía 4: Cómo Crecer en Cristo Mientras Ayuda a Otros

Las guías del participante son esenciales para que la persona en vías de recuperación participe en ella, porque hacen que todo sea personal.

Disponible en nuestra tienda online

Biblia Celebremos la Recuperación

La *Biblia Celebremos la Recuperación* les ofrece a todos esperanza, aliento y el poder necesario para levantarse por encima de sus sufrimientos, complejos y hábitos. Esta transformadora Biblia se basa en el probado y exitoso programa Celebremos la Recuperación desarrollado por John Baker y Rick Warren.

Sus características se basan en ocho principios expresados por Jesús en su Sermón del Monte. Esta profunda Biblia es para todo el que esté luchando con las circunstancias de su vida y los hábitos que está tratando de controlar.

- Artículos que explican los ocho principios de la recuperación y los doce pasos centrados en Cristo que los acompañan
- 112 lecciones que presentan los ocho principios de recuperación en un lenguaje práctico
- Historias de recuperación que ofrecen aliento y esperanza
- Más de 50 estudios a página entera de personajes de la Biblia que ilustran los principios de recuperación
- 30 días de lecturas devocionales
- Sistema de columna lateral de consulta dividido de acuerdo a los ocho principios de recuperación e índice de temas
- El texto completo de la Biblia Nueva Versión Internacional

Diario personal de Celebremos la Recuperación

Este diario ha sido especialmente diseñado como complemento del programa Celebremos la Recuperación. El contenido lo guiará a través del proceso de recuperación paso a paso. Incluye sugerencias sobre cómo beneficiarse del uso de un diario, textos bíblicos específicos tomados del programa de Celebremos la Recuperación, una sección para ayudar a facilitar una revisión de 90 días de su progreso en el diario y una sección de peticiones de oración para documentar las respuestas de Dios a sus oraciones.

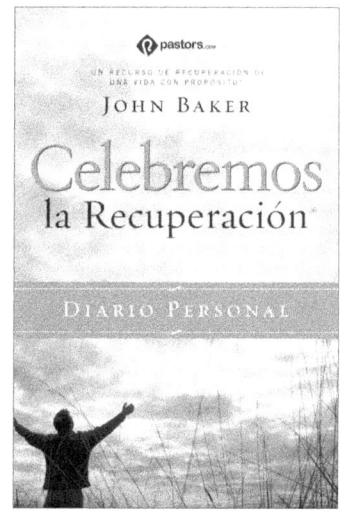

Nos agradaría recibir noticias suyas.
Por favor, envíe sus comentarios sobre este libro
a la dirección que aparece a continuación.
Muchas gracias.

Vida@zondervan.com
www.editorialvida.com